핀테크와 GDPR ❷

PRIVACY FOR
FINTECH

개인 데이터 주권을 위한 접근법

핀테크와
GDPR ②

이재영 지음

타커스

머리말

ICT 분야에 요즘 '핀테크'만큼 자주 언급되는 단어가 또 있을까 싶다. ICBM(IoT, Cloud, Big Data, Mobile)이나, ABCD(AI, Blockchain, Cloud, Data)로 대표되는 이 키워드는 기술영역이 아닌, 비즈니스로 분류함이 타당하게 많은 사람들이 정의해왔고, 이미 우리 실생활에 어느 정도 파고 들어왔다. 핀테크는 단순히 Finance(금융)와 Technology(기술)의 합성어라기보다, IT 기술을 금융의 영역에 적용함으로써 기존 금융 기법과 차별화된 금융서비스를 제공하는 기술 기반 금융서비스 혁신을 통칭하는 것이 보통이다.

그런데 이러한 혁신을 위해서는 결국 사용자에 대한, 사람에 대한 통찰(insight)을 얻어서, 이를 바탕으로 새로운 서비스와 가치를 만들어내야 하는데, 바로 이 지점에서 개인정보 보호라는 가치와 상충되기 쉽다. 빅데이터나 머신 러닝 등을 통해, 사용자들에 대한 통찰을 얻을 수는 있으나, 이를 다시 역으로 적용하기 위해서는 통찰을 통해 프로파일링된 개인을 식별하여 타게팅하고자 하는 요구가 생길 수밖에 없다.

한편 개인정보 보호와 관련하여, 국내의 경우 2011년에야 "개인정보 보호법"이 공포 및 시행이 되었기 때문에(물론 그 전에 "공공기관의 개인정보 보호에 대한 법률"이나, 정보통신법, 신용정보법 등에도 개인정보를 보호하는 법률이 있어 왔지만, 개인정보 보호와 관련된 법체계를 일원화하고 모든 사업자, 기관 및 단체에 적용되는 법으로서는 2011년이 처음이라고 하겠다), 그 법률적 근거 및 배경에 대해서 국가적인 이해도와 구성원의 인식도도 매우 낮은 상태이다.

이 와중에 2018년 5월 25일 EU의 GDPR(General Data Protection Regulation)이 발효되어, 국내 기업의 개인정보 보호 관련 리스크는 매우 높은 상태이다. GDPR은 EU 시민권자 대상으로 적용되는 법률이 아닌, EU 거주를 기준으로 적용되기 때문에, 의도치 않게 위반하는(특히 transborder data flow) 경우가 발생할 수 있다. 물론 의도적인 경우에 한하겠지만 최대 매출액의 4%에 해당하는 벌금이 부과될 수 있다. 벌금이 일면 커 보이기는 하지만, 더 큰 문제는 핀테크의 특성상, 서비스가 금융과 관련된 서비스이기 때문에, 신뢰가 무너지는 순간 비즈니스는 그것으로 끝난 것이라고 봐야 할 것이다.

국내에서만 서비스하겠다는 핀테크 기업이라고 하더라도 본 책은 도움이 될 것이다. GDPR은 EU 역내에서 수집된 개인정보의 역외 이전을 원칙적으로 허용하지 않는데, EU 집행위원회가 안전하다고 판단 내린 국가에 개인정보를 이전하는 경우는 별도의 보호조치가 필요 없다. 이를 위해선 해당 국가의 법체계와 운영 현황을 토대로 적정성 결정을 받아야 하는데, 결국 이를 위해 국내법도 GDPR이 요구하는 사항들 중 일정 부분은 도입될 수밖에 없기 때문이다.(한국은 당초 일본과 함께 EU 적정성 우선 협상국으로 지정됐지만 개인정보 감독기구인 개인정보보호위원회의 독립성 부족 등을 이유로, 2020년 1월 현재도 적정성 결정을 받지 못하고 있다.)

이에 본 책에서는 핀테크 기업들을 위해, 개인정보 보호의 끝판 왕이라고 할 수 있는 GDPR(여기에는 이견이 있을 수 있음을 미리 밝힌다)을 소개하고, GDPR에서 언급하고 있는 개인정보에 대한 권리에 대한 통찰을 통해, 핀테크 업체들이 서비스를 제공하기 위해 개인정보를 안전하게 활용하는 새로운 접근법들을 소개 및 제안하고자 한다.

혁신성을 목표로 핀테크 서비스는 모든 금융서비스의 온라인화 및 모바일화를 이끌고 있으며, ABCD(AI, Blockchain, Cloud, Data)로 일컬어지는 ICT 기술 등과 결합하여 새로운 사용자 가치를 제공하는 융합 서비스가 될 것으로 예상된다. 이러한 핀테크 산업 활성화를 위한 규제 완화가 보안에 부정적인 영향을 미칠 수 있다는 우려 섞인 목소리도 나온다. 사실 핀테크 서비스는 일반적인 IT 서비스와 달리 금융정보를 포함한 민감한 개인정보를 대상으로 하고 있어 보안사고 발생 시 개인적, 사회적 영향이 매우 클 수밖에 없다. 따라서 본 책에서는 핀테크 서비스들의 개인정보 활용에 의해 발생 가능한 프라이버시 문제를 해결할 수 있는 새로운 접근법까지 제시하려고 한다.

집필하는 동안 직장에서도 집안에서도 우여곡절이 많았다. 차라리 필자 개인의 이야기를 책으로 쓰면 훨씬 재미있고 더 잘 팔릴 것 같은 드라마틱한 에피소드가 너무도 많았다. 직장에서 몸과 마음이 부칠 때, 새로운 도전에 대한 고민을 하고 있을 때 응원해준 동료들과 후배들에게 항상 고마운 마음뿐이다. 대학원에서 늦깎이 공부를 하면서도 집필을 마무리할 수 있을까 하는 두려움도 있었지만 말없이 계속 응원해주신 어머님, 빨리 쾌차하셔야 할 아버님, 그리고 승호·지호 엄마이자 든든한 후원자인 정은정 원장, 그리고 한국과 일본에서 각각 중소기업을 운영하는 바쁜 와중에도 물심양면으로 도와준 아우들에게 무한한 감사의 마음을 전한다.

차 례

머리말   4

Part 1

GDPR의
데이터 보호 관련 권리와 의무

Part 1에서는 GDPR 준수에 따르는 데이터 보호 관련 권리와 의무를 알아본다.

정보 제공 의무

이 장에서는 데이터 보호 프레임워크 전반에 걸쳐 GDPR의 핵심 요소인 데이터 주체에 대한 정보제공 의무를 알아본다.

🔒 투명성 원칙

개인 데이터 처리와 관련된 GDPR의 첫 번째 원칙은 '합법적이고 공정하며 데이터 대상과 관련하여 투명하게 처리해야 한다'는 것이다. 그러므로 개인 데이터가 사용되는 방식에 대한 투명성, 즉 개방적이고 정직함에 대한 요구 사항은 유럽 데이터 보호 체계의 주요 구성 요소로 남아 있다. 궁극적으로 GDPR은 개인 데이터가 수집 및 처리되고 해당 처리와 관련하여 자신의 권리와 위험, 규칙 및 보호 수단을 알고 있음을 데이터 주체가 분명하게 알리는 것을 목표로 한다.

GDPR은 특히 컨트롤러가 데이터 주체에게 자신의 개인 데이터 처리에 대한 특정 정보를 제공하도록 요구함으로써 투명성 원칙을 다룬다. 이 정보는 '공정한 처리 정보'라고도 한다. 그러나 투명성은 GDPR의 여러 다른 원칙에서도 중요한 역할을 한다.

데이터 보호 지침('Directive')에 따르면 투명성은 처리의 공정성이라는 개념에 명시적으로 연결되어 있다. GDPR은 '공정하고 투명한 처리의 원칙은 데이터 처리 주체에게 처리 운영과 그 목적의 존재에 대해 통보해야 한다'는 것을 설명하면서 이 연결을 유지한다. GDPR에서 요구하는 공정한 처리 정보를 제공하지 않거나 제공된 정보에 따라 개인 데이터를 처리하지 못하면 처리가 불공평해질 뿐만 아니라, GDPR의 특정 정보 제공 의무들을 위반하게 된다.

투명성은 처리의 근거로서 '동의'가 고려될 때 유사하게 중요하다. 1권에서 논의한 바와 같이, 동의가 유효하다는 것은 통보된다는 것을 포함하여 특정 기준을 충족시켜야 한다.

정보에 대한 동의를 얻으려면 데이터 주체에 동의하는 내용을 명확하게 말해야 한다. 특히 GDPR에서는 유효한 동의를 제공하기 위해 데이터 주체가 적어도 컨트롤러의 신원과 개인 데이터가 처리되는 목적을 인지하고 있을 것을 요구한다. 따라서 동의를 구하는 데이터 주체에게 제공되는 정보는 동의의 유효성에 직접적인 영향을 미칠 것이다. 제공된 정보가 부정확하거나 불완전하거나 아래 명시된 추가 요구 사항을 충족시키지 못하는 경우, 동의가 무효화된다.

데이터 주체에 정보를 제공하는 것은 GDPR 제6조 (1)항 (f)에 의거한 처리를 위해 '합법적 이익'에 의존하는 컨트롤러의 능력에 중요한 영향을 미칠 수 있다.

GDPR의 Recital 47에는 다음과 같이 명시되어 있다.

> 합법적인 이익이 존재하는지 여부는 데이터 주체가 해당 목적을 위한 처리가 발생할 수 있는 개인 데이터 수집 시점 및 상황에서, 합리적으로 기대할 수 있는지 여부를 포함하여 주의 깊은 평가가 필요하다. 특히 데이터 주체가 추가 처리를 합리적으로 기대하지 않는 상황에서 개인 데이터가 처리되는 경우, 데이터 주체의 이익 및 기본적 권리가 데이터 컨트롤러의 이익에 우선될 수 있다.

즉, 데이터 주체가 자신의 개인 데이터가 처리되는 방법에 대한 명확한 정보가 제공되면, 컨트롤러는 합법적인 이익 주장을 뒷받침할 가능성이 높다. 반대로 정보가 제공되지 않으면 그 주장을 하기가 어렵다.

Directive와 GDPR 사이에는 투명성 처리 측면에서 많은 유사점이 있지만, 일부 차이점도 있다. 예를 들어, Directive는 컨트롤러에게 권한 있는 감독 당국에 자신들의 처리를 통보해야 한다는 요구 사항을 부과했다. 데이터 주체는 특정 컨트롤러가 수행한 처리에 대해 자세히 알아보기 위해 해당 통지를 참조할 수 있다. GDPR은 다음과 같은 일반 통보 요구 사항을 삭제했다.

이러한 의무는 행정적이고 경제적인 부담을 초래하지만, 모든 경우에 개인정보 보호 개선에 기여하지는 않는다. 따라서 그러한 무분별한 일반 통보 의무는 폐지되어야 하며 대신 그 본질, 범위, 맥락과 목적으로 인하여 자연인의 권리와 자유에 대한 높은 위험을 초래할 수 있는 처리 작업 유형에 초점을 맞춘 효과적인 절차와 메커니즘으로 대체되어야 한다.

데이터 주체에 대한 GDPR 및 정보 규정

데이터 주체에 대한 정보 제공을 관리하는 주요 의무는 GDPR 제13조(개인 데이터가 데이터 주체로부터 수집되는 경우 포함) 및 제14조(데이터 주체 이외의 출처에서 개인 데이터가 획득되는 경우 관련)에 정리되어 있다.

아래에 설명할 몇 가지 예외를 조건으로 하여, 이 조항의 결합된 효과는 데이터 주체가 자신의 개인 데이터를 직접 제공했는지 또는 제3자가 컨트롤러에 제공했는지와 관계없이 컨트롤러에서 특정 정보를 받을 권리가 있다는 것이다.

GDPR에 명시된 정보 제공 의무는 주로 제13조 및 제14조에서 발생하지만, 이 장에서는 컨트롤러가 데이터 주체에 제공해야 하는 모든 정보를 다루지 않는다. 대신 GDPR에서는 특정 유형의 처리가 수행될 때 데이터 주체에 특정 추가 정보가 제공되어야 한다고 명시한다.

제13조: 데이터 주체로부터 개인 데이터를 수집할 때 데이터 주체에 정보를 제공할 의무

제13조 (1)항은 데이터 주체와 관련된 개인 데이터가 데이터 주체로부터

직접 수집되는 경우 데이터 주체에 다음 정보를 모두 제공해야 한다고 요구한다.

- 컨트롤러와 컨트롤러의 대리인(있다면)의 신원 및 연락처 세부 정보
- DPO(Data Protection Officer)의 연락처 정보(임명된 DPO가 있다면)
- 처리의 목적 및 법적 근거
- 처리가 합법적인 이익 또는 합법적인 제3자의 이익을 목적으로 필요한 경우(GDPR 제6조 (1)항 (f)에 의거), 컨트롤러 또는 제3자가 추구하는 합법적 이익
- 개인정보의 수신자 또는 수신자 범주(있다면)
- 컨트롤러가 개인 데이터를 제3국 또는 국제 조직으로 이전할 것인지 여부 (해당된다면 아래의 정보도 제공해야 한다)
  ▷ 유럽집행위원회("집행위원회")의 타당성 결정이 이전과 관련하여 존재하는지 여부 또는
  ▷ GDPR 제46조 또는 제47조에 따라 적절한 안전 조치(예: 집행위원회 또는 BCR(Binding Corporate Rules)에 의해 채택된 표준 데이터 보호 조항에 의거함)를 기반으로 이관되거나, 컨트롤러의 설득력 있는 합법적 이익과 개인 데이터에 대한 적절한 보호조치가 있다는 평가(GDPR 제49조 (1)의 두 번째 하위 단락에 따라)에 기반하여 이관이 되었는지, 컨트롤러가 참조될 수 있는 적절하고 적합한 보호조치와 수단으로 복사본을 얻을 수 있고, 그런 것들이 가용한지 여부

위의 정보에 추가하여, 제13조 (2)항은 컨트롤러가 공정하고 투명한 처리를 보장하기 위해 필요한 추가 정보를 데이터 주체에게 제공해야 한다고 규정하고 있다. 제13조 (2)항이 요구하는 추가 정보는 다음과 같다.

- 개인 데이터가 저장될 기간 또는 그것이 가능하지 않은 경우 해당 기간을 결정하는 데 사용된 기준
- 개인 데이터와 관련하여 데이터 주체의 권리에 관한 정보, 즉 권리의 존재: (1) 개인정보에 대한 액세스 및 수정 또는 삭제 요청. (2) 데이터 주체에 관한 처리의 제한을 요청하는 것. (3) 처리에 반대; 및 (4) 데이터 이식성 관련. 그러나 이 정보를 제공할 때 컨트롤러는 모든 상황에서 이러한 권리가 발생하지는 않는다는 점에 유의해야 한다(데이터 주체의 권리에 대한 자세한 내용은 이후 장 참조)
- 처리가 동의(GDPR 제6조 (1)항 (a)에 의거) 또는 개인 데이터의 특수 범주가 처리되는 명시적 동의(제9조 (2)항 (a)에 의거)에 근거하는 경우, 데이터 주체가 철회하기 전의 동의에 근거한 처리의 적법성에 영향을 미치지 않고 언제든지 그 동의를 철회할 권리
- 감독 당국에 불만을 제기할 권리
- 개인 데이터의 제공이 법적 또는 계약상의 요구 사항 또는 계약 체결에 필요한 요구 사항인지 또는 데이터 주체가 개인정보를 제공할 의무가 있는지, 그리고 그렇게 하지 않는 경우의 가능한 결과
- GDPR 제22조 (1)항 및 (4)항에 언급된 프로파일링을 포함하여(즉, 프로파일링이 법적 효력을 발생시키거나 데이터 주체에 중대한 영향을 미치거나 개인 데이터의 특수 범주에 관련되는 경우), 자동화된 의사결정의 존재. 컨트롤러가 프로파일링을 수행할 때, 관련 논리에 대한 의미 있는 정보와, 데이터 주체에 대한 처리의 중요성 및 예상되는 결과를 제공해야 한다.

　　GDPR 제13조 (1)항 및 제13조 (2)항에 의거하여 데이터 주체에게 제공되는 정보가 약간 서로 다른 조항을 통해 제시되는 이유는 명확하지 않다. Directive를 검토할 때, 일부 예외가 있지만 정보 제공 제도는 다음으로 구성된다.

- 모든 상황에서 데이터 주체에게 제공되어야 하는 필수 정보 세트(예: 컨트롤러의 신원 정보 포함)
- 데이터 주체와 관련하여 공정한 처리를 보장하기 위해 개인정보가 수집된 특정 상황을 고려하여 필요하다면 제공되어야 하는 추가 정보의 완벽하지 않은 목록

GDPR 제13조 (2)항의 의도는 개인 데이터가 공정하게 처리될 수 있도록 필요할 경우에만 나열된 정보가 제공되어야 한다는 Directive의 접근법을 따른 것이다. 이 접근법은 GDPR에 대한 Recital 60에서 다음과 같이 설명된다.

> 공정하고 투명한 처리의 원칙은 데이터 주체가 처리 작업 및 그 목적의 존재를 알도록 요구한다. 컨트롤러는 개인 데이터가 처리되는 특정 상황과 맥락을 고려하여, 공정하고 투명한 처리를 보장하는 데 필요한 모든 추가 정보를 데이터 주체에 제공해야 한다.

그러나 이 초안의 모호성은 제13조 (2)항이 처리가 공정하고 투명하게 이루어지도록 열거되어 있는 정보의 제공이 항상 필요하며 따라서 데이터 주체에 항상 제공되어야 한다는 것으로 해석할 수 있음을 의미한다. 영국 정보위원회 사무국(ICO)의 GDPR에 관한 가이드는 제13조 (1)항과 제13조 (2)항에 규정된 정보 제공 의무를 구별하지 않았으며, 모든 경우에 두 종류의 정보가 모두 데이터 주체에게 제공되어야 한다는 것을 의미한다. 다른 감독 당국이 이 접근법을 따른다면, 실제로 제13조 (1)항과 (2)항 사이의 구별은 없을 것이며, 처리와 데이터 주체의 기대의 맥락에서 제공되는 공평한 처리 정보의 본질과 형태의 균형을 잡을 기회가 없을 것이다.

제14조: 데이터 주체로부터 개인 데이터가 수집되지 않는 경우, 데이터 주체에 정보를 제공할 의무

제14조는 개인 데이터가 데이터 주체로부터 직접 획득되지 않는 상황을 다룬다. 제14조 (1)항 및 제14조 (2)항에 따라, 컨트롤러는 제13조 (1)항 및 제13조 (2)항에서 요구하는 것과 동일한 정보를 데이터 주체에 제공해야 한다. 제14조 (1)항 및 (2)항에 따라, 컨트롤러는 또한 다음 정보를 제공해야 한다.

- 해당 개인정보의 범주
- 어떤 출처로부터 개인정보가 유래했는지, 해당된다면, 공개적으로 접근 가능한 출처에서 유래했는지(많은 출처를 사용했기 때문에 개인정보 출처를 데이터 주체에 제공할 수 없는 경우, Recital 61은 일반적인 정보가 주어져야 한다고 규정한다.)

제14조에 의거하여, 개인 데이터가 데이터 주체로부터 직접 취득되지 않기 때문에, 개인 데이터의 제공이 법적 또는 계약상의 요구 사항인지 아니면 계약 체결에 필요한 요구 사항인지, 데이터 주체가 개인정보를 제공할 의무가 있는지 여부와 그렇지 않은 경우의 결과를 데이터 주체에게 알릴 필요는 없다.

그러나 제13조와 마찬가지로, 제14조 (2)항에 열거된 정보가 모든 경우에 데이터 주체에 제공되어야 하는지 또는 공정하고 투명한 처리를 보장하는 데 필요한 경우에만 제공되어야 하는지에 대한 모호성이 있다. ICO는 가이드에서 제14조 (1)항에 규정된 정보와 제14조 (2)항에 규정된 정보를 구별하지 않으며, 면제가 적용되지 않는다면, 모든 상황에서 두 가지 정보를 제공해야 한다는 것이 추론된다.

GDPR 제13조 및 제14조가 데이터 주체에게 제공되는 공정한 처리 정보 측면에서 유사하지만, 의무 사항 간의 실질적인 차이점에는, 필요한 정보가 제공되는 시간과 컨트롤러가 처리에 대한 정보를 제공할 필요가 없는 상황이 포함된다. 이러한 차이점은 아래에서 자세히 설명한다.

추가 정보가 요구되는 상황

개인 데이터가 데이터 주체 또는 제3자로부터 직접 취득되었는지 여부에 관계없이, GDPR에서는 특정 상황에서 데이터 주체가 추가 정보를 제공하거나 사용할 수 있도록 요구한다.

① 데이터 주체의 권리

추가 정보 제공 의무는 GDPR에 의해 데이터 주체에 부여된 권리의 맥락에서 컨트롤러에게 부과된다. GDPR 제13조 및 제14조는 개인 데이터의 처리에 대해 데이터 주체에게 상당한 양의 정보를 제공해야 한다는 의무를 부과하지만, 제15조는 데이터 주체가 컨트롤러로부터 이 정보의 대부분을 요청할 수 있는 자유로운 권리를 만든다.

GDPR은 또한 데이터 주체가 어떤 상황에서 개인 데이터의 처리를 제한하도록 컨트롤러에 요구할 권리를 부여한다. 데이터 주체가 이 권리를 행사하는 경우, 컨트롤러는 그 제한을 해제하기 전에 데이터 주체에게 알려야 한다. 데이터 주체는 GDPR에 따라 그 처리가 다음과 같은 경우, 개인 데이터 처리에 이의를 제기할 수 있는 추가 권리가 있다.

- 컨트롤러의 '정당한 이익'(GDPR 제6조 (1)항 (f)에 의거) 기준으로 처리가 수행된 경우 또는 공공의 이익을 위해 수행된 업무 수행을 위해 처리가 필요한 경우(제6조 (1)항 (e) 호), 여기에는 이러한 조항을 기반으로 프로파일링을 거부할 권리가 포함된다.

• 다이렉트 마케팅과 관련한 프로파일링을 포함하여 다이렉트 마케팅을
  목적으로 하는 경우

위와 같은 경우에 컨트롤러는 이러한 권리를 명시적으로 데이터 주체의
주의를 끌고 이 정보를 다른 정보와 별도로 명확하게 제시해야 한다.

② 국제 데이터 이전
적절한 경우 제13조 또는 제14조에 따라 제공될 정보 이외에, 다음과
같은 경우 개인 데이터를 이전할 수 있다.

• 다음을 근거로 제3국 또는 국제기구로 이전하는 경우
  ▷ 컨트롤러의 설득력 있는 합법적 이익 및 이전을 둘러싼 상황을 자체
    평가(제49조 (1)항의 두 번째 호에서)한 경우, 데이터 주체는 데이터
    이전과 컨트롤러에 의해 추구되는 설득력 있는 합법적 이익을 통보받
    아야 한다.
  ▷ 동의가 있는 경우, 집행위원회의 타당성 결정 또는 집행위원회가 채택
    한 표준 데이터 보호 조항 등의 '적절한 보호'의 결여로 인해 가능한
    위험을 통보받아야 한다.
• BCR에 따라 이전되는 경우, 데이터 주체는 BCR에 포함된 일반 데이터
  보호 원칙에 대한 다음의 정보를 제공받아야 한다.
  ▷ BCR의 위반에 대한 보상을 받을 권리를 포함하여, 처리와 관련한 데이
    터 주체의 권리 및 이를 행사하는 방법, 그리고 BCR에 따른 책임 협약
    에 대한 정보

③ 새로운 처리 목적
컨트롤러가 원래 수집되었거나 획득된 목적 이외의 목적으로 개인 데이

터를 처리하고자 하는 경우, 컨트롤러는 [적절하게, 제13조 및 제14조의] 2절에 언급된 대로 '모든 관련 추가 정보'와 함께, 데이터 주체에 새로운 목적에 대한 정보를 제공해야 한다.

④ 다중 컨트롤러

두 개 이상의 컨트롤러가 공동으로 목적과 처리 방법을 결정하는 상황에서, 제13조와 제14조하에서 데이터 주체에게 정보를 제공해야 하는 의무와 관련하여, 관할 관청은 컨트롤러가 GDPR을 준수하기 위한 각자의 책임을 투명하게 결정하도록 요구한다. 이 협약의 '본질'을 데이터 주체가 이용 가능해야 한다.

'이 정보를 이용 가능하게' 하는 의무는 제13조 및 제14조에 따라 정보를 제공하는 적극적인 의무와 구별된다. 그러므로 어떤 컨트롤러가 공정한 정보 제공에 이 세부 사항을 포함할 것인지 또는 데이터 주체의 요청이 있을 때에만 제공할 것인지는 불분명하다.

⑤ 개인 데이터 위반

경우에 따라, 데이터 주체는 개인 데이터 위반 사실을 통보받아야 한다. 이 의무는 이후 장에서 설명한다.

⑥ 정보를 데이터 주체에게 제공해야 하는 경우

데이터 주체로부터 개인 데이터가 수집되는 경우, 개인 데이터가 수집된 시점에 제13조 (1)항 및 (2)항에 명시된 정보가 제공되어야 한다.

제14조 (3)항은 데이터 주체가 아닌 다른 사람으로부터 개인정보가 수집될 때 공정한 처리 정보가 제공되어야 한다고 다음과 같이 규정하고 있다.

a. 개인 데이터를 수집한 후 합리적인 기간 내에, 그러나 개인 데이터가 처리되는 특정 상황을 고려하여 늦어도 1개월 이내

b. 개인 데이터가 데이터 주체와의 통신에 사용되는 경우, 늦어도 해당 데이터 주체와의 최초 통신 시

c. 또 다른 수령인에 대한 공개가 예정된 경우, 늦어도 개인 데이터가 처음 공개되는 시점

개인 데이터가 수집되거나 수집된 목적 이외의 목적으로 처리되는 경우, 컨트롤러는 새로운 처리가 시작되기 전에, 요구되는 공정한 처리 정보를 데이터 주체에게 제공해야 한다.

처리 대상에 대한 데이터 주체의 권리에 관한 정보는, 늦어도 데이터 주체와의 최초 통신 시 데이터 주체에게 제공되어야 한다. 데이터 주체가 동의하기 전에 동의 철회 권한에 관한 정보를 제공해야 한다.

데이터 주체에 정보를 제공하는 방법

GDPR에서는 구체적으로 데이터 주체에게 개인 데이터 처리에 관해 제공되는 정보가 명확하고 평이한 언어를 사용하여 간결하고 투명하며 이해하기 쉽고, 쉽게 액세스할 수 있는 형식으로 제공되어야 한다고 명시한다. 특히 아동을 위한 정보는 아동이 쉽게 이해할 수 있는 언어로 작성되어야 한다.

GDPR은 또한 정보가 서면으로, 또는 적절한 경우 '전자적 수단'을 포함하는 다른 수단으로 제공되어야 한다고 명시한다. GDPR에 대한 Recital은 전자 수단이 웹 사이트를 통해 포함될 수 있으며, 처리 과정에 관련된 당사자가 많은 경우 특히 관련이 있으며, 기술적인 복잡성 때문에 데이터 주체는 누가 자신의 개인 데이터를 어떤 목적으로 처리하는지를 이해하기

어렵다는 것을 설명한다. GDPR은 이러한 유형의 상황의 예시로 온라인 광고를 구체적으로 인용한다.

공정한 정보 처리는 정보 주체가 요청한 경우, 데이터 주체의 신원이 다른 방법으로 입증되는 한 구두로 제공될 수도 있다. 모든 경우에 있어 제13조 및 제14조에 따라 데이터 주체에게 제공되는 정보는 무료여야 한다.

GDPR은 '시각화'를 사용하여 적절한 경우 데이터 처리 대상에게 공정한 정보를 제공하고 표준화된 아이콘을 사용하여 처리를 쉽게 볼 수 있고 이해할 수 있으며 의미 있는 개요를 제공하는 것을 허용한다. GDPR은 집행위원회가 위임된 행동을 채택하여 이러한 표준화된 아이콘과 이를 제공하는 절차를 사용하여 제시할 정보를 결정하도록 권한을 부여하고 표준화된 아이콘에 대한 의견 제공을 유럽 데이터 보호위원회(European Data Protection Board)의 임무 중 하나로 언급한다. GDPR은 표준화된 아이콘이 전자식으로 제시되는 경우 기계 가독성이 있어야 함을 요구한다.

정보가 그들의 동의를 얻는 맥락에서 데이터 주체에게 제공될 때, GDPR 에 의해 추가적인 형식 요구 사항이 부과된다. 다른 사안에도 관련된 서면 동의서가 있는 경우, 동의 요청은 분명하고 명확한 언어를 사용하여 이해하기 쉽고 쉽게 접근할 수 있는 형식으로 다른 문제와 명확하게 구별되는 방식으로 제시되어야 한다.

상기 이외에, 처리에 대한 이의 제기에 관한 정보는 명시적으로 데이터 주체의 주의를 끌고 다른 정보와는 명확하고 별도로 제시되어야 한다. 컨트롤러가 자료를 단순히 '제공'(제13조 및 제14조에 따라 요구됨)하기보다는 데이터 주체의 주의를 환기시켜야 한다는 사실은, 예를 들어, 공정한 처리 정보를 웹 사이트에서 이용할 수 있도록 하는 것 이상의 추가적인 조치가 필요하다는 것을 암시한다.

추가 정보 제공 요구 사항이 부과될 수 있는 영역

GDPR은 회원국이 개인정보 처리에 대한 구체적인 규칙을 제정할 수 있는 여러 분야를 규정한다. 이러한 영역의 예에는 고용 관련 개인 데이터의 처리가 포함된다. 이와 관련하여 추가 규정이 회원국에 의해 도입되는 경우, 특히 처리의 투명성과 관련하여 데이터 주체의 권리를 보호하기 위한 '적절하고 구체적인' 조치를 포함해야 한다.

GDPR은 투명성 및 대중, 데이터 주체 및 아동에게 제공될 정보와 관련하여, 컨트롤러의 범주를 대표하는 협회 및 기타 기관에 GDPR의 적용을 규정하는 행동 강령을 준비할 수 있는 기회를 제공한다. 따라서, 추가적이고 더 구체적인 투명성 의무가 이러한 행동 강령을 통해 컨트롤러의 특정 그룹에 부과될 수 있는 가능성이 있다.

🔒 데이터 주체에 정보를 제공할 의무의 면제

GDPR은 회원국이 새로운 국내 입법을 채택할 필요 없이 공정한 정보를 제공하도록 컨트롤러에 대한 요구 사항을 면제하고, 회원국이 특정 상황에서 자체 면제를 제정할 수 있도록 허용한다.

개인 데이터가 데이터 주체로부터 직접 수집되는 GDPR의 '자체' 면제, 즉 이행 회원국 법을 필요로 하지 않는 면제와 관련하여, 데이터 주체가 이미 이 정보를 가지고 있는 경우, 제13조 (1)항 및 제13조 (2)항에 따라 요구되는 공정한 처리 정보나 새로운 처리 목적(적용 가능한 경우)에 대한 정보를 제공할 필요가 없다.

마찬가지로, 개인 데이터가 데이터 주체 이외의 출처로부터 얻어졌을 때, 제14조 (1)항 및 제14조 (2)항에 의해 요구되는 공정한 처리 정보,

또는 적용 가능한 경우, 신규 처리 목적에 관한 정보는, 아래와 같은 경우 제공될 필요가 없다.

- 데이터 주체가 이미 이 정보를 가지고 있는 경우
- 개인 데이터를 얻거나 공개하는 것이 컨트롤러가 적용되는 EU 또는 회원국 법률에 명시적으로 규정되어 있고, 데이터 주체의 합법적 이익을 보호하기 위한 적절한 조치를 제공하는 경우
- 비밀 유지에 대한 법적인 의무를 포함하여 연방 또는 회원 국가 법률에 의해 규제되는 전문적인 기밀 유지 의무에 따라 개인정보가 기밀로 유지되어야 하는 경우
- 정보의 제공이 불가능하다고 판명되거나, 특히 공익, 과학적 또는 역사적 연구 목적 또는 통계적 목적으로 보관 목적으로 처리하는 데 불균형한 노력이 포함된다면, 다음의 경우
  ▷ 보관 또는 과학적 또는 역사적 연구의 목적을 위한 처리와 관련하여 제89조 (1)항에 언급된 조건과 안전장치가 충족되는 경우 (예: 예를 들어, 데이터 최소화를 보장하기 위한 기술적 및 조직적 조치를 보장하기 위한 것이다)
  ▷ 공정한 처리 정보의 제공이 그 처리의 목적 달성을 불가능하게 하거나 심각하게 저해할 가능성이 있는 경우

GDPR은 계속해서 언급한다: '그러한 경우, 컨트롤러는 정보를 일반에 공개하는 것을 포함해서, 정보 주체의 권리와 자유 및 합법적인 이익을 보호하기 위한 적절한 조치를 취해야 한다.' 이 요구 사항이 처리의 목적을 저해한다는 근거로 공정한 처리 정보가 제공되지 않는 경우에만 적용될지, 또는 처리가 저장 또는 과학적 및 역사적 목적이라는 근거로 수행되는 처리에도 적용할지는 명확하지 않다. GDPR이 강조한 투명성의 중요도를

감안할 때 컨트롤러는 두 경우 모두에 적용하는 것을 고려하는 것이 좋을 것으로 보인다.

'불균형적 노력'이라는 용어의 의미와 적용을 평가할 때, Directive의 Recital 40을 여전히 고려해야 하며, GDPR의 Recital 62에 대부분 그대로 반영되어 있다. 이러한 Recital은 공정한 처리 정보를 제공하기 위해 요구되는 노력이 불균형한지 평가하는 데 고려되어야 할 요소들로, 데이터 주체 수, 개인 데이터의 나이 및 적용되는 보완 조치들(또는 GDPR의 Recital에서 '적절한 안전장치가 채택됨')을 인용한다. 그러나 '불균형적 노력'에 대한 명확한 정의가 없는 경우, 이 용어는 국가 감독 당국의 해석에 개방되어 있으며, 투명성 의무를 이행함에 있어 컨트롤러가 상당한 노력을 기울일 것으로 예상된다.

국가 감독 당국에 대한 높은 기대에도 불구하고, 위에 열거된 면제는 데이터 보호 규정이 실용적이고 과도하게 부담이 되어서는 안 되며, 데이터 주체에게 통보해야 할 의무와 컨트롤러에 대한 준수 비용 간에 균형이 이루어져야 한다는 Directive의 전제를 유지한다.

제14조 (5)항은 컨트롤러가 타인으로부터 얻은 데이터 주체에 대한 개인 데이터를 처리할 때 데이터 주체에 정보를 제공하는 것이 불가능하거나 불균형한 노력을 포함할 수 있음을 인정한다. 예를 들어, 데이터 주체에 대한 정보가 널리 알려져 있어(예, 미디어 보도에 의해) 많은 조직에서 해당 정보를 보유하고 있는 경우 이 면제를 고려할 수 있다. 정치인과 같이 잘 알려진 데이터 주체에게 컨트롤러에 대해 널리 사용되는 특정 정보를 보유한다는 사실을 알려주는 것은 무의미하다. 이것은 특히 데이터 주체의 개인정보가 수행된 처리에 위배되지 않는 경우이다. 그러나 데이터 주체의 프라이버시가 침해당하고 컨트롤러가 이 면제에 따라 공정한 처리 정보 제공을 면제받는 것을 선택하는 경우, 컨트롤러는 데이터 수집 및

처리를 위한 확실한 기반에 근거하고 기록해야 한다(1권 참조).

　마찬가지로, 제14조 (5)항 (c)는 컨트롤러가 개인 데이터를 처리할 법적 의무를 부과할 수 있음을 인정한다. 이러한 경우 컨트롤러는 제3자의 개인 데이터를 수집할 수 있지만, 처리를 강요하는 법적 의무가 충분한 개인정보 보호 장치를 제공하고 데이터 주체의 정당한 이익을 보호하는 한, 각 데이터 주체에 알릴 필요는 없다.

　제3자로부터 개인정보가 수집되었지만 공정한 처리 정보가 제공되지 않는 상황에서는, 면제가 적용되지 않는 한, 데이터 주체는 컨트롤러의 개인 데이터 처리 및 액세스에 대한 정보를 요청할 수 있다(이후 장 참조).

　이를 기반으로 투명성을 관리하는 것은 현실적이고 실용적이다. 컨트롤러는 데이터 주체의 요청이 있을 경우 처리에 대한 정보 요청에 응답해야 하지만, GDPR 14조에 따라 요구되는 광범위한 정보를 사전에 적극적으로 제공할 필요는 없다.

　위에 명시된 면제 외에도 제23조는 회원국이 공정하고 투명한 방식으로 개인정보가 처리되고 공정한 정보가 제13조 및 14조에 따라 데이터 주체에게 제공되어야 한다는 GDPR의 요구 사항을 제한하도록 입법할 수 있는 상황을 제시한다.

　제23조 (1)항은 다음과 같이 서술한다.

　　데이터 컨트롤러 또는 프로세서가 적용되는 EU 또는 회원국 법률은 입법 조치에 따라, 제5조는 물론 제12조에서 제22조까지와 제34조에 규정된 의무 및 권리의 범위 [제13조 및 제14조는 정보 제공과 관련한 주요 의무를 포함한다]를 제한할 수 있다.(제5조 [개인 데이터가, 다른 것들 사이에서, 공정하고 투명한 방식으로 처리되어야 함을 요구는 그 규정이 제12조에서 제22조에 규정된 권리와 의무에 부합하는 한) 그러한 제한이 기본적 권리와 자유의 본질을 존중하며, 민주 사회에서 다음을 보호하기

위해 필요하고 균형 잡힌 조치일 때

   a. 국가 안보

   b. 방어

   c. 공공의 안전 [Recital 73은 자연재해나 인재에 대한 인간의 생명의 보호를 포함한다.]

   d. 공공 안전 위협에 대한 보호 및 방지를 포함한 형사 범죄의 예방, 조사, 탐지 또는 기소 및 형사처벌

   e. EU 또는 회원국의 일반 대중의 이익, 특히 연방, 회원국의 중요한 경제적 또는 재정적 이익에 관한 금전, 예산 및 과세 문제, 공중보건 및 사회보장과 관련한 기타 중요한 목표;

   f. 사법 독립과 사법 절차의 보호

   g. 규제된 직업에 대한 윤리 위반의 예방, 조사, 탐지 및 기소

   h. (a)~(e) 및 (g)에 언급된 경우 공식 권한의 행사에 대한 모니터링, 검사 또는 연관된 규제 기능(비록 자주 발생하지는 않더라도)

   i. 데이터 주체 또는 타인의 권리와 자유에 대한 보호 [Recital 73은 사회보장, 공중보건 및 인도주의적 목적을 포함한다]

   j. 민법 청구의 집행

제23조는 전술한 바와 같이 구현된 모든 입법 조치가 제한의 목적에 영향을 미치지 않는 한, 제한 사항(이 경우, 공정한 처리 정보를 제공할 의무가 있음)에 대해 정보를 제공받을 권리에 관한 특정 조항을 포함해야 한다고 서술하고 있다.

이러한 면제에 대한 GDPR의 접근 방식은 익숙하다. Directive 제13조는 국가 안보 또는 범죄 예방의 목적과 같은 이해관계를 보호하기 위해 컨트롤러의 처리 활동에 대한 정보를 유보할 필요가 있는 상황에 대해 유사한 면제 조항을 제정할 수 있게 했다.

그러나 회원국들이 이러한 면제를 시행하는 방식에는 현저한 차이가 있었으며, GDPR상 국가의 해석 및 시행 범위를 고려할 때, 이러한 차이는 남아있게 될 것이다.

GDPR은 또한 회원국이 저널리즘이나 학술적 또는 문학적 표현의 목적으로 처리가 진행되는 공정한 처리 정보를 제공해야 하는 의무로부터 면제 및 감면을 제공할 수 있도록 하며, 그러한 면제 또는 감면은 표현과 정보의 자유와 함께 개인 데이터 보호의 권리를 조화시키는 데 필요하다.

🔒 ePrivacy Directive의 요구 사항

개정된 전자 통신 부문의 개인정보 처리 및 개인정보 보호와 관련된 Directive 2002/58/EC('ePrivacy Directive')는 웹 사이트 운영자, 애플리케이션 및 점점 더 많은 다른 연결된 장치가 쿠키 및 이와 유사한 기술을 사용하는 것과 관련된 추가 정보 요구 사항을 제시한다.[1]

ePrivacy Directive의 제5조 (3)항은 가입자 또는 사용자의 단말 장비에 제한된 예외 사항, 정보 저장 또는 이미 저장된 정보에 대한 액세스 권한을 얻는 것은 해당 사용자가 지정한 조건에서만 허용된다는 것을 명시한다. Directive 및 GDPR에 따라 명확하고 포괄적인 정보를 제공하여 해당 사용자로부터 동의를 받았을 때에만 가입자 또는 사용자의 단말 장비에 정보를 저장하거나 기 저장된 정보에 접근하는 것이 허용된다.

제29조 작업반(WP29)의 관점에서 제5조 (3)항은 사용자의 사전 동의를

---

[1] ePrivacy Directive는 조만간 개인정보 보호 및 전자 통신에 관한 규정('ePrivacy Regulation')으로 대체될 것이다. "프라이버시 및 전자 통신에 관한 규제 제안", European Commission. https://ec.europa.eu/digital-single-market/en/news/proposal-regulation-privacy-and-electronic-communications

얻기 위해 사용자의 기기에 쿠키 또는 유사한 기술을 적용할 의무를 부과한
다. 실질적으로 이것은 다음을 의미한다.

- 쿠키 또는 유사한 기술의 전송 및 목적에 관한 정보가 사용자에게 제공되어
  야 한다.
- 그러한 정보가 제공된 사용자는, 쿠키 또는 유사 기술이 장치에 저장되거나
  장치에 저장된 정보가 검색되기 전에 동의해야 한다.

웹 사이트 운영자가 쿠키 또는 유사한 기술의 사용에 대한 동의를 얻는
방법은 이 정보가 제공되는 방법에 영향을 미칠 수 있다. 그러나 쿠키
및 유사 기술의 사용에 대한 완전하고 투명한 공개 요구 사항은 동의를
얻기 위해 선택한 메커니즘과 관계없이 적용되며, 운영자는 이 의무를
충족하기 위해 단독 쿠키-사용 정책을 채택한다. 쿠키의 사용에 대한 동의
요건은 이 책의 뒷부분에서 자세히 다룬다.

🔒 공정한 처리 통지

데이터 주체에게 공정한 처리 정보가 제공되어야 하는 방식을 강제하지
않는 Directive와 달리, GDPR은 구체적으로 개인이 자신의 개인 데이터
처리에 대해 통보 받아야 하는 방법을 언급한다.

전자적 수단에 의한 적절한 경우를 포함하여 공정한 처리 정보가 서면으
로 제공될 수 있기 때문에, 여전히 공정한 처리 통지는 컨트롤러가 GDPR의
투명성 요건을 준수할 수 있는 편리한 방법 중 하나가 될 것이다.

공정한 처리 통지를 위한 실제 고려 사항

GDPR은 공정한 처리 정보가 데이터 주체에게 전달되는 방식에 관해 컨트롤러에게 약간의 재량권을 부여한다. GDPR은 또한 컨트롤러는 투명성 요구 사항을 충족시키는 메커니즘을 선택할 수 있는 기회를 제공한다. 컨트롤러의 의무는 정보를 '제공'하거나 데이터 주체의 관심을 '명시적으로 주의를 끌거나' 또는 '알리기'이다.

예를 들어, 제13조 및 제14조에 따라 공정한 처리 정보를 '제공'해야 한다는 요구 사항은 필요한 정보를 능동적으로 전달할 것인지 또는 단순히 데이터 주체가 즉시 이용할 수 있게 할 것인지(예, 웹사이트의 개인정보 정책) 컨트롤러가 결정하도록 한다. 이 결정은 처리 환경에 따라 달라질 수 있으며 컨트롤러는 다음과 같은 요인을 고려해야 한다.

- 데이터 주체가 이미 사용할 수 있는 정보의 수준(개인 데이터가 수집될지 여부와 이를 위해 사용될 정보를 포함하는지 여부를 포함)
- 데이터 주체가 예상치 못한 또는 불쾌감을 줄 수 있는 개인 데이터의 수집 또는 처리의 요소가 있는지 여부
- 자신의 개인정보를 제공하거나 제공하지 않을 경우의 결과가 명확한지, 그리고 그 결과의 내용(정보를 제공하거나 제공하지 않으면 데이터 주체에 중대한 영향을 미칠 경우 적극적으로 정보를 전달할 필요성이 커짐)
- 수집 및 처리되는 개인정보의 특성(예: 개인 데이터의 특수 범주와 관련된 처리, 데이터 주체와의 정보 전달 의무) 및 해당 개인의 유형(예, 취약한 개인)
- 데이터를 수집하는 방법. 개인정보가 수집된 동일한 매체를 사용하여 공정한 정보를 제공하는 것이 좋다. 예를 들어, 개인 데이터가 전화상으로 수집된다면, 공정한 처리 정보는 데이터 주체에게 구두로 제공될 수 있다 (필요하다면 상호작용의 증거를 남기기 위해 가용한 서면 버전과 함께).

반대로 웹 사이트를 통해 개인 데이터를 수집하는 경우 웹 사이트에 서면 통지를 통해 데이터 주체에 정보를 제공하는 것이 일반적이다.

GDPR의 제13조 및 제14조는 공정한 정보를 '제공'해야 한다고 주장하지만, 제21조 (4)항은 특정 유형의 처리에 이의를 제기할 수 있는 권리에 관한 정보가, 늦어도 컨트롤러가 데이터 주체와 처음 통신을 하는 시점에 '명시적으로 데이터 주체의 주의를 환기시키도록' 요구하고 있다. 이는 컨트롤러가 이 정보를 사용할 수 있도록 하는 것 이상의 조치를 취해야 함을 의미한다.

규제 지침에 따르면, 데이터 주체에 제공되는 형식이 무엇이든지 공정한 처리 정보에 대해 컨트롤러는 다음 사항을 확인해야 한다.

- 명확하고, 간결하고 쉬우며, 간단명료하고 직접적인 언어인지 여부(데이터 주체가 이해하기 쉬운 언어로 공정한 처리 정보를 제공하는 것이 우수 사례이며 경우에 따라 법적 요구 사항임. 실용적인 관점에서, 이 규칙을 따르는 것이 효과적으로 제공된 정보를 입증하는 데 도움이 됨)
- 진정으로, 유익하고 의미 있고 적절하고 개인이 자신의 개인정보를 사용하는 방법을 이해하는 데 도움이 되는 디자인인지 여부
- 정확한 최신 정보(그러므로 공정한 처리 정보를 정기적으로 검토해야 함)
- 특정 요구를 가진 사람들에게 적절한 방식으로 제공되는지 여부(예: 아동으로부터 데이터를 수집하는 경우 데이터 컨트롤러는 공정한 처리 정보가 아동들이 이해할 수 있는 방식으로 제공되도록 해야 함)
- 오도되지 않는지 여부(예를 들어, 공공 부문에서의 처리의 특정 유형과 같이 개인 데이터의 처리에 관한 선택의 여지가 없는 경우, 그들이 데이터 주체에 그들이 하는 것을 제안하는 것이라는 오해를 불러일으킬 수 있음.

옵션이 개인정보 사용과 관련하여 제공되는 경우, 그것은 진실하고 존중되어야 함)

- 미래 지향적이지만 현실적인지(영국의 ICO는 개인정보 통지가 충분히 광범위하게 작성된 경우 처리 과정을 진화시킬 수 있다는 견해를 갖고 있으나, 오도되는 서술을 만드는 것과 매우 긴 개인정보 보호 정책을 만드는 것을 피하기 위해, 컨트롤러는 해당 목적으로 사용될 것 같지 않은 수많은 향후 개인 데이터 사용을 열거해서는 안 됨)
- 제공의 내용 및 시기와 관련하여 GDPR의 요구 사항을 충족하는지

공정한 처리 정보를 효과적으로 제공하는 것

GDPR의 준수를 지원하는 것 외에도, 효과적인 공정한 처리 정보 제공에는 많은 상업적 이익이 있을 수 있다.

- 데이터 주체는 개인 데이터 사용에 대해 투명한 조직에 신뢰를 두는 경향이 크다. 이러한 신뢰는 고객 충성도와 유지에 기여할 것이다.
- 데이터 주체는 적절하게 사용할 조직에 점점 더 많은 가치 있는 개인 데이터를 제공할 것이다.
- 개인 데이터 사용으로 인해 발생하는 불만 및 분쟁의 위험은 조직이 수행하는 처리가 데이터 주체에 설명될 때 줄어든다.

GDPR에 따라 데이터 주체에게 전달되어야 하는 정보의 양을 감안할 때, 제공되는 내용이 간결하고 이해하기 쉬워야 한다는 요구 사항, 신기술과 효과적인 정보 제공의 잠재적인 이익으로 인한 문제, 법률 준수에 이외에도, 컨트롤러는 데이터 주체와의 의사소통에서 유연하고 창조적이 되는 이점을 누릴 수 있고 GDPR이 여기에 도움이 된다. GDPR이 기술 중립적이긴

하지만, 공정한 처리 정보가 처리 환경(예: 서면, 전자 수단, 구두 또는 표준화된 아이콘 사용)에 따라 여러 가지 수단을 통해 가장 적절하게 제공될 수 있음을 인정한다. 이를 염두에 두고, 아래를 포함하여 컨트롤러가 고려할 수 있는 공정한 처리 정보 제공에 대한 다양한 접근 방법이 있다.

- 계층화된 공정한 처리 통지 사용
- 적시(just-in-time) 통지 제공
- 개인정보 대시 보드 채택
- 정보에 대한 통신의 다른 형식과 채널
- 특히 IoT(Internet of Things)를 포함한 다양한 기술의 요구 사항에 적용하기 위한 조치

① 계층화된 공정한 처리 통지

계층화된 통지에서는, 기본 정보가 간단한 초기 통지로 제공되며 더 상세한 정보는 더 알고 싶은 데이터 주체에게 가용하다.

계층화된 통지는 클릭 연결 링크가 공정한 처리 정보 계층 간의 이동을 용이하게 할 수 있는 온라인 컨텍스트에서의 처리에 특히 적합하다. 오프라인에서는 개인 데이터를 수집하는 경우 수신자 부담 전화번호와 같은 보다 자세한 정보에 데이터 주체가 액세스할 수 있는 간단한 방법을 제공함으로써 계층화된 접근 방식을 채택할 수 있다.

계층화된 통지의 개념은 2004년 3월의 베를린 각서에 의해 소개되었다. Directive에 따라, 계층화된 통지는 WP29로부터 지지를 받았다. 정보 계층의 합이 관련된 현지 법을 준수한다는 전제하에, WP29는 공정한 처리 정보가 반드시 하나의 문서로 제공될 필요는 없다고 서술한다.

WP29는 계층화된 통지의 각 계층이 데이터 주체에게 자신의 입장을

이해하고 의사결정을 내리고 Directive의 요구 사항에 따라 세 가지 권장 계층의 내용에 대한 세부 권장 사항을 설정하는 데 필요한 정보를 제공해야 한다고 권고했다.

2004년 이래로 데이터 주체에 제공될 기술과 정보가 계속 발전해왔다. 그 결과, WP29가 정보 제공에 대한 계층화된 접근 방식의 수용을 채택하고 변경된 법적 및 기술적 전망을 반영하도록 갱신하는 것이 컨트롤러에게 열려 있다.

영국 ICO의 권고 사항에 따라, 컨트롤러는 예기치 못한 또는 즉각적으로 그리고 두드러지게 불쾌한 주요 정보와 처리의 세부 사항을 제공할 수 있다. 이 초기 통지는 또한 컨트롤러의 신원 및 처리 목적에 대한 높은 수준의 설명 정보를 포함해야 한다. ICO는 이 초기 통지서에 처리를 보다 자세히 설명하는 링크 또는 특정 주제에 관한 추가 정보에 링크할 수 있는 두 번째 전체 통지에 대한 링크가 차례로 포함될 수 있음을 시사한다.

계층화된 통지에는 다음과 같은 많은 이점이 있다.

- 대부분의 상황에서 데이터 주체들은 그들의 개인 데이터 사용에 대해 특정 양의 정보만 가져올 수 있음(또한 그렇게 하기를 바랄 수 있음)을 인지
- 짧은 개인정보 보호 사항을 이해하고 기억하기 쉬움
- 개인 데이터가 수집되는 여러 상황에서 공간 또는 시간 제한을 설명하기 위해 계층화된 통지를 사용할 수 있음
- 긴 통지는 가독성을 저해하는 복잡한 법적 용어와 업계 전문 용어를 유인하는 경향이 있음

제공된 정보의 내용과 시기가 GDPR의 모든 요구 사항을 다루었고 '명시적으로 데이터 주체의 주의를 끌어야 하는 정보가 통지의 두 번째 계층으로

들어가지 않은 경우에, 이 접근법이 GDPR의 요구 사항을 충족시킨 것이라고 할 수 있다.

② 'Just-In-Time' 통지

ICO는 또한 '적시(just-in-time)' 통지의 사용이나 데이터 수집의 특정 지점에서의 처리에 관한 정보 제공을 지지한다. 계층화된 통지의 개념과 관련하여, 이 접근법은 데이터 주체가 정보와 관련이 있는 시점에서 정보가 제공되는 것으로 간주한다. 예를 들어, 데이터 주체에는 온라인 양식을 사용하여 개인 데이터를 제공하는 시점에서 처리 목적에 대한 정보가 제공될 수 있다.

③ 대시 보드

ICO는 데이터 주체들이 그들의 개인 데이터 처리 방법을 제어할 수 있게 하는 대시 보드에 공정한 처리 통지를 연결하는 것은 컨트롤러가 개인 데이터 처리와 관련하여 데이터 주체에 알리고 관여할 수 있는 또 다른 방법임을 제안한다.

④ 대체 형식

GDPR은 정보가 서면으로 또는 적절한 경우 전자 수단을 포함하여 다른 수단으로 제공되어야 한다고 규정한다. 또한 시각화 사용에 대해 구체적으로 언급하고 표준화된 아이콘을 만들기 위한 법률의 제정을 허용한다.

따라서 컨트롤러는 아동에게 처리를 설명하거나, 공간에 대한 제한으로 인해 정보를 명확하게 제공하기 어려운 '적시(just-in-time)' 또는 계층화된 통지와 함께 아이콘을 사용하는 등의 애니메이션 사용을 고려할 수 있다.

그러나 이 장에 설명된 모든 경우 컨트롤러는 관심 있는 데이터 주체가 웹 페이지를 '클릭하여 연결할 필요 없이 검색하고 참조하고, 그들이 요구하는 다른 매체(예: 하드 카피)에서 쉽게 검토할 수 있도록, 공정한 처리 정보의 전체 버전을 사용할 수 있게 해야 한다.

⑤ 공정한 처리 정보 및 다양한 기술

일부 기술은 데이터 처리 대상에게 공정한 처리 정보를 제공하는 측면에서 특별한 어려움이 있다. 예를 들어, CCTV 사용, 무인 항공기 사용, 웨어러블 기술 또는 차량 사용의 결과로 개인정보가 수집되는 경우, 이 정보를 어떻게 제공해야 할 것인지, 마찬가지로 컨트롤러가 표시 공간에 극심한 제약이 있는 모바일 기기 사용자에게 공정한 처리 정보를 제공하려면 어떻게 해야 할 것인지에 대한 문제가 있다.

WP29는 Directive의 문맥에서 이러한 여러 가지 문제를 고려했다. 예를 들어, 무인 항공기를 사용하여 개인 데이터를 수집하는 경우를 생각해보면, Directive의 투명성 요구 사항과 관련하여 WP29는 개인, 특히 공공장소에서 무인 항공기가 사용되는 경우 공정한 처리 정보를 제공하는 것이 어렵다는 것을 인식했다. 이에 WP29는 다음과 같은 공정한 처리 정보를 이러한 환경에서 제공할 수 있는 많은 실질적인 수단을 권고했다.

- 특정 지역에서 무인 항공기가 운행되는 경우, 표지판 및 정보 시트를 사용
- 이벤트에서 드론이 사용되는 경우, 데이터 주체에게 알리기 위해 소셜 미디어, 신문, 전단지 및 포스터를 사용
- 향후 및 과거의 드론 사용에 대해서 데이터 주체에게 알리기 위해 운영자의 웹사이트에 공정한 처리 정보를 항상 가용하게 하기
- 밝은 색을 사용하여 점등 또는 점멸 부저로서 표시하여 드론 그 자체가 보이도록 보장하기 위한 조치

- 드론의 책임자로 식별할 수 있는 표지판을 통해 운영자가 명확히 보이는지 확인하기

WP29는 또한 2014년에 IoT의 개발을 고려할 때 이러한 구체적 맥락의 접근법을 채택했다. 여기서, 개인 데이터를 수집하는 센서의 이산적 특성과 다수의 데이터 주체와 관련된 개인 데이터는 언제든지 수집될 수 있다는 사실이 문제가 된다. 이러한 유형의 장치의 경우 WP29는 센서가 장착된 물품에 QR 코드 또는 플래시 코드를 인쇄하여 데이터 주체가 공정한 처리 정보에 액세스할 수 있도록 할 것을 제안했다.

🔒 결론

데이터 주체에 대한 정보 제공은 GDPR의 핵심 요소이다. 이것은 단독 요구 사항일 뿐만 아니라, 데이터 보호 프레임워크 전반에서 공정성에 미치는 영향에서부터 동의 획득과 컨트롤러가 처리를 위해 합법적인 이익에 의존할 수 있는 능력에 이르기까지 데이터 보호 프레임워크 전반에서 중요하다.

그러나 투명성과 관련된 GDPR의 의무를 준수하는 것은, 정보를 제공할 수 있는 기회가 현저히 제한적인 모바일 기술 및 연결된 장치에 대해 일하는 개인정보 보호 전문가에게 특히 문제가 되며, 모바일 기반 핀테크 서비스를 제공하는 기업의 대부분이 여기에 해당할 것이다.

데이터 주체의 권리

GDPR은 데이터 주체에 대해 광범위한 권리를 제
공한다. 이 장에서는 강화된 개인의 권리 및 권한에
대해서 상세히 알아본다.

🔒 배경

유럽의 데이터 보호법은 개인에게 데이터를 처리하는 조직에 대해 집행할 수 있는 권리의 범위를 제공해왔다. Data Protection Directive('Directive')와 비교할 때, GDPR은 매우 광범위한 범위의 권리를 포함하고 있으므로 이 점에서 상당히 복잡하다. 이것은 부분적으로 개인의 권리를 강화하는 것이 새로운 데이터 보호 프레임워크를 제안하는 유럽집행위원회(Commission)의 주요 목표 중 하나이기 때문이다. GDPR 제12~23조에 명시된 데이터 주체의 권리는 개인 데이터를 합법적으로 처리하는 조직의 능력을 제한할 뿐만 아니라, 조직의 핵심 비즈니스 프로세스와 비즈니스 모델에도 상당한 영향을 줄 수 있다.

이러한 권한은 다음을 포함한다.

- 제12-14조: 투명한 의사소통 및 정보의 권리
- 제15조: 접근 권한
- 제16조: 수정 권한
- 제17조: 지울 권리('잊혀질 권리')
- 제18조: 처리 제한 권한
- 제19조: 수취인 통지 의무
- 제20조: 데이터 이식성
- 제21조: 반대할 권리
- 제22조: 자동화된 의사결정의 대상이 되지 않을 권리(프로파일링까지)

🔒 양식 – 누구에게, 어떻게, 언제

GDPR 제12조 (2)항은 조직이 데이터 주체 권리의 행사를 용이하게 하도록 요구한다. Directive는 조직이 데이터 주체의 신원을 확인하도록 명시적으로 요구하지 않았지만 GDPR에서는 이제 컨트롤러가 데이터 주체의 신원을 확인하기 위해 모든 합당한 노력을 기울일 것을 요구한다. 결과적으로 컨트롤러가 데이터 주체의 신원에 대해 합당한 의심이 있는 경우 컨트롤러는 이를 확인하는 데 필요한 추가 정보 제공을 요청할 수 있다. 즉, 컨트롤러는 보유하고 있는 특정 데이터를 특정 데이터 주체에 연결하기 위해 추가 개인 데이터를 수집할 의무가 없다.

또 다른 운영 측면은 데이터 주체의 요청을 존중하는 시간 프레임을 의미한다. 사전에 컨트롤러는 요청을 수신한 것을 확인하고 요청한 내용을 확인하거나 명확히 해야 한다. 제12조 (3)항은 응답을 위한 관련 시간대를 설명한다. 요청 접수로부터 1개월이 정상적인 시간 프레임이어야 하고, 이는 특정 상황 및/또는 특히 복잡한 요청의 경우 2개월 더 연장될 수 있다. 그러나 첫 달 동안 조직은 사용자의 요청에 따라 행동할 수 있는지 여부를 결정해야 한다. 조직에서 진행하지 않기로 결정한 경우 데이터 주체에게 이를 알리고 규제 당국에 불만을 제기할 수 있는 기회에 대해서도 조언해야 한다.

형식 면에서 GDPR은 기술 기반 프로세스를 수립하고 의존하는 것을 목표로 한다. 이메일 등 전자적으로 수신된 요청은, 데이터 주체가 다른 것을 원하지 않는다면 전자적으로 응답해야 한다. 이것은 단순한 요구 사항처럼 보이지만, 기업은 기술 수단을 통해서만 권리를 존중할 수 있는 잠재적인 보안적 함의를 과소평가하면 안 된다. 이메일 암호화가 민감한 정보에 대한 보안 통신을 제공하는 수단으로 아직 널리 퍼져 있지 않기 때문에, 회사는 안전하고 책임 있는 방식으로, 정보를 전자 방식으로 제공하는 방법을 채택해야 하는 문제가 있다.

🔒 투명한 의사소통의 일반적 필요성

이전 장에서 설명한 것처럼 데이터 컨트롤러의 활동에 대해 제대로 알지 못하면 개인정보 보호 권리를 보장할 수 없으므로, 투명성은 모든 데이터 보호 시스템의 기본 요소이다. 본질적으로, GDPR에 의해 설정된 권리는 데이터 주체가 처리의 성격을 이해하고 추가 법적 권리를 행사하기 위해 필요한 모든 정보를 요구한다. 결과적으로, 제12조 (1)항은 조직이 전달한 모든 정보가 명확하고 평이한 언어를 사용하여 '간결하고, 투명하며, 알기 쉽고 접근하기 쉬운 형태'로 제공되어야 한다.

🔒 정보에 대한 권리(개인정보 수집 및 처리에 관한 정보)

GDPR 제13조에 따라, 데이터 주체는 컨트롤러와의 관계를 설명하는 특정 정보를 제공받을 권리가 있다. 여기에는 컨트롤러의 신원 및 연락처 세부 정보, 개인 데이터 처리의 사유 또는 목적, 법적 근거, 해당 데이터 수신자(특히 제3국에 거주하는 경우) 및 공정하고 투명한 데이터 처리를 보장하기 위한 기타 관련 정보가 포함된다. 또한 데이터 주체가 자신의 권리를 효과적으로 발휘할 수 있도록 하기 위해 제3자로부터 수집되거나 획득된 경우, 컨트롤러는 데이터의 출처를 식별해야 한다(제14조).

이 권리에 대한 자세한 설명은 GDPR 제13조 및 제14조에 명시되어 있다.

🔒 접근권

제15조에 규정된 GDPR의 접근권은 제13조와 제14조에서 보다 수동적인 정보 권리에 능동적으로 대응한다는 의미이다. 조직이 알고 있는 개인 데이터에 대해서 더 구체적으로 왜 그리고 어떻게 보유하고 있는가에 대해서 알기를 원하는 데이터 주체에게 얘기해야 한다. Directive와 비교하여, GDPR은 회사가 제공해야 하는 필수 정보 범주를 상당히 확대한다.

GDPR은 데이터 주체가 자신과 관련된 개인 데이터의 처리 여부와 관련하여 컨트롤러로부터 확인받을 수 있는 권리가 있음을 규정한다. 이 경우 개인 데이터에 대한 액세스를 제공하는 것 외에도 데이터 주체는 다음 정보를 받을 권리가 있다.

- 처리의 목적
- 해당 개인정보의 범주
- 제3국 또는 국제기구의 수령인과 같은 개인정보가 공개되었거나 공개될 수령인 또는 수령자 카테고리
- 가능한 경우 개인 데이터가 저장될 것으로 예상되는 기간, 만약 예상이 불가능하다면, 그 기간을 결정하는 기준
- 데이터 주체와 관련하여 컨트롤러로부터 개인 데이터의 수정, 삭제 또는 개인 데이터의 처리 제한을 요청할 권리, 또는 그러한 처리를 거부할 권리의 존재
- 감독 당국에 불만을 제기할 권리
- 개인 데이터가 데이터 주체로부터 수집되지 않은 경우, 출처에 관한 이용 가능한 모든 정보

• 제22조 (1)항 및 (4)항에 언급된 프로파일링을 포함하는 자동화된 의사결정의 존재, 그리고 적어도 그러한 경우, 데이터 주체에 대한 그러한 처리의 중요성과 예상되는 결과는 물론, 관련된 논리에 대한 의미 있는 정보

실제로 이러한 유형의 요청은 조직에 상당한 관리 부담을 초래할 수 있으므로, 이 작업을 돕기 위해 어떤 유형의 프로세스가 필요한지 고려해야 한다.

🔒 정정권

GDPR에 따른 이 권리의 범위는 Directive에서 크게 변경되지 않았다. 간단히 말해서 데이터 주체는 부정확한 개인 데이터를 수정할 권리가 있으며, 컨트롤러는 부정확하거나 불완전한 데이터를 지우거나 수정하거나 정정하도록 보장해야 한다. 이러한 권리는 운영상 상당한 노력이 필요할 수 있다. 데이터베이스의 잘못된 항목을 정정하는 것은 일반적으로 조직에서 단 하나의 분리된 문제가 아니다. 데이터는 종종 상호 연결되고 그런 식으로 처리되기 때문에 데이터의 어떤 변경 사항이든 더 큰 결과를 가져올 수 있다.

🔒 삭제권('잊혀질 권리')

소위 잊혀질 권리(RTBF, Right To Be Forgotten)는 아마도 집행위원회의 원래 제안에서 가장 적극적으로 주도면밀하게 다룬 측면 중 하나일

것이다.

제17조 (1)항은 다음과 같은 경우 데이터 주체가 자신의 개인 데이터를 지울 수 있는 권리를 획득하도록 규정한다.

- 원래의 목적을 위해 데이터가 더 이상 필요하지 않으며 새로운 합법적인 목적이 없는 경우
- 처리를 위한 합법적인 근거는 데이터 주체의 동의인데, 데이터 주체가 그 동의를 철회하고 기타 합법적인 근거가 존재하지 않는 경우
- 데이터 주체가 반대할 수 있는 권리를 행사하고, 컨트롤러가 처리를 계속할 수 있는 우선순위를 가지고 있지 않은 경우
- 데이터가 불법적으로 처리된 경우
- 삭제가 EU 법 또는 해당 회원국의 국내법 준수를 위해 필요한 경우

또한, GDPR 제17조 (2)항은 컨트롤러가 개인정보를 공공장소(예: 전화번호부 또는 소셜 네트워크)에 공개하고 데이터 주체가 지우는 권리를 행사할 경우, 컨트롤러로서 이 공개된 개인 데이터를 처리하는 제3자에게 데이터 주체가 이 권한을 행사했음을 알리기 위해 컨트롤러는 합리적인 수단(기술적 솔루션을 적용하되 비용을 고려하여)을 택해야 한다. 잊혀질 권리가 입법 과정에서 얼마나 중요한지 감안할 때, 규제 당국은 이 권리를 충분히 존중하는 것의 중요성을 강조한다고 가정하는 것이 합리적이다.

삭제 권리에 대한 면제 조항은 제17조 (3)항에 열거되어 있어, 조직은 다음을 위해 처리가 필요한 경우 데이터 주체의 요청을 거부할 수 있다.

- 표현 및 정보의 자유권 행사
- 공중보건같이 공공의 이익, 보관 및 과학적, 역사적 연구 또는 통계적 목적을 위해 수행된 작업의 수행을 위해 연방 또는 주정부 법에 따라

통제를 요구하는 법적 의무 준수
- 법적 청구의 설정, 행사 또는 방어

GDPR은 또한 데이터 주체가 개인 데이터가 공개된 수령자의 신원에 관한 정보를 요청할 수 있는 권한을 부여한다. 결과적으로, 제19조는 컨트롤러가 개인 데이터를 특정 제3자에게 공개하고 데이터 주체가 그 후 정정, 삭제 또는 차단에 대한 권리를 행사한 경우, 해당 제3자에게 데이터 주체가 그러한 권리를 행사한 사실을 통보해야 한다는 것이다. 컨트롤러는 이를 준수하는 것이 불가능하거나 컨트롤러가 입증해야 하는 불균형한 노력이 필요한 경우에만 이 의무에서 면제된다. Recital 66이 언급한 바와 같이, 지우는 권리의 확대는 온라인 환경에서 특별히 잊혀질 권리를 강화하는 것을 의미한다. 개인 데이터는 온라인에서 일단 공유되고 배포되면 제어하기 어렵기로 악명 높다. 그래서 온라인 서비스 제공자들은 실제로 이 의무를 다루는 것이 매우 어렵다는 것을 알게 되는 경우가 대부분이다.

운영상의 영향 측면에서, 이는 GDPR이 데이터 주체에 부여하는 새로운 권리를 실시하기 위한 시스템 및 절차를 구현하는 것 외에도, 그러한 권리의 실행에 대해 영향을 받은 제3자에게도 안정적으로 알리기 위한 시스템 및 절차를 구현해야 한다는 것을 의미한다. 많은 수의 제3자에게 개인정보를 공개하는 조직의 경우 이러한 조항들은 특히 부담스러울 수 있다.

🔒 처리 제한권

Directive는 특정 근거로 처리를 제한할 권리를 직접적으로 언급하지 않았다. 그러나 이는 데이터의 '차단'을 요구할 권리를 제공했다(제12조

(b)-(c)). 일부 회원국의 법률에 따라 컨트롤러가 데이터를 보관할 수 있음을 의미하지만, 해당 권한이 적용되는 기간에는 컨트롤러가 그 데이터를 사용하지 않아야 한다는 것을 의미한다. 어떤 면에서 이것은 데이터 자산을 사실상 폐기하지 않고, 일시적으로 동결시키는 것을 의미한다.

GDPR 제18조는 유사한 것을 설정한다. 데이터 주체는 다음과 같은 경우에 개인 데이터의 처리를 제한할 권리가 있다.

- 데이터의 정확성이 논쟁의 대상이 되는 경우(정확성을 확인하는 경우에만 해당)
- 처리가 불법이며 데이터 주체가 제한을 요청하는 경우(삭제 권한을 행사하는 것과 반대)
- 컨트롤러는 더 이상 원래 목적을 위해 데이터를 필요로 하지 않지만 합법적 권리를 수립하거나 행사하거나 법적 권리를 보호하기 위해 컨트롤러가 데이터를 요구하는 경우
- 삭제 요청의 컨텍스트에서 이를 우선하는 근거에 대한 확인이 보류 중인 경우

운영 측면에서 볼 때 조직은 데이터 주체가 GDPR에 따라 개인 데이터 처리가 제한되도록 요구할 수 있는 광범위한 상황에 직면한다. 이것을 기술적으로 구현할 방법론은 정해져 있지 않다. Recital 67은 "선택한 데이터를 다른 처리 시스템으로 일시적으로 이동하거나 선택한 개인 데이터를 사용자가 사용할 수 없도록 만들거나 웹 사이트에서 일시적으로 제거하는 것"으로 이 권리를 준수할 수 있다고 제안함으로써 몇 가지 지침을 제공한다.

🔒 데이터 이동권

데이터 이동성은 GDPR에서 새롭게 등장한 용어이다. GDPR 제20조는 데이터 주체가 컨트롤러에 제공한 개인 데이터를 구조화되고 일반적으로 사용되는 기계로 읽을 수 있는 형식으로 받을 권리가 있음을 명시한다. 또한 컨트롤러에서 지장 없이 다른 컨트롤러로 데이터를 이전할 권한이 있다. 기술적으로, 컨트롤러는 데이터를 사용 가능한 방식으로 데이터 주체로 넘겨주거나, 또는 요청 시(제20조 2항) 기술적으로 가능할 경우 데이터 주체가 선택한 수신자에게 직접 데이터를 이전해야 한다.

일부 조직의 경우 컨트롤러 간에 개인 데이터를 이전할 수 있는 이 새로운 권한으로 인해 새로운 시스템과 프로세스에 대한 막대한 투자가 필요하다. 뿐만 아니라, 이 특정 조항에 대한 많은 문제는 기업이 프로세스를 수립할 수 있도록 규제 기관에 의해 추가 지침이 필요하다. 특히 현대 정보 서비스를 위한 '구조화되고 일반적으로 사용되는 기계로 읽을 수 있는' 형식이 무엇인지, 또는 컨트롤러 간 직접 이전의 맥락에서 '장애' 및 '기술적 타당성'의 한계점이 어떻게 결정되는지의 문제는 여전히 남아 있다.

반면에 일부 조직에서는 이 새로운 권한이 비즈니스 기회로 판명될 수 있다. Recital 68은 명시적으로 이 조항은 데이터 컨트롤러가 데이터 이식성을 가능하게 하는 상호 운용 가능한 형식을 개발하도록 장려하기 위한 것이라고 명시한다. 회사는 과거처럼 사용자가 새로운 계정을 설정하는 것을 꺼렸을 때보다 쉽게 경쟁자로부터 고객을 유치할 수 있다. 개인 데이터의 이동권은 PSD2(Payment Service Directive 2)를 통한 지침을 참고할 수 있지만, 개인의 동의의 초기값 측면에서 GDPR과 PSD2의 지향점은 조금 다르다고 할 수 있다.

개인 데이터의 이동권을 구현하는 또 다른 움직임으로는 PDS(Personal

Data Store) 분야로 분류될 수 있는 마이데이터이다. 그러나 개인 데이터의 이동권 역시 디지털 형태로 데이터를 제공하는 경우, 워터마크 형태로 추적이 가능할 뿐 이미 유통된 데이터를 기술적으로 제어할 수 있는 방법은 없다. 그렇기 때문에 진정한 데이터 주권을 위해서는 데이터 자체를 주지 않고 이용할 수 있는 새로운 데이터 에코 시스템의 도입이 필요하다.

🔒 반대권

제21조 (1)항에 따라, 컨트롤러가 정당한 이익을 기초로 하여 데이터 처리를 정당화할 때마다, 데이터 주체는 그러한 처리에 반대할 수 있다. 결과적으로, 컨트롤러는 처리를 위해 설득력 있고 합법적인 근거를 입증할 수 없다면 더 이상 데이터 주체의 개인 데이터를 처리할 수 없다. 이러한 근거는 법적인 요구 사항을 수립, 실행 또는 방어하는 것과 같이 데이터 주체의 이익, 권리 및 자유를 무시하기에 충분히 설득력이 있어야 한다.

Directive 14조에 따르면 데이터 주체는 이미 직접 마케팅 목적으로 개인 데이터 처리에 이의를 제기할 권리가 있다. GDPR에서는 프로파일링이 명시적으로 포함된다. 또한, 데이터 주체는 늦어도 최초의 통신 시점에, 명시적으로 명확하게 별도로 반대권을 통지받아야 한다.

과학적 및 역사적 연구 목적이나 통계 목적으로 개인 데이터가 처리된다는 제21조 6항에 의거하여, 공익을 이유로 실행된 작업의 수행을 위해 처리가 필요하지 않은 경우에만 반대권이 존재한다.

🔒 자동 의사결정의 대상이 되지 않는 권리

|

자동 처리를 기준으로 평가되지 않을 권리는 위에 언급한 반대권과 밀접하게 관련되어 있다. 그러나 제22조는 적용 범위가 좁다는 점을 고려하는 것이 중요하다. 자동화된 의사결정의 대상이 되지 않을 수 있는 권리는 이러한 결정이 자동화된 처리만을 기반으로 하고 데이터 주체와 관련하여 법적 효력을 발생하거나 이와 유사하게 크게 영향을 미치는 경우에만 적용된다. 그러나 이러한 모호성 때문에 이러한 용어에 대한 추가 설명과 규제 당국으로부터의 확실한 가이드가 필요할 것이다. '자동화된 프로세스'가 무엇을 의미하는지에 대한 일반적인 이해가 없으며 어떤 결정이 개인에게 중대한 영향을 미치는지에 관한 견고한 규칙이 없다.

그러나 의사결정 프로세스가 이러한 매개 변수 내에 있는 경우, 법률에 따라 권한이 부여되고 계약 준비 및 실행에 필요한 경우, 또는 데이터 주체의 명시적인 동의를 받아 수행되는 경우, 컨트롤러가 충분한 안전장치를 갖추고 있다는 전제하에, 개인 데이터의 기본 처리가 허용된다. 이러한 안전장치에는 컨트롤러 측에서 인간의 개입을 얻을 수 있는 권리 또는 의사결정에 이의를 제기하기 위해 데이터 주체의 관점을 표현할 수 있는 동등한 효과의 기회가 포함될 수 있다.

🔒 데이터 주체의 권리 제한

|

GDPR의 규범적 성격에도 불구하고 컨트롤러는 제12조부터 제22조까지에 규정된 의무와 권리의 범위에 대한 가능한 제한과 관련하여, EU 또는 회원국 법을 준비해야 한다. 회원국은 제5조의 조항들이 제12조에서 제22

조까지에 규정된 권리와 의무에 상응하는 한, 제5조의 원칙에 의존할 수 있다. 특히 회원국은 국가 안보와 국방 또는 공공의 이익을 보호하기 위하여 데이터 주체의 기본적 권리와 자유를 존중하면서, 필요한 규제를 촉진할 수 있다. 시간만이 회원국들의 이러한 경고를 악용하려는 의지를 밝혀낼 것이다.

🔒 결론

GDPR에 명시된 바와 같이, 데이터 주체의 권리를 근본적으로 이해하고 포용하는 컨트롤러는 그것들을 privacy-by-design-and-default를 통해 그들의 실무에 반영하고 소비자와의 상호작용에 반영할 것이다. 이러한 권한이 컨트롤러의 비즈니스 모델에 미칠 수 있는 잠재적 영향을 고려할 때, 개인정보 보호 전문가는 리더십과 조직 전체에서 이러한 권리에 대한 주의와 이해를 이끌어낼 수 있는 방법을 찾아야 할 것이다.

책임성 요구 사항

기업이 책임성을 성취하고 입증하기 위해서는 먼저 조직 내에서 데이터 보호 문화를 달성해야 한다. 이 장에서는 GDPR은 개인정보를 처리하는 조직에 대해 공식적으로 책임을 부과하는 방식에 대해서 알아본다.

🔒 소개 및 배경

GDPR은 공식적으로 책임성 요구 사항을 데이터 보호 입법 체계에 포함시켰다. 이것은 개인정보를 처리하는 조직의 전반적인 책임을 설명하고 확장한다. 실제로, '책임성'이 의미하는 것을 이해하는 것이 중요하다. 왜냐하면 다른 상황에서는 다른 것을 의미할 수 있기 때문이다. 그러나 현재의 목적을 위해서는 조직이 데이터 보호 프레임워크 준수 여부를 보여주고 입증하기 위해 준수해야 하는 다양한 의무라고 설명된다.

그러나 책임성은 데이터 보호 영역에서 완전히 새로운 개념이 아니다. 책임성은 1980년 OECD 개인정보 보호 및 개인정보의 흐름에 관한 지침 ('OECD 가이드라인')의 영향력 있는 텍스트에서 처음 설명되었다.

이것은 또한 원래 데이터 보호 지침('Directive')에서도 다루었다. Directive는 '책임성'을 명시적으로 언급하지는 않았지만 그럼에도 불구하고 책임성 원칙을 지지하는 문제를 다루었다. 이러한 문제에는 예를 들어, 조직이 국가 데이터 보호 당국(DPA)에 의도된 처리 활동을 등록하거나 통보해야 한다는 요구 사항이 포함된다.

오늘날의 데이터 보호 환경에서 책임성이 왜 중요한지 이해하는 것도 중요하다. 지난 20년 동안 조직에서 비즈니스와 운영에 데이터 보호 기능을 더 잘 구현할 수 있는 방법에 대해 많은 논의와 토론이 있었으며, GDPR은 그 결과를 달성하기 위한 것이라고 할 것이다.

규제 기관과 입법 기관은 단순히 '틱 박스(tick-box)' 실행 그 이상을 요구한다. 그들은 회사의 DNA 내에서 데이터 보호 문화를 개발하고 내재화한 것을 보여주기 위해 그러한 회사를 찾고 있다. 단순히 정책 및 절차를 구현하거나 등록 양식을 작성하고 제출하는 것만으로는 더 이상 필수적인 데이터 보호 자격 증명을 설정하기에 충분하지 않다. 아래에서 볼 수 있듯이, 취해야 할 접근 방식은 그보다 더 많을 것을 고려해야 할 것이다.

GDPR이 발효되었기 때문에 DPA는 앞으로 회사가 책임성 원칙을 관리하는 방법에 대해보다 자세히 설명해야 한다. 사실, 일부 규제 당국은 책임성에 보다 적극적으로 접근할 수 있다. 예를 들어, 프랑스의 데이터 보호 당국인 CNIL은 'Privacy Governance Procedures'(the Standard)에 대한 구체적인 요구 사항을 설정하는 표준을 공표했다.

Standard는 25가지 별도 요구 사항으로 나뉜다. 여기에는 효과적인 데이터 보호 거버넌스 프로그램의 일환으로 CNIL이 필요하다고 생각하는 다양한 단계가 개괄적으로 설명되어 있다. 이러한 단계에는 내부 및 외부 개인정보 보호 정책, 회사의 데이터 보호 책임자(DPO)의 임명 및 지위, 데이터 보호 감사 및 데이터 주체 액세스 요청 및 데이터 침해 처리가 포함된다.

새로운 Standard를 준수하고 있음을 입증할 수 있는 회사는 CNIL의 'privacy seal'을 얻을 수 있다. Standard는 새로운 GDPR에 따라 책임성 프로그램을 작성하기 위한 준비 과정에서 고려하고 포함하고자 하는 것과 관련하여 회사에 도움이 되는 지원을 제공한다.

다음은 새로운 책임성 제도의 실제적 함의와, 해당 제도의 준수를 보장하기 위해 고려해야 할 핵심 단계에 대한 설명과 관련하여 가용한 가이드에 근거한 논의이다.

🔒 컨트롤러의 책임

'책임성' 요구 사항은 처음으로 GDPR 제5조에 소개되었다. 특히 제5조 (1)항은 개인정보 처리와 관련하여 친숙한 6가지 원칙을 열거한다.

- 합법성, 공정성 및 투명성
- 목적 제한
- 데이터 최소화
- 정확도
- 저장 제한
- 무결성 및 기밀성

이러한 원칙은 개인 데이터의 적절한 취급 및 처리를 위해 데이터 컨트롤러에 부과된 다양한 의무를 오랫동안 다뤄왔다.

그러나 제5조 (2)항은 GDPR에 새로 추가된 내용이다. 특히 데이터 컨트롤러가 제5조 (1)항에 요약된 6가지 원칙을 준수할 책임이 있을 뿐만 아니라, 데이터 컨트롤러가 6가지 원칙을 준수하는지를 입증할 수 있어야 한다는 점도 특히 중요하다.

제24조 (1)항은 책임 의무를 추가로 규정하고 데이터 컨트롤러가 '데이터 처리가 GDPR에 따라 수행되었음을 보장하고 또한 입증하기 위한 적절한 기술적 및 조직적 조치를 이행하며, 필요한 경우 해당 조치를 검토하고 업데이트'하도록 요구한다. 이러한 조치는 처리의 성격, 범위, 배경 및 목적과 개인의 권리와 자유에 대한 위험을 고려해야 한다. 관련 처리로 인해 개인의 권리에 대한 위험이 높아질 경우, 데이터 컨트롤러는 위험으로부터 보호하기 위해 더 큰 조치를 취해야 한다.

Recital 75는 이 요구 사항의 맥락에서 고위험 처리의 몇 가지 예를 유용하게 제공한다. 그러한 예에는 다음을 초래하는 처리가 포함된다. (1) 차별; (2) 신분 도용, 사기 또는 재정적 손실; (3) 평판에 대한 손상; (4) 직업상 비밀로 보호되는 개인정보의 기밀성 손실; (5) 허가 받지 않은 가명의 폭로; (6) 기타 중대한 경제적 또는 사회적 불이익; (7) 개인의 권리와 자유를 박탈하거나 개인 데이터에 대한 제어권 행사를 방해할 수 있는 처리; 또는 (8) 특수한 범주의 개인정보, 아동의 개인정보 또는 범죄유죄 판결과 관련된 개인정보의 처리.

제24조 (2)항은 데이터 컨트롤러가 '적절한 데이터 보호 정책'을 구현해야 한다는 요구 사항을 도입한다. 그러나 앞에서 언급했듯이 정책을 단순히 구현하는 것만으로는 규정을 준수하기에 충분하지 않다. 위의 사항을 염두에 두고, 데이터 컨트롤러가 이 요구 사항을 준수하기 위해 내부 정책, 책임의 내부 할당, 그리고 교육의 3가지 주요 영역을 고려해야 한다.

내부 정책

데이터 컨트롤러의 법적 준수의 핵심은 내부 데이터 보호 정책이며, 이는 개인 데이터의 처리 및 취급에 대한 조치의 기본 윤곽을 설명한다. 그러나 정책은 단순히 제5조 (1)항에서 6가지 원칙을 반복해서는 안 된다. 정책이 다루어야 할 더 광범위한 핵심 사안이 있다. 다음은 그중 일부의 목록이다.

① 범위

정책에는 내부 정책이 적용되는 대상과 적용되는 처리 활동의 유형을 모두 설명하는 간략한 설명이 포함되어야 한다.

• 정책서

여기에는 회사가 처리하는 개인 데이터에 대한 회사의 약속 또는 입장을 명시해야 한다. 또한 개인정보를 수집하고 처리하는 목적에 대한 설명이 포함되어야 하며 개인정보가 수집되고 처리되는 합법적인 사업 목적의 유형을 지정해야 한다. 개인정보 처리 원칙을 다시 강조하는 것이 도움이 될 수 있다(제5조 1항에 명시). 왜냐하면 이것들은 적용 가능한 기본 원칙이며 내부 정책에서 다루어져야 하기 때문이다.

② 직원의 책임
- 정책은 개인 데이터를 처리할 때 직원이 직접 책임을 지는 여러 분야를
다루어야 한다. 예를 들어, 개인정보 수집과 관련하여 각 직원의 역할이
허용되는 것에 대한 설명이 제공되어야 한다.
- 수집된 개인정보의 사용과 관련된 제한 사항을 명시해야 한다.
- 또한 개인정보의 정확성을 유지하기 위해 따라야 할 단계를 설명해야
한다.
- 직원은 자신의 보안 의무를 완전히 알고 있어야 하며, 권한 없는 액세스
또는 손실을 방지하기 위해 모든 합리적인 조치를 취해야 한다.
- 내부 데이터 보호 정책에 포함된 '보안 의무'는 일반적으로 별도 회사의
'정보 보안 정책'에서 보다 완전하게 다루어진다. 물론 두 정책은 적절하
고 적합하게 상호 참조되어야 한다. 정보 보안 정책은 일반적으로
회사가 보유한 모든 데이터의 물리적 및 디지털 보안에 적용되는 보다
상세한 기술 표준을 다루고 있다. 일부 회사는 이러한 정책을 ISO
27001/2와 같은 산업 표준에 기반한다. 그것이 최선의 관행이지만,
꼭 그렇게 할 필요는 없다.
- 또 다른 중요한 책임은 개인정보의 이전과 관련이 있다. 구체적으로
합법적인 근거가 수립되지 않는 한 개인정보의 이전은 금지된다. 내부
정책은 관련 근거가 무엇인지를 설명해야 한다. 또한 직원이 개인
데이터를 이전하기 전에 수행해야 하는 단계를 지정해야 한다. 이것은
개인정보가 유럽경제지역(EEA) 밖의 회사로 보내질 수 있는 경우 특히
중요하다.
- 개인정보의 파괴 또는 삭제도 언급해야 한다. 다시 한 번, 일부 회사는

이 특정 문제 전용의 단독 정책 내에서 이 문제를 별도로 처리한다. 그렇게 할 필요는 없다. 그러나 이 문제가 일련의 세부 정책에서 별도로 처리되는 경우, 여러 정책 문서 간에 적절한 상호 참조가 있어야 한다. 어떤 경우에도 직원이 개인 데이터 처리 방법에 대해 취해야 할 조치를 이해할 수 있도록 내부 정책문의 이 부분에 충분한 세부 정보가 포함되어 있어야 한다.

③ 관리 책임
• 정책의 이 부분은 개인 데이터 처리의 결과로 발생하는 비즈니스 위험을 평가할 책임이 있는 비즈니스 전반의 고위 관리자 역할을 명확히 지정해야 한다.
• 정책의 이 부분은 또한 고위 관리자가 위험을 적절하게 식별하고 다루기 위한 절차와 통제를 개발하기 위해 사업체와 협력해야 한다는 것을 기록해야 한다. 예를 들어, 이는 데이터 보호에 대한 책임이 구체적으로 할당된 DPO 임명을 포함할 수 있다(아래 DPO에 대한 추가 논의 참조).
• GDPR에는 관리 책임 할당을 요구하는 광범위한 요구 사항이 포함되어 있다. 개인 데이터를 저장하는 장비, 시설 및 위치에 대한 안전장치를 포함하여 개인 데이터를 보호하기 위한 위험 기반 기술, 물리적 및 관리 안전장치 결정에서부터, 회사를 대신하여 개인정보를 처리하는 서비스 제공 업체와 같이 제3자에게 개인 데이터를 수집 및 이전하는 국가 이외의 다른 국가들에 개인 데이터를 이전하는 경우의 절차 및 요구 사항 수립에 이르기까지 모든 책임은 개별 조직의 역할에 명확하게 할당되어야 한다.

④ 사건 보고

- 직원은 의심되거나 실제적인 분실, 도난, 무단 공개 또는 개인 데이터의 부적절한 사용과 관련된 모든 사건을 즉각 보고해야 한다. 보고서를 작성해야 하는 비즈니스 영역(예: 지역 IT 헬프 데스크 또는 규정 준수 팀)에 분명하게 인지되어야 한다.

- 회사의 제3자 서비스 공급자(즉, 회사 관련 개인정보를 처리하거나 액세스하는 자)가 회사에 그러한 사실을 알리는 경우 직원이 취해야 할 조치를 정책에서 분명히 해야 한다.

- GDPR에 새로운 데이터 유출 보고 의무가 포함되어, 보고서를 작성하는 데 걸리는 시간이 매우 중요하다. 중요한 데이터 유출은 72시간 이내에 관련 DPA에 신고해야 한다.

- 많은 회사는 지금까지 사고 대응 계획을 수립하고, 사고 대응 팀을 두었을 것이다. 그러한 팀을 현재 두고 있는 회사의 경우, 관련 기능 및/또는 비즈니스 영역의 대표로 구성되어야 하며 또한 정책에서 참조해야 한다. 사고의 조사에 대한 책임자는 누구이며 누가 해당 규제 및/또는 법적 체계 하에서 회사의 의무를 결정할 것인지에 대한 정책에 대한 설명이 있어야 한다. 사고 대응 계획은 정기적으로 스트레스 테스트를 받아야 한다.

⑤ 정책 준수

- 정책은 비준수 및/또는 적용 가능한 데이터 보호법을 준수하지 않으면 직원이 회사 및 개인을 민사 및 형사처벌 대상으로 삼을 수 있다는 것을 분명히 해야 한다. 이것은 물론 회사의 명성을 심각하게 손상시킬 수 있다. 따라서 정책을 준수하지 않으면 징계 조치가 취해질 수 있음을 정책에서 분명히 해야 한다. 그러나 각 회사는 위반에 대한 제재가

현지 고용법 및 상업법에 부합하는지 확인해야 한다. 이러한 법률에 따라 위반에 대한 제재에는 고용(서비스 계약) 또는 서비스 계약의 종료가 포함될 수 있다. 손해 배상 및/또는 손해 배상 조항은 서비스에 대한 제3자 계약에도 포함될 수 있다.

책임의 내부 할당

데이터 컨트롤러는 DPA에게 다양한 데이터 보호 관리 리소스에 대한 정보를 보여주고 제공할 수 있어야 한다. 컨트롤러는 또한 내부 규정 준수를 보장하기 위해 내부 데이터 보호 프레임워크에 대한 주요 책임을 져야 한다.

내부 책임 분담은 DPA의 감독을 용이하게 하고, 데이터 주체가 권리를 행사할 수 있게 하고, 정기적으로 정책, 절차 및 프로세스를 업데이트할 수 있게 해야 한다. 책임 할당 시, 회사/데이터 컨트롤러는 데이터 보호 프레임워크 내에서 규정 준수를 감독할 책임이 있는 개인정보 관리 팀 또는 협의회를 만들 수 있다. 개인정보 보호 팀 또는 협의회는 비즈니스 기능 영역 또는 비즈니스 핵심 이해 관계자의 대표로 구성된다.

대안으로 또는 동시에, 개인은 데이터 보호 프레임워크에 대한 일차적 책임을 지기 위해 임명될 수 있다.(DPO 지정 요건에 대한 자세한 분석은 아래 참조)

교육

데이터 컨트롤러는 법적 데이터 보호 의무 및 정책 요구 사항을 처리하고 직원에게 알리기 위해 고안된 일련의 내부 교육 프로그램을 작성해야 한다. 교육 모듈에는 정보 보안 및 보존/삭제 절차(위에서 설명한 바와 같이)와 같은 관련 정책도 포함될 수 있다.

교육 프로그램이 유연하게 제공되는 것이 중요하다. 데이터 컨트롤러는 비즈니스 및 운영, 다양한 직원의 역할 및 책임을 고려하여 빈도 및 형식 측면에서 교육 프로그램을 조정해야 한다.

마지막으로, 책임을 설명하는 과정에서 컨트롤러는 교육 프로그램의 시작 및 완료율을 기록하고 모니터링해야 한다.

회사는 직원에게 개인정보 보호 의무를 상기시키기 위해 정기적인 메시지와 업데이트를 작성하고 제공해야 한다. 직원이 개인 데이터 처리와 관련하여 자신의 의무와 책임을 명확히 하기 위한 절차가 수립되어야 한다.

실용적인 측면에서, 회사는 예를 들어, 향후 연구를 위한 모든 관련 정책 및 리소스에 연결되는 링크와 함께, 내부 인트라넷에 FAQ를 만드는 것을 고려할 수 있다.

🔒 디자인과 기본값에 의한 데이터 보호

|

디자인과 기본값에 의한 데이터 보호(privacy by design and default)는 GDPR 하에 추가된 새로운 요구 사항이며, 이는 데이터 컨트롤러가 그들의 개인 데이터를 처리함에 있어서 개인의 권리와 자유를 보호하는 데 전반적인 접근 방식의 일부로 구현해야 하는 또 다른 '기술적 및 조직적 조치'로 설명할 수 있다.[2] 여기에는 모든 필요한 안전 조치를 처리 활동에 통합하는 것도 포함된다.

---

[2] 유럽 의회와 이사회의 GDPR(EU) 2016/679 제25조 (1) 및 Recital 78. 설계 및 기본값에 의한 개인정보 보호의 의무는 데이터 프로세서에는 적용되지 않는다.

Privacy by design

온타리오주(Ontario)의 정보 및 개인정보 보호 책임자였던 앤 카보키안 (Ann Cavoukian)은 디자인 컨셉으로 프라이버시를 개발하는 선도적인 역할을 수행하여 privacy by design 기본 7원칙을 수립했다. 또한 원칙들은 새로운 시스템 및 기술의 설계 사양에 데이터 보호를 포함시키는 접근 방식을 옹호한다.

유럽에서 일부 DPA는 GDPR에 포함되기 전에 privacy by design 원칙을 주장했다. 예를 들어, 영국에서는 정보 위원회(ICO)가 새로운 프로젝트에 대해 privacy-by-design 접근 방식을 취하는 회사를 지원했다. 전략적으로 이는 신제품, 서비스 또는 기술 개발 초기부터 개인정보 보호 및 데이터 보호 준수를 촉진하고 개인정보 위험을 줄이는 데 도움이 되었다. ICO는 또한 이 접근법이 회사가 법령에 따른 의무를 준수하도록 돕는다는 것을 인지한다.

그러나 privacy by design은 새로운 개발의 계획 및 실행 단계에만 적용되지 않는다. 논리적으로, 회사가 처리하는 개인 데이터의 전체 수명 주기를 효과적으로 처리할 수 있도록 이러한 개발의 지속적인 운영 및 관리를 해야 한다.

제품 설계 단계의 회사가 제25조에 따라 의무를 이행하기 위해서는, 설계 및 개발 책임자는 관리 및 이행 능력이 내장된 제품을 만들어야 하고/하거나 GDPR에 따라 데이터 컨트롤러가 모든 데이터 보호 의무를 관리하고 이행할 수 있도록 해야 한다.

실제로, 이는 IT 부서와 같이 시스템 또는 프로세스 개발의 전체 수명 주기 동안 데이터 보호를 고려해야 하는 회사 내의 여러 영역에 영향을 미친다.

Privacy by default

GDPR은 또한 'privacy by default' 의무를 명시한다. 이것은 적절한 기술적 및 조직적 조치를 구현할 기업들이, 기본적으로, 처리의 각 특정 목적에 필요한 개인 데이터만 처리되도록 보장하는 것을 요구한다.

이 요구 사항은 회사가 수집하는 개인 데이터의 양을 제한하거나 최소화 하는 것뿐만 아니라 처리 범위에 대해 더 많은 제어 권한을 행사해야 한다는 것을 의미한다.

또한 저장 기간은, '기본적으로', 회사가 의도하고 명시한 목적에 필요한 범위 내에서만 개인 데이터를 처리해야 함을 의미한다. 그러한 목적을 위해 필요한 것보다 오랫동안 데이터를 저장해서는 안 된다. 개인 데이터는 기본적으로 제품 또는 서비스를 제공하는 데 필요한 시간 동안만 보관해야 한다.

과도한 개인 데이터가 처리되지 않고 필요할 때까지만 보존된다는 요구 사항과 관련하여 원래 Directive에 요구 사항이 포함되어 있는 반면, GDPR 에는 이 요구 사항을 충족시키기 위해 마련된 적절한 기술적 및 조직적 조치를 구현할 명시적 의무가 포함되어 있다. 실제로 이는 고객이 새로운 제품이나 서비스를 구매하면 가장 엄격한 개인정보 설정이 자동으로 적용됨 을 의미할 수 있다. 위에서 설명한 것처럼 privacy by design 개념은 일정 기간 존재했으며 일부 회사는 이미 현재 작업에 개념을 통합했을 수 있다. 개념이 GDPR에서 구체적인 인정을 받았으므로, 준수하지 않으면 DPA의 집행 조치가 발생할 수 있다.

기업의 GDPR 준수 방법

Privacy by Design과 Privacy by Default 원칙은 새로운 제품, 서비스 또는 시스템의 기술 개발의 필수적인 부분이 되어, 처음부터 개인정보 보호가 핵심 고려 사항이 된다는 점은 분명하다.

그러나 불행히도 GDPR은 회사가 이러한 의무를 준수하기 위해 취해야할 기술적인 단계를 명시하지는 않는다.

미래에 데이터 컨트롤러가 새로 생성된 유럽 데이터 보호 이사회(European Data Protection Board)가 승인한 인증 메커니즘에 따라 인증을 받음으로써 이러한 의무를 준수할 수 있게 될 가능성이 있다. 제25조는 GDPR 제42조에 따라 승인된 인증 메커니즘이 준수를 입증하는 요소로 사용될 수 있다고 규정하고 있다. 그러나 이 글을 쓰는 시점에서 이러한 인증 메커니즘은 이론적으로만 남아 있다.

최소한 제25조에 의해 예상되는 적절한 기술적 및 조직적 조치를 이행할 때 데이터 컨트롤러는, 자연인의 권리와 자유에 대한 다양한 가능성과 심각성에 대한 위험도는 물론, '최첨단 기술 수준, 구현 비용 및 처리의 성격, 범위, 배경 및 목적을 포함하는' 추가 요소를 고려해야 한다.

취할 수 있는 기술적 조치 유형은 다음과 같다. (1) 처리되는 개인 데이터의 양 최소화, (2) 가명화(pseudonymisation), (3) 개인이 자신의 개인 데이터를 보다 잘 제어하고 처리 대상에 대한 가시성을 부여하는 조치를 할 수 있다. 다른 방법으로는 보유한 개인정보에 적절한 보안 표준을 적용하는 방법도 있다.

제25조의 준수를 보장하기 위해 회사는 데이터 처리 시스템 및 운영을 신중하게 검토하고 평가하여 다음 사항을 결정해야 한다.

- 개인 데이터를 제공하거나 개인 데이터를 수정 또는 삭제하려는 데이터 주체의 요청 시, 쉽게 검색하고 대조할 수 있도록 개인 데이터가 적절하게 매핑, 분류, 레이블 지정, 저장 및 액세스할 수 있는지 여부
- 시스템이 개인 데이터의 자동 삭제를 위해 설정되는지 여부(예: 특정 기간

후에 개인 데이터가 삭제될 수 있음을 보장하기 위해 시스템에서 기술적
조치를 구현하는지 여부를 결정하는 것)

- 종이 기반 양식 및 지원서 또는 기타 데이터 수집 양식은 과도한 개인
  데이터가 수집되지 않도록 적절하게 작성되었는지 여부
- 가능한 경우, 개인 데이터가 가명화 가능한지 여부
- 직접 마케팅 메시지 수신을 거부한 개인의 개인 데이터를 삭제할 수 있도록
  개인 데이터를 지목할 수 있는지 여부
- 개인 데이터가 회사에서 데이터 이식성 요구 사항을 충족할 수 있도록
  일반적으로 사용되며 기계로 읽을 수 있고 상호 운용 가능한 형식으로
  구성되는지 여부

🔒 문서화 및 규제 기관과의 협력

Directive에 따르면 유럽에 사무소와 사업장을 설립하는 회사의 요구
사항 중 하나는 그들의 관할 내에서 개인 데이터를 처리하겠다는 의사를
해당 국가 DPA에 통보하거나 등록하는 것이었다.

그것은 여러 다른 유럽 관할권에 지사를 가지는 다국적 기업에게는 매우
성가신 일이다. 이는 해당 회사가 그들이 운영하는 관할 지역에서 통지
및 등록에 대한 해당 지역의 요구 사항을 평가해야 한다는 것을 의미했다.
GDPR이 시행되기 전까지는 계속 평가해야 했으며, 일부 유럽 관할권에서
는 데이터 처리 활동을 시작하기 전에 DPA에 알리지 않거나 등록하지
않으면 형사 범죄로 간주될 수 있기 때문에 특히 중요했다. 일부 DPA는
공개적으로 액세스할 수 있는 장부에 정보를 보관하며, 이 장부에는 각
데이터 컨트롤러와 데이터 처리 작업의 세부 정보가 나열된다.

Directive 대비 GDPR의 장점 중 하나는 이 통지 및 등록 요구 사항이

폐지되었다는 것이다. 데이터 컨트롤러는 더 이상 데이터 처리 활동을 알릴 필요가 없다. 대신 데이터 컨트롤러는 처리 작업에 대한 자세한 기록을 보관해야 한다. 본질적으로, 요구되는 정보의 유형은 현 제도 하에서 통보될 필요가 있는 유형과 유사하다. GDPR 상 차이점은 회사가 보관해야 하는 기록은 DPA에 제출할 필요가 없다는 것이다. 대신 기록은 전자 형식을 포함한 서면으로 작성되어야 하며, DPA의 요청에 따라 DPA에 제공되어야 한다.

특히, 제31조에는 모든 회사(컨트롤러와 프로세서 모두)와, 적용 가능한 경우, 요청에 따라 작업 수행 시 대리인이 DPA와 협조하는 일반적인 요구 사항이 포함되어 있다.

회사가 보관해야 하는 데이터 처리 기록

GDPR 제30조에는 데이터 컨트롤러와 데이터 프로세서가 보관해야 하는 레코드가 요약되어 있다. 데이터 컨트롤러는 다음 정보에 대한 기록을 유지해야 한다.

- 컨트롤러의 이름 및 연락처 세부 정보, 적용 가능한 경우 공동 컨트롤러, 대리인 및 DPO의 이름 및 연락처 세부 정보
- 처리 목적
- 데이터 주체 범주 및 개인 데이터 범주에 대한 설명
- 제3국 또는 국제기구의 수령인을 포함하여 개인정보가 공개되었거나 공개될 수령인의 범주
- 해당되는 경우, 제3국 수령인의 신원 확인을 포함하는 제3국으로의 개인정보의 이전과, 해당되는 경우, 적절한 안전 조치 문서
- 가능한 경우, 개인 데이터의 다른 범주를 삭제/제거하기 위한 보존 기간

• 가능한 경우, 기술적 및 조직적 보안 조치에 대한 일반적인 설명

데이터 프로세서는 다음 정보의 기록을 유지해야 한다.

• 프로세서 또는 프로세서의 이름 및 연락처 세부 정보, 해당되는 경우 대리인 및 DPO의 이름 및 연락처 정보
• 프로세서가 대행하는 각 데이터 컨트롤러의 이름 및 연락처 정보(해당하는 경우 대리인 및 DPO의 이름과 연락처 정보)
• 각 컨트롤러를 대신하여 수행되는 처리 범주
• 해당되는 경우, 제3국 양수인의 신원을 포함하여 제3국으로의 개인정보의 이전에 대한 세부 사항, 그리고 해당되는 경우, 적절한 안전 조치 문서
• 가능한 경우, 프로세서의 기술과 조직의 보안 조치에 대한 일반적인 설명

기록 보관 요건 적용 범위

직원이 250명 미만인 회사는 위의 기록 보관 요건을 면제한다. 그러나 직원의 수에 관계없이 회사의 처리가 다음과 같은 경우에는 이 면제가 적용되지 않는다. (1) 데이터 주체의 권리와 자유에 위험을 초래할 수 있는 경우, (2) 처리가 가끔이 아니라 빈번한 경우, (3) 특별한 범주의 데이터[3]를 처리하는 경우가 그렇다. 여기에는 개인의 성생활이나 성적 취향과 관련된 생체 및 유전자 데이터, 건강 데이터 또는 데이터가 포함된다. 또한 형사상 및 범죄와 관련된 데이터에는 면제가 적용되지 않는다.

위의 제한 사항에 비추어 개인 데이터의 대부분의 처리가 위의 하나

---

[3] 이는 '민감한 개인 데이터'라고도 알려져 있다. 데이터 보호 지침에서 특수한 데이터 범주의 정의에는 인종/민족 출신, 정치적 의견, 종교/철학적 신념, 노동조합 가입 및 건강 또는 성생활과 같은 요소가 포함된다.

이상에 의해 해당될 수 있으므로 면제가 거의 사용되지 않을 가능성이 크다.

그 외에 데이터 컨트롤러가 수행한 개인 데이터의 전체 처리에 대한 설명이 얼마나 상세해야 하는지, 문서화 의무는 회사가 처리 중인 내용을 기록, 유지 및 최신 상태로 유지하기 위해 데이터 처리에 대해 정기적인 감사를 수행하도록 요구할 것인지와 같은 추가적인 요구 사항이 있을 수 있다.

기존의 등록/통보 시스템 하에 있기 때문에 DPA들은 각기 다른 기대치들을 가지고 있다. 일부는 상위 수준의 정보만 필요로 하고 다른 일부는 각 데이터 처리 활동에 대한 보다 자세한 정보를 요구한다. 불행히도 현 단계에서 DPA가 이 의무에 대해 취할 접근법이나 실제로 DPA가 이 의무에 일관된 접근법을 취할 것인지 여부를 알기는 것은 어렵다.

🔒 데이터 보호 영향 평가

데이터 보호 영향 평가(DPIA, Data Protection Impact Assessment) 또는 개인정보 영향 평가(PIA, Privacy Impact Assessment)는, 알려진 대로, 회사에서 새로운 제품 및 서비스를 개발하거나 개인 데이터 처리와 관련된 새로운 활동을 수행할 때 발생할 수 있는 데이터 보호 문제를 식별하고 해결하기 위해 사용할 수 있다. 경우에 따라, 특히 처리 활동이 데이터 주체의 권리와 자유에 '높은 위험'을 초래할 수 있는 경우, GDPR에서 DPIA를 요구한다.

간단히 말해서 DPIA는 기업이 제공하는 제품 및 서비스의 개인정보 보호 및 데이터 보호 영향을 체계적으로 평가하고 파악할 수 있는 프로세스이다. 이를 통해 직원은 영향을 식별하고 해당 영향의 위험을 방지하거나 적어도 최소화하기 위한 적절한 조치를 취할 수 있다.

DPIA의 개념은 수년간 개인정보 보호 업계 및 DPA에 의해 논의되고 촉진되었다. 현재 많은 기업들이 이미 기존 프로젝트 관리 및 위험 관리 방법론 및 정책의 일환으로 DPIA를 수행하고 있다.

예를 들어, 영국에서는 ICO가 DPIA 기업의 '모범 사례' 도구로서의 사용을 지원하고 기업에서 DPIA를 수행하는 방법에 대한 가이드를 발표했다.

다른 유럽의 관할지에서도 DPIA 개념을 채택했다. 예를 들어, 독일 연방 정보 보안국(BSI)은 무선 주파수 식별(RFID) 응용 프로그램에 대한 데이터 보안 및 데이터 보호에 관한 논문을 출간했다. 첨부된 논문인, 'Technical Guidelines RFID as Templates for the PIA Framework'은 데이터 보호 요구 사항과 유럽집행위원회(European Commission)의 DPIA 프레임워크에 따라 RFID를 사용하는 방법에 대해 설명한다.

그러나 GDPR은 기업들이 '높은 위험도'를 발생시킬 가능성이 있는 새로운 프로젝트에 대해서, 또는 어떤 경우에는, '위험한' 개인 데이터 처리 활동을 진행하기 전에 DPIA를 의무적으로 수행하도록 의무화한다.

특히 GDPR 제35조는 '특히 신기술을 사용하는 처리 형태와 특성, 범위, 배경 및 처리의 목적을 고려하는 형태가 자연인의 권리와 자유에 높은 위험을 초래할 가능성이 있는 경우', DPIA가 데이터 컨트롤러와 그를 대신하는 프로세서에 의해 수행되어야 할 것을 요구한다.

하나의 평가가 비슷한 위험이 있는 유사한 처리 작업들을 처리할 수도 있다.

DPIA 요구 사항을 준수하기 위한 절차

회사는 제품 개발 및 관리 절차를 적용하여 DPIA가 필요한지 여부 및 수행 방법을 결정하기 위해 다음 질문을 스스로 해야 한다.

① 처리가 '고위험'이 될 가능성 여부

이 질문에 답하기 위해서는 DPIA가 요구되는 '위험한' 유형의 처리 활동의 예를 보여주는 제35조 3항을 참조해야 한다. 위험하다고 여겨지는 활동에는 (1) 법적 영향을 미치거나 개인에게 중대한 영향을 주는 체계적이고 광범위한 프로파일링 (2) '개인 데이터의 특수 범주'를 대규모로 사용하는 처리 활동 (3) CCTV, 공공장소에서의 다른 비디오 감시 및 잠재적으로 무인기의 사용과 같은 공개적으로 접근 가능한 지역에 대한 대규모의 체계적인 모니터링이 포함된다.

WP29가 GDPR 이행을 위한 2016년 시행 계획을 발표했을 때, 우선순위 중 하나는 새로운 법률 프레임워크가 효과적일 수 있도록 가이드라인, 도구 및 절차를 개발하는 것이었다.

실행 계획에는 '고위험'이라는 개념에 대한 가이드를 발행하기 위한 제안이 포함되어 있다. 해당 가이드가 공표되면, 위의 위험 유형의 처리 목록을 확장할 수 있다.

② 처리가 고위험이어서 평가가 필요한 경우

평가가 필요할 때, 회사가 DPIA를 수행하는 경우 DPO(DPO가 지정되어 있다면)의 조언을 구해야 한다(제35조 (2)항 참조).

GDPR 제35조 (7)항에 따라 DPIA는 최소한 다음 내용을 포함하고 문서화해야 한다.

- 계획된 처리 작업 및 처리의 목적에 대한 체계적인 설명(컨트롤러가 추구하는 합법적 이익 포함)

- 목적과 관련한 처리 작업의 필요성과 비례성에 대한 평가
- 개인의 권리와 자유에 대한 위험 평가
- 안전 조치, 보안 조치 및 개인 데이터 보호를 위한 메커니즘을 포함하여, 위험을 처리하기 위해 채택된 조치

DPIA를 수행하는 방법은, 어떤 조직은 종이 양식을 사용하고, 다른 조직들은 적절한 이해 관계자에게 이메일로 문서를 보내고, 또 다른 조직들은 이해 관계자에게 정보가 필요하다고 알리는 작업을 할당할 수 있는 '자동화' 기술을 사용하는 조직 등 조직마다 매우 다양하다.

적절한 경우, 의도된 절차에 따라 피해자 또는 대리인의 견해를 찾아야 할 수도 있다(제35조 (9)항). 그 결정은 사안별로 이루어져야 한다.

③ 처리가 여전히 위험한 경우

DPIA를 수행한 결과, 실제로, 처리하는 것이 높은 위험을 유발하는 것으로 드러난 경우, 위험을 완화할 수 있는 충분한 조치가 없다면, 컨트롤러는 처리를 시작하기 전에 DPA에 자문을 구해야 한다. 그러나, 관련 DPA와 상담이 필요한 경우, DPA 회사의 처리 활동이 GDPR의 요구 사항과 호환 여부를 고려하는 것은 시간도 걸릴 수 있다는 것을 염두에 두어야 한다.

GDPR에 명시된 기간은 DPA가 데이터 컨트롤러의 추천을 고려하는 데 최대 8주가 소요된다. DPA가 데이터 컨트롤러로부터 정보를 받기를 기다리고 있는 경우, 이 기간을 추가로 6주 연장하고 시간표를 보류할 고유한 권한을 연장할 수 있는 옵션이 있다.

DPIA는 DPA에서 요구하는 문서의 한 예이다. DPIA는 조직에서 특정 개인 데이터 관행과 관련된 위험을 고려했을 뿐만 아니라 위험을 관리하거

나 완화하기 위한 합리적인 조치를 취했음을 보여주기 위한 것이다.

🔒 데이터 보호 관리자

데이터 보호 책임자(DPO)의 임명은 모든 회사가 한 명을 지정해야 하는 것은 아니지만 GDPR에서 공식적으로 인정된다. 데이터 컨트롤러 및 프로세서가 DPO를 지정해야 하는 상황은 다음과 같다.

- 처리가 공공 기관에 의해 수행되는 경우
- 컨트롤러 또는 프로세서의 핵심 활동이 대규모의 개인을 정기적으로 체계적으로 모니터링하는 경우
- 핵심 활동이 개인 데이터의 특수 범주를 대규모로 처리하는 것으로 구성되는 경우

WP29는 2016년 12월에 '핵심 활동'을 '컨트롤러 또는 프로세서의 목표를 달성하는 데 필요한 핵심 작업'으로 정의한 해석 가이드를 발표했다. 그렇다고 해서 조직이 데이터 분석 업무를 해야 한다는 의미는 아니며, 데이터 처리가 '컨트롤러 또는 프로세서의 활동에서 불가분의 일부'라는 의미이다.

WP29는 조직 규모보다는 데이터 주체 수를 특별히 참고하여 '대규모'를 정의했다. 즉, 소규모 고객을 대상으로 하는 회사가 '대규모' 정의를 충족시키지 못하는 반면, 직원 수가 적은 조직이 대규모 고객 기반의 서비스를 제공하는 경우 '대규모' 처리에 종사한다는 것임을 의미한다.

특히 WP29는 다음과 같은 '대규모'가 되기 위한 요건을 확인했다.

- 대상 데이터 주체의 수(특정 숫자 또는 해당 인구수에 대한 비율)
- 처리되는 데이터의 양 및/또는 다른 데이터 항목의 범위
- 데이터 처리 활동의 지속 기간 또는 지속성
- 처리 활동의 지리적 범위

'데이터 주체에 대한 정기적이고 체계적인 모니터링'이라는 용어는 모든 형태의 인터넷 기반 추적 및 프로파일링을 포함하지만, '온라인 환경 및 온라인 추적에 국한되지 않는다.' WP29는 '정기적'의 뜻을 다음 중 하나 이상을 의미하는 것으로 해석한다.

- 특정 기간 동안 특정 간격으로 진행 중이거나 발생하는 경우
- 반복되거나 반복되는 고정된 시간 내인 경우
- 끊임없이 또는 주기적으로 발생하는 경우

'체계적'의 뜻을 다음 중 하나 이상을 의미하는 것으로 해석한다.

- 시스템에 의해 발생하는 경우
- 미리 계획된, 조직적인 또는 체계적인 경우
- 데이터 수집을 위한 일반적인 계획의 일환으로 수행하는 경우
- 전략의 일환으로 수행하는 경우

GDPR은 회원국 법률에 따라 DPO를 임명해야 한다고 규정하고 있다. 예를 들어, 독일은 개인 데이터의 자동 처리에 고용된 최소 9명 또는 비자동 데이터 처리에 종사하는 최소 20명 이상의 기업에 DPO를 임명할 것을 요구한다.

반면에 프랑스에서는 CIL(Correspondant Informatique et Libertés)로

알려져 있는 DPO를 지명하는 법적 요구 사항이 없는 반면에, DPO를 지명하는 기업에는 잠재적 이점이 있다. 왜냐면 그 회사는 Commission Nationale de l'Informatique et des Libertés에 대한 사전 신고가 면제되기 때문이다.

물론, 만약 미래에 그럴 것 같지 않다면, 더 많은 회원국이 DPO를 국가 법률에 따라 임명하게 되는 것은 당연히 전적으로 가능하다.

따라서 DPO가 공공 부문에서 의무적일지라도 민간 부문 상업 조직은 DPO를 지명할지 여부를 결정하기 위해 위의 주요 기준(예: 대규모 모니터링)에 대해 스스로를 평가할 필요가 있다.

그룹 단체 임명

기업 단체가 단일 DPO를 임명할 수 있다. 그러나 이는 DPO가 각 사업에 쉽게 접근할 수 있어야 한다는 조건이 있다.

예를 들어, GDPR이 발효되면 많은 회원 국가에서 변경 가능성이 생길 수 있음을 감안하면, 그룹 차원의 DPO가 현지 언어를 쓰지 않거나 해당 지역에서 규칙이 작동하는 방식에 대해 충분히 잘 알고 있지 않은 경우 회사는 이를 수행하는 데 어려움이 있을 수 있음을 고려해야 한다. 이것은 DPO가 자신의 전문성을 발휘하고 자신의 역할을 수행할 수 있는 능력에 영향을 미칠 수 있기 때문이다.

DPO의 역할

GDPR에 따라 회사는 개인정보 보호와 관련된 모든 문제에 대해 DPO가 '적절하고 시기적절하게' 참여하도록 보장해야 한다. DPO들은 자신의 작업 기능을 수행하고 자신의 전문 기술과 지식을 유지하기 위해 적절한 리소스에 대한 지원과 액세스 권한이 있어야 한다.

그들은 독립적으로 작동할 수 있어야 한다. 업무를 제대로 수행하기 위해 해고되거나 처벌되어서는 안 된다. 또한 추가 역할이나 다른 역할이 이해 상충을 유발하지 않는다면 다른 역할을 가질 수 있다.

DPO의 임기는 제한이 없다. 그러나 기업들이 DPO의 임기를 정하는 것을 막을 수는 없다. 또한 기업이 통지(예: DPO를 성과 및/또는 행동 문제로 해고하는 능력, 당연히 현지 법에 따라)에서 역할을 종료시키는 것을 금지하지도 않는다.

DPO는 회사의 '최고 경영진'에게 직접 보고 라인을 가져야 한다. 또한 회사의 데이터 처리 작업에 액세스할 수 있어야 한다. DPO는 충분한 기술 지식과 전문성을 갖추고 있어야 한다. 그러나 GDPR에는 DPO가 가져야 하거나 갖춰야 할 자격 또는 자격이 명시되어 있지는 않다.

DPO는 프라이버시 분야에서의 경험과 능력을 토대로 임명되어야 한다. 그들은 이러한 데이터 보호법에 대한 지식과 사례 및 다음과 같은 능력에 대한 자격 증명을 요구한다.

- 회사 및 직원에게 GDPR에 따른 의무를 알리고 조언을 제공
- 내부 데이터 보호 활동 관리, 직원 교육 및 내부 감사 수행을 포함하여 개인 데이터 보호와 관련하여 GDPR 및 회사 정책 준수 여부를 모니터링
- 요청이 있는 경우 DPIA에 관한 조언을 제공하고 DPIA의 성과를 모니터링
- 감독 당국과 협력
- 처리와 관련된 사안 및 기타 사안과 관련하여 감독 당국과의 연락 지점 역할

또한 DPO는 처리 작업의 성격, 범위, 배경 및 목적을 고려하여 처리 작업과 관련된 위험을 적절하게 고려해야 한다.

GDPR은 또한 DPO 기능을 회사 직원이나 제3자 서비스 공급자가 수행하는 것을 허용한다. 이것은 처음에는 잠재적인 핵심 문제가 그러한 역할을 수행할 경험이 풍부한 사람들이 부족할 수 있기 때문에 유용하다.

🔒 기타 책임성 수단

회사의 책임 프레임워크를 지원할 수 있는 또 다른 방법은 회사 규칙 바인딩(BCR, Binding Corporate Rules)이다. BCR은 때때로 글로벌 데이터 보호의 'gold standard'라고도 한다. 회사에서 구현한 프라이버시 프레임워크 또는 코드로 가장 잘 설명될 수 있다. 처음에 유럽집행위원회(Commission)는 개인 데이터의 국경 간 이동을 용이하게 하기 위해 이를 만들었으며, 현재 국경 간 데이터 이전을 허용하는 GDPR 제47조에 명확히 명시되어 있다.

BCR은 전 세계 기업 그룹의 다양한 조직 간에 개인 데이터가 자유롭게 이동하도록 허용하지만, 개인 데이터에 대한 동일한 높은 수준의 보호가 구속력 있고 집행 가능한 규칙의 단일 세트를 통해서 그룹의 모든 구성원에 의해 준수된다는 것을 보장함으로써 조직 간의 개인 데이터 이동을 자유롭게 허용한다.

이렇게 하여 BCR은 기업이 자사의 프라이버시 준수 프레임워크를 자사의 주 DPA에 신청할 때 자신의 프라이버시 준수 프레임워크를 입증해야 하기 때문에 'gold standard' 상태를 달성할 수 있다. 그 다음, 주 DPA가 신청서를 승인하면 신청인의 지속적인 준수 여부도 모니터링한다.

무엇보다 프라이버시 준수 프레임워크는 정책이 마련되어 있고, 직원이 이를 인식하고 적절하게 교육받았으며, 규정 준수를 책임지는 사람이 임명되었고, 감사가 실시되고, 불만 사항을 처리하는 시스템이 있으며, 조직이 데이터 이전에 대해 투명하다는 것을 보여주어야 한다.

곧, BCR은 조직이 적용 가능한 데이터 보호 법규의 모든 측면을 준수함을 입증해야 한다. 따라서 논리적으로 BCR은 조직의 책임을 입증하기 위한 도구의 일부로 사용할 수 있어야 한다.

실제로, BCR을 획득하는 것은 힘든 일이라는 것이 입증되었으며, 이는 DPA가 일반적으로 책임성 프로그램에서 기대하는 철저함을 나타낼 수 있다(BCR에 대한 자세한 내용은 이후 장 참조).

🔒 결론

기업이 책임성을 성취하고 입증하기 위해서는 먼저 조직 내에서 데이터 보호 문화를 달성해야 한다. 이는 여러 가지 핵심 요구 사항을 통합하고 구현함으로써 달성된다. 이러한 요구 사항에는 무엇보다도 적절한 개인정보 보호 정책을 개발하고 기업 운영 및 궁극적으로 기업 문화 내에서 명확한 개인정보 보호 표준 및 관행을 내포시키는 것이 포함된다. 예를 들어, 신제품 및 서비스 개발 프로세스의 일환으로, 개발 단계에서 프라이버시 및 개인정보 보호에 대한 보장을 항상 고려해야 한다. 회사는 데이터 처리 활동을 명확하게 파악하고, 그것들이 위험한지, 어떻게 보호하여 그러한 위험을 최소화할지, 그리고 직원이 자신의 조직에 프라이버시 프레임워크를 구현하기 위한 그들의 역할을 이해하는지를 알기 위해서, 책임성 요구 사항은 개인정보 보호에 대한 회사의 전반적인 접근법의 일부가 되어야 할 것이다.

Part 2

GDPR의
데이터 처리 및 보호 관련 조치

Part 2에서는 GDPR과 관련하여 개인정보에 대한 처리와 관련된 보호조치에 대해서 다룬다. 국가 간 개인정보를 이전하는 상황을 포함하여, 여러 가지 상황에서 EU의 개인 데이터에 대한 보안, 이에 대한 감독 및 집행을 알아본다.

국제 데이터 이전

이 장은 GDPR이 개인정보 관련 실질적인 국제법
이 된 배경 중의 하나인 국가 간의 데이터 이전 상
황을 다룬다.

🔒 소개: 국제 데이터 이전에 영향을 미치는 제한 사항

GDPR의 한 가지 명시된 목표는 개인정보 보호의 동의에 기반한 원칙에 따라 회원국 간에 개인 데이터의 자유로운 흐름을 허용하는 것이다. 그러나 GDPR은 동시에 개인정보를 제3국으로 이전하는 데 특별한 고려가 필요하다는 것도 인정한다. 이 장에서는 유럽의 데이터 보호법이 개인정보의 국제 이전을 구체적으로 규제하는 방법을 알아본다.

입법 배경

Data Protection Directive('Directive')가 20년 전부터 시행되었으므로, GDPR은 오늘날 점점 더 상호 연결된, 디지털 경계가 없는 세계의 맥락에서 어려운 제한을 설정한다. 유럽경제지역(EEA) 이외의 국가로의 개인 데이터 이전은 GDPR 제5장의 조건에 따라 아래와 같이 실시될 때만 허용된다.

- 제3국은 유럽집행위원회(Commission)에 의해 결정된 개인정보에 대해 적절한 수준의 보호가 보장되는 경우
- 적절한 수준의 보호가 없는 경우 데이터를 이전하고자 하는 컨트롤러 또는 프로세서는 집행 가능한 데이터 주체 권한 및 데이터 주체에 대한 효과적인 법적 구제가 가능하다는 조건에서 적절한 보호조치를 제공하는 경우

적절한 수준의 보호 또는 적절한 보호조치가 없는 경우, 개인정보의 이전은 GDPR이 다루는 특정 상황에 대하여 여러 문제 상황 중 하나에 해당된다.

GDPR이 '국제 조직'으로 정의한 조직으로의 개인 데이터 이전에도 동일

한 제한이 적용된다. 즉, 공공 국제법이 적용되는 조직 및 그 하위 조직 또는 두 개 이상의 국가 간의 합의에 기반하여 생성된 다른 모든 조직에 대해서도 동일한 제한이 적용된다.

GDPR의 Recital은 이 급진적 접근 방식의 근거를 명확하게 설명하지 않는다. Recital 101은 국제 무역의 확대를 위해서는 개인정보의 국경 간 흐름이 필요함을 인식하고 있지만, GDPR에 의해 EU에서 보장되는 자연인의 보호 수준을 훼손해서는 안 됨을 명시하고 있다.

이 접근법의 기초를 이해하기 위해서는 GDPR를 입안하고 채택하는 유럽 기구가 개인에게 제공되는 보호를 약화시키려는 시도를 막음으로써 새로운 체제의 효과를 보존하려고 시도했음을 명심할 필요가 있다. 실제로 이것은 유럽 이외 지역의 관할 지역에 EU 데이터 보호 표준을 효과적으로 부과하는 상황을 만든다.

실제적인 함의

GDPR에 의해 부과된 높은 수준의 개인정보 보호를 염두에 두면서, 이 문제에 대한 동일한 엄격한 입법적 접근법을 따르지 않는 국가가 데이터 이전에 대한 적합성 요구 사항을 어떻게 충족시킬 수 있는지는 알기 어렵다. 결과적으로, GDPR의 이 요소는 국제 상거래에 대한 심각한 장벽으로 간주될 것이다.

실질적인 측면에서 볼 때, 일부 대형 다국적 기업의 경우 이 문제는 데이터 처리 활동이 실제로 이루어지는 장소와 관계없이 EU 데이터 보호 관행을 운영 전반에 걸쳐 적용하는 것을 의미한다.

🔒 데이터 이전 범위

GDPR이 데이터 이전의 개념을 정의하고 있지는 않다. 그러나 데이터의 이전은 단순한 데이터의 수송(transit)과 동일하지 않다. 그것은 '이전'을 완료한 제3국 내에서의 처리까지 포함하는 개념이다. 따라서 EEA 국가에서 오는 도중 제3국을 통해 개인정보가 전달되더라도, 제3국의 개인정보에 대한 실질적인 처리 작업이 수행되지 않는 한, 그러한 이전은 GDPR의 적용 범위에 포함되지 않는다.

실제로 과거에는 우려되는 상황이었지만, GDPR상에서 데이터 수출을 다루는 조건의 적용을 받지 않는 2가지 공통적인 상황이 있다.

- 인터넷 전자 메일 및 웹 페이지와 같은 패킷 교환 기술의 기술적 라우팅. 이는 전 세계 어느 곳에서도 컴퓨터 서버 간에 개인 데이터의 무작위 이전을 수반하는 경우
- 적절한 수준의 보호가 불가능한 곳에서 짧은 시간 동안 물리적으로 위치한 여행자가 전자적인 방식으로 개인 데이터에 접근하는 경우(예를 들어, 외국 공항에서 데이터에 접근하기 위해 EU 기반 시스템에 로그인하는 사람)

또한 2003년 11월 스웨덴의 보딜 린드크비스트(Bodil Lindqvist, C-101/01) 사건에 대한 유럽 법원 판결에 따라 회원국의 개인이 해당 국가 또는 다른 회원국에서 운영되는 웹 사이트에 개인정보를 올려서 인터넷에 연결된 누구나 정보에 액세스할 수 있도록 하는 것은 제3국으로 데이터를 이전하는 경우에 해당되지 않는다.

그러나 개인정보가 교환된 후 자동 처리하려는 의도가 있는 국제적인

개인정보 교환이 있는 경우, 원래의 교환이 개인 데이터 처리로서 충족되지 못하는 경우에도 GDPR의 목적을 위한 이전으로 간주해야 한다. 예를 들어, EU의 누군가가 제3국의 누군가에게 전화로 정보를 제공한 다음 정보를 컴퓨터에 입력하는 경우가 여기에 해당된다.

🔒 '적절한 보호 수준'의 의미

GDPR 제45조 (1)항:

> 집행위원회가 그 제3국, 영토 또는 그 제3국 내의 하나 이상의 특정 분야 또는 문제의 국제기구가 적절한 수준의 보호를 보장한다고 결정한 경우, 제3국 또는 국제기구로의 개인 데이터의 이전이 일어날 수 있다.

집행위원회는 보호 수준의 적절성을 평가할 때 특히 다음 요소들을 고려해야 한다.

  a. 법치, 인권 및 기본적 자유에 대한 존중, 입법의 구현, 데이터 보호 규칙, 전문 법칙 및 보안 수단은 물론 공공의 안전, 방위, 국가 안보 및 형법에 관한 법률과 개인 데이터에 대한 공공 당국의 접근을 포함하는 일반 및 부문별 관련 법령(개인 데이터가 이전되는 데이터 주체를 위해 효과적이고 강제적인 데이터 주체의 권리와 효과적인 행정적 사법적 구제는 물론, 제3국 또는 해당 국가나 국제기구가 따르는 국제기구로의 개인 데이터 전송을 위한 규칙 또는 판례법을 포함)
  b. 적절한 제재 권한을 포함하여 데이터 보호 규칙의 준수를 보장하고 집행할 책임이 있는 제3국 또는 국제기구가 관여하는 하나 이상의

독립 감독 당국의 존재와 효과적인 기능(데이터 주체의 권리 행사를 지원 및 자문을 위해, EU 회원국의 감독 당국과 협력을 위해 적절한 집행권한을 포함)

c. 관련 제3국이나 국제기구에의 국제적 의무, 또는 법적 구속력이 있는 협약 또는 법률로 인한 기타 의무(특히 개인 데이터 보호와 관련하여 다자간 또는 지역 시스템에의 참여로 인한 의무도 물론 포함됨)

🔒 적절한 보호를 받는 국가를 지정하는 절차

집행위원회는 보호 수준의 적절성을 평가한 후 법률을 제정함으로써, 제3의 국가 및 영토, 제3국의 특정 분야 또는 국제기구가 위에 기술한 바와 같이 법에 의해 주어진 의미 내에서, 적절한 보호 수준을 보장하는지 결정할 수 있다.

위원회의 이행법은 적어도 4년마다 정기적인 검토를 위한 메커니즘을 제공해야 하며, 제3국 또는 국제기구의 모든 관련 개발을 고려해야 한다. 이행법은 해당 지역 및 부문별 적용을 명시하고, 해당되는 경우 감독 당국을 데이터 보호 규칙 준수 보장 및 시행의 책임으로 식별해야 한다.

또한 집행위원회는 채택된 타당성 결정의 기능에 영향을 미칠 수 있는 제3국 및 국제기구의 개발 계획(원래 Directive하에서 채택되었던 결정 포함)을 지속적으로 감시해야 한다. 결과적으로, 이용 가능한 정보가 제3국, 영토 또는 제3국 또는 국제기구 내의 하나 이상의 특정 부문이 더 이상 적절한 수준의 보호를 보장하지 않는다는 것을 밝혀내면, 집행위원회는 이를 철회하고 수정해야 하며, 적절한 경우 결정을 중지할 수 있다.

완전성을 위해 GDPR은 Directive에 근거하여 위원회가 채택한 타당성 결정이 다른 위원회의 결정에 의해 수정, 대체 또는 철회될 때까지 유효함을 확인한다. Directive에 따라 위원회는 안도라, 아르헨티나, 캐나다, 페로 제도, 건지 섬, 맨섬, 이스라엘, 저지 섬, 뉴질랜드, 스위스 및 우루과이가 충분한 보호를 제공한다고 인정했다.

🔒 미국의 상황

원래의 Safe Harbor

미국 상무부와 유럽집행위원회는 EU와 미국 간 대량의 데이터 이전을 고려하여 조직이 EU 데이터 보호법의 요구 사항을 충족시킬 수 있는 프레임워크로서 Safe Harbor 메커니즘을 개발했다. 대서양을 횡단하는 데이터 이전과 관련하여 2000년 7월 26일 광범위한 협상을 거쳐 유럽집행위원회는 Safe Harbor 개인정보 보호 원칙이 EU로부터 이전된 개인 데이터에 대한 적절한 보호를 제공했다는 결정을 발표했다. 이 결정에 따라 EU 개인 데이터가 Safe Harbor 개인정보 보호 원칙을 준수하기로 합의한 미국 소재 회사로 이전될 수 있었다.

그러나 채택된 이후 Safe Harbor 프레임워크는 어려움을 겪고 있었다. Safe Harbor 개인정보 보호 원칙에 명시된 데이터 보호 요구 사항은 Directive의 적절성 기준과 일치하기 위한 것이었지만, 자체 인증 특성 및 비유럽 스타일의 조항은 수년 동안 많은 비판을 받았다. 예상되는 약점으로는 참가자가 필수 연간 준수 확인을 수행하지 않았으며 FTC (Federal Trade Commission)의 적극적인 집행 부족(다른 국내 사례와 비교 시)이 포함되었다. 이러한 요인들로 인해 일부 EU 데이터 보호 당국(DPA)은 적정성 메커니즘으로서의 Safe Harbor 프레임워크의 유효성에 의문을 가지게 되었다.

스노든 효과

그런 와중에 2013년 6월 미국 국가안보국(NSA)에 의해 수행된 대량 감시 작업에 관한 에드워드 스노든(Edward Snowden)의 폭로는 EU가 개인정보의 국제 이전을 규제하는 방식에 매우 눈에 띄는 연쇄적 효과를 나타냈다. Safe Harbor 프레임워크에 대한 기존의 비판과 이 계획에 참여한 회사가 미국의 감시활동에 관여했을 가능성이 있다는 주장에 따라, 활동가 및 일부 DPA로부터 Safe Harbor 프레임워크의 철회를 촉구하면서 유럽의회에 즉각적인 중지를 요구하는 결의안이 채택되었다.

집행위원회는 Safe Harbor 프레임워크를 중단하면, EU 비즈니스 이익과 대서양을 어우르는 경제에 악영향을 미칠 수 있다는 우려 때문에 그렇게 하지는 않았다. 그러나 Safe Harbor 프레임워크에는 여러 가지 약점이 있으며, 프레임워크를 강화하고 신뢰성을 회복할 수 있는 방법을 찾기 위해 미국 정부와 대화를 재개하는 것 외에 선택지가 없음에 동의했다.

집행위원회는 이 재협상을 2013년 11월 27일 유럽의회와 유럽연합이사회와의 두 차례의 커뮤니케이션을 통해 발표했다. 제목은 'EU 시민과 EU에 설립된 회사의 관점에서 Safe Harbor의 기능에 대하여'와 'EU-미국 데이터 흐름의 신뢰 재건'이다. 이러한 커뮤니케이션에서 집행위원회는 EU와 미국이 전략적 파트너였고 대서양 양측의 대서양 횡단 데이터 흐름이 상업, 법 집행 및 국가 안보에 결정적으로 중요하다고 강조했다. 그러나 스노든의 폭로가 이 파트너십에 대한 EU의 신뢰를 훼손시켰으며 이러한 신뢰가 재건되어야 한다는 점도 인식되었다.

Safe Harbor II를 향하여

집행위원회는 2014년 1월에 Safe Harbor 프레임워크를 업데이트하기 위해 미국 당국과 논의하기 시작했다. 본래 목표는 2014년 여름까지 구제 조치를 확인한 후 가능한 한 빨리 구현하는 것이었다.

집행위원회는 Safe Harbor의 약점을 해결하고 프레임워크가 상업적 대서양 횡단 데이터 흐름을 촉진하는 효과적인 메커니즘으로 남아 있도록 하기 위한 13가지 구체적인 권장 사항을 제공했다. 이러한 권고안은 투명성, 교정, 집행 및 미국 당국의 데이터 접근이라는 4가지 우선순위에 중점을 두었다. 2014년 6월, EU 법무부장관 비비안 레딩(Viviane Reding)은 협상에 관한 최신 정보를 제공했으며, 미국 상무부(DOC, Department of Commerce)는 위원회의 13가지 권고 중 12개 조항에 동의했다. 그러나 난제는 엄격한 필요와 비례성이 있을 때만 국가 안보 예외가 적용될 것이라는 최종 권고안이었다.

동시에, Safe Harbor의 유효성이 오스트리아의 법학생 막스 슈렘스(Max Schrems)에 의해 제기되었으며, 그는 Facebook Ireland에 의해 개인 데이터의 미국 이전을 중단할 것을 아일랜드의 데이터 보호 위원에게 요구했다. 슈렘스는, 스노든이 폭로했듯이 미국의 정보기관의 그러한 폭 넓은 접근 때문에 Facebook Ireland(Facebook의 유럽 사용자 데이터를 위한 데이터 컨트롤러)가 Safe Harbor 프레임워크를 사용하여 더 이상 미국에 대한 데이터 이전을 합법화할 수 없다고 주장했다.

이 클레임은 아일랜드 고등법원에 제기되었고, 결국 EU 법의 해석에 대한 최고 사법 기관인 유럽연합법원(CJEU)의 결정에 회부되었으며, 2015년 10월 6일 CJEU는 판결을 내리고 Safe Harbor 적정성 결정을 무효로 선언했다. 이 판결은 유럽연합(EU)에서 미국으로의 데이터 전송을 위한 보다 견고한 대체 메커니즘에 동의하도록 유럽집행위원회에 대한 압력을 가중시켰다.

Privacy Shield의 탄생

2016년 2월 29일, DOC와의 2년 넘게 협상을 마친 후 집행위원회는 새로운 Privacy Shield 프레임워크의 적절성에 대한 (오래 기다렸던) 초안 결정을 발표했고, 여기에는 프레임워크가 실제로 어떻게 작동하는지에 대한 정보도 포함되었다. Privacy Shield 프레임워크 문서는 프레임워크에 참여하고자 하는 조직에 더 구체적이고 엄격한 조치를 부과하며, 이전 Safe Harbor보다 훨씬 더 상세하다.

또한 Privacy Shield 프레임워크에는 미국 정부 기관의 개인정보 접근에 영향을 미치는 법적 제한과 관련하여 보증을 제공하는 미국 정부 공무원의 각종 공식 서신뿐만 아니라, EU 개인의 개인정보가 미국에서 처리될 때 EU 개인의 개인정보 보호 권리가 행사될 수 있도록 고안된 추가적인 확인과 균형을 포함한다.

Privacy Shield에 관한 위원회의 최초 공고에 이어, 제29조 작업반 (WP29)은 관련 문서가 공개되기 전에 2016년 2월 3일에 서면으로 Privacy Shield를 도입하는 것에 대한 EU와 미국 간의 협상 결론을 환영하는 예비 성명서를 발표했다. 그러나 2016년 4월 13의 WP29는 프레임워크의 상세한 분석을 제시하는 Opinion을 발표했다. 이 Opinion에서, WP29은 Privacy Shield의 상업적 측면 및 Privacy Shield하에서 전송된 데이터를 액세스할 수 있는 미국 공공 기관의 능력에 대한 깊은 우려를 담아서 발표하였다.

특히, WP29는 Privacy Shield가 EU 법의 특정 주요 데이터 보호 원칙을 포함하지 않는다고 생각했다. WP29는 또한 앞으로의 데이터 전송에 대한 보호와 개인에 대한 교정 메커니즘이 너무 복잡할 수 있다는 우려를 표명했다. 마지막으로, WP29는 Privacy Shield 문서가 미국 정보기관의 EU에서 유래한 개인정보의 대량 수집과 무차별 수집을 배제하지 않았으며, 새로운 옴부즈맨이 충분히 독립적이거나 강력하지 않다는 점을 지적했다. Opinion은 집행위원회가 이러한 우려를 해결하고 Privacy Shield를 개선할 것을 촉구함으로써 결론을 맺었다.

Privacy Shield의 작동

2016년 7월 12일 WP29의 우려 사항을 해결하기 위한 추가 협상에 이어, 유럽집행위원회는 마침내 EU에서 미국으로 개인 데이터를 전송하기 위한 Privacy Shield Framework에 관한 타당성 결정을 발표했다. Privacy Shield는 공식적으로 2016년 8월 1일에 운영되고, FTC 또는 교통부(DOT, Department of Transportation)의 관할하에 있는 미국 기업은 DOC에 온라인 등록을 제출하여 Privacy Shield에 가입할 수 있다. 이는 대부분의 영리 목적 비즈니스를 대상으로 하지만, 해당 규제 기관의 관할이 아닌 수많은 은행, 금융 서비스 회사, 통신 및 기타 비즈니스는 제외된다.

Privacy Shield 회사가 준수해야 하는 7가지 원칙은 Safe Harbor의 원칙과 유사하다. 그러나 이들 각각은 중요한 방법, 특히 의지, 집행 및 책임의 원칙에 따라 강화되었다. 7가지 원칙은 다음과 같다.

1. 공지 사항
2. 선택
3. Onward 이전(제3국에서 또다른 제3국으로 이전)에 대한 책임
4. 보안
5. 데이터 무결성 및 목적 제한
6. 액세스
7. 자원, 집행 및 책임

Privacy Shield는 다음을 포함하여 준수할 수 있음을 입증하기 위한 특정 단계를 수행하기 위해, 기업이 Privacy Shield 원칙 준수를 자체 인증하도록 요구한다.

- 인증에서 다루는 정보와 관련한 회사의 원칙 준수 능력을 결정하기 위해 내부 규정 준수 평가를 수행. 협조 능력에 차이가 있을 경우, 컴플라이언스를 위해 회사는 내부 통제, 정책 및 절차를 도입할 것
- 회사가 완전히 해결할 수 없는 정보 취급에 관한 EU 개인의 불만 사항을 처리하고 등록비를 지불하기 위해 제3자 중재 제공 업체에 등록할 것
- 회사의 개인정보 보호 관행에 관한 13가지 세부 정보가 들어 있는 개인정보 보호 정책을 채택하고 온라인으로 공지 사항을 게시할 것

Max Schrems을 비롯한 다수의 개인정보 보호 활동가가 발표한 공개 성명서에서, Privacy Shield가 CJEU에서 테스트될 가능성이 높다고 봤다. 정부의 감시에 대한 지속적인 우려가 잠재적인 법적 문제의 주요 원인으로 언급되었다. CJEU가 최종 결정을 하기까지 수년이 걸린 집행위원회와 DOC 간의 협상은 Safe Harbor에 영향을 미친 문제를 해결하기 위한 것이기 때문에, 미국정부가 프레임워크하에서 한 약속을 저버리지 않는 한, CJEU가 Privacy Shield에 반하여 판결한다는 것은 결코 아니다.

🔒 적절한 안전 조치 제공

|

현실적으로 '적절한' 자격을 갖춘 국가의 수가 줄어든 것을 감안하면, 대부분의 경우 개인 데이터를 국제적으로 전송하려는 컨트롤러 또는 프로세

서는 데이터에 대한 적절한 안전장치를 제공하는 메커니즘을 사용해야 한다. GDPR은 이러한 목적에 적합한 몇 가지 가능한 메커니즘을 아래와 같이 열거함으로써 이 상황을 해결한다.

- 공공 기관이나 기관 간에 법적으로 구속력 있고 시행 가능한 법률 문서
- 제47조에 따른 BCR(Binding Corporate Rule)
- 집행위원회가 채택한 표준 데이터 보호 조항
- 감독 당국이 채택하고 집행위원회가 승인한 표준 데이터 보호 조항
- 데이터 주체의 권리와 관련하여 적절한 안전장치를 적용하기 위해 제3국의 컨트롤러 또는 프로세서의 구속력 있는 집행 가능한 약속과 함께 제40조에 따라 승인된 행동 강령
- 데이터 주체의 권리와 관련하여 적절한 안전장치를 적용하기 위해 제3국의 컨트롤러 또는 프로세서의 구속력 있고 집행 가능한 약속과 함께 제42조에 따라 승인된 인증 메커니즘
- '컨트롤러 또는 프로세서'와 '컨트롤러, 프로세서 또는 제3국 또는 국제기구의 개인 데이터의 수령인' 간의 계약 조항, 또는 권한이 있는 데이터 보호 감독 기관에 의해 그 목적이 명확히 승인된 공공 기관 또는 단체 간의 행정 협정에 포함될 규정

이 옵션 메뉴는 개인 데이터의 수출자와 수입자 모두에게 더 큰 선택과 유연성을 제공하므로 Directive에 비해 개선된 것으로 볼 수 있다.

계약상의 방법

전통적으로 적절한 수준의 보호를 제공하지 못하는 국가의 국제 데이터 이전을 합법화하기 위해 가장 자주 사용되는 메커니즘은 소위 말하는 '표준

계약 조항' 또는 '모델 조항'이었다. Directive에 따르면, 이것은 유럽집행위원회가 사전 승인한 계약이었으며, EU 표준에 따라 개인정보를 보호하기 위해 수출자와 수입자 모두에게 적용되는 특정 의무를 수립했다.

이와 관련하여, 2001년 6월 15일 유럽집행위원회는 유럽연합의 컨트롤러가 '부적절한 관할권' 내의 컨트롤러에게 이전한 개인 데이터에 대한 적절한 안전장치를 보장하는 Decision을 채택했다. 이 Decision은 회원국이 EEA 외부 국가로의 개인정보 이전과 관련하여 이 표준 조항을 사용하는 회사 또는 조직이 데이터에 대한 적절한 보호를 제공하고 있음을 회원국이 인정하도록 했다.

마찬가지로 2001년 12월 27일 유럽집행위원회는 적절한 수준의 데이터 보호를 제공하지 못하는 비 EEA 국가에 설립된 프로세서로 개인 데이터를 이전하기 위한 표준계약 조항을 설정하는 두 번째 Decision을 채택했다.

2003년, 집행위원회는 'Data Protection Directive의 이행에 관한 1차 보고서'에서 경제 운영자가 표준계약 소항을 더 광범위하게 채택할 수 있노록 Decision을 더 수용하고자 함을 명시했다. 따라서 위원회는 2001년 6월의 Decision을 개정하는 새로운 Decision을 발행했고, 컨트롤러 사이의 국제 이전을 정당화하는 데 사용할 수 있는 표준계약 조항의 세트에 두 번째 버전을 추가했다. 이 버전은 국제상업회의소(ICC, International Chamber of Commerce)가 개척한 대안 초안을 기반으로 한다.

원래의 2001년 컨트롤러-프로세서 조항의 융통성 없는 성격 때문에 ICC는 추가 제안을 했고 2010년 2월 5일에 집행위원회는 새로운 모델 조항 세트를 사용하여 원래의 컨트롤러-프로세서 표준 조항을 업데이트하고 교체하는 Decision을 통보했다. 2010년 이후, EEA 밖의 프로세서로의 국제 데이터 이전을 정당화하기 위해 표준계약 조항에 의존하고자 하는 EEA 기반 컨트롤러는 새로운 처리 작업을 위한 조항을 처리하기 위해 업데이트

된 컨트롤러프로세서 조항을 사용해야 했다. 표준계약 조항 세트는 다음과 같다.

- 2001년 컨트롤러 대 컨트롤러 조항
- 2004년 컨트롤러 대 컨트롤러 대체 조항
- 2010년 컨트롤러 대 프로세서 조항

이 조항들은 GDPR에 의거하여 보다 규범적인 틀과 일치하는 새 버전으로 대체되거나 개정될 때까지 유효하다.

위원회가 승인한 모델 계약은 실제로 국제 데이터 이전을 합법화하기 위한 적절한 메커니즘이 될 것이지만, DPA가 표준계약 조항을 채택하거나 당사자가 제시한 임시 계약을 기반으로 한 이전을 승인할 수 있는 능력은, 이전을 위한 계약 방식의 개발에 중요한 역할을 담당한다.

Microsoft, Amazon Web Services 및 Google과 같은 일부 기술 회사는 자체 버전의 데이터 이전 계약에 대해 DPA의 승인을 얻는 아이디어를 이미 개척했다. 이 접근법의 장점은 기업이 개인 데이터 보호에 대해 계약상으로 약속해야 하는 방식에 큰 유연성의 혜택을 보면서도, 위반 가능성이 적은, 보다 현실적인 계약 의무를 수용할 수 있다는 것이다.

행동 강령 및 인증 메커니즘

국제 데이터 이전 영역에서의 GDPR의 혁신 중 하나는 적절성 메커니즘으로서의 행동 강령 및 인증 메커니즘을 명시적으로 추가했다는 것이다. 하지만 이 둘은 아직 테스트되지 않았으므로 국제 데이터 이전을 합법화하기 위한 실용적이고 효과적인 솔루션을 제공하는지 확인해야 한다.

🔒 다국적 기업 그룹 내의 데이터 전송 - BCR

GDPR에 따른 국제 데이터 이전 영역에서 가장 중요한 발전은 회사 그룹 내에서 그러한 이전을 합법화하기 위해 컨트롤러와 프로세서 모두에 사용할 수 있는 메커니즘으로 BCR(Binding Corporate Rules)을 포함시킨 것이다. 2003년에 EU DPA는 다국적 기업 및 그룹이 EU 데이터 보호법에 따라 국경을 초월한 개인정보의 조직 내 이전을 가능하게 하는 BCR 개념을 개발했다. GDPR에 명시적으로 포함시키는 것은 EU 정책 입안자의 의지와 EU 데이터 보호법 준수를 보장하는 그룹 내 글로벌 개인정보 보호 프로그램의 증가하는 중요한 역할 모두를 확인한다.

BCR 개념

다국적 기업 그룹 내의 데이터 수출은 그룹 외부로의 수출과 동일한 규칙의 적용을 받는다. 그러나 계약 방식을 사용하는 것은 전 세계적으로 운영되는 데이터 기반 조직의 국제 이전을 합법화하는 비용 효율적인 방법은 아니다. 많은 글로벌 기업에서 개인 데이터를 사용하는 것은 국가 테두리와 관할 구역 차이를 넘어서 정보를 공유하는 데 있다. 따라서 자회사 간 무수한 계약을 체결해야 한다는 비현실적인 문제를 해결하는 유연한 맞춤형 솔루션이 유일한 실용적 옵션일 것이다.

수년 동안 EU DPA는 기업 그룹 내에서 데이터 수출을 합법화하기 위한 메커니즘으로서 BCR의 역할을 인정했다. 본질적으로 BCR은 다국적 기업이 자발적으로 작성하여 따르는 유럽 개인정보 보호 표준을 기반으로 하는 글로벌 규칙 세트이며, 국가 규제 기관은 자체 법률에 따라 승인한다.

Directive의 목적을 위한 적절한 안전장치를 마련하기 위해 BCR을 사용한다는 아이디어는 원래 WP29의 Working Document WP74에서 고안되었다. 이후 EU DPA는 BCR 승인 절차를 간소화하기 위해 협력 수준을 향상시켰다. 이러한 협력은 '상호 인정' 과정의 채택으로 이어졌으며, 이는 효과적으로 GDPR에 편입되었다.

BCR 요구 사항

GDPR에 따르면, DPA는 소위 '일관성 메커니즘'에 따라 BCR 세트를 승인해야 한다(제6장 참조). 법적 구속력이 있으며 데이터 대상에 대해 시행 가능한 권한을 명시적으로 부여해야 한다.

BCR의 완전하고 유효한 집합에는 구체적으로 다음 요소가 포함되어야 한다.

a. 기업 그룹 및 각 구성원의 구조 및 연락처 세부 사항
b. 개인 데이터의 범주, 처리 유형 및 목적, 영향을 받는 데이터 유형 및 제3국 또는 해당 국가의 식별을 포함하는 데이터 이전 또는 이전 집합
c. 내부적으로나 외부적으로 그들의 법적 구속력 있는 본질
d. 일반적인 데이터 보호 원칙의 적용, 특히 목적 제한, 데이터 최소화, 제한된 저장 기간, 데이터 품질, data protection by design and by default, 처리의 법적 기반, 개인 데이터의 특수 범주 처리, 데이터 보안을 보장하기 위한 조치, 그리고 BCR에 구속되지 않는 단체로의 지속적인 이전과 관련된 요구 사항들
e. 절차에 관한 데이터 주체의 권리와 그러한 권리를 행사할 수 있는 수단(프로파일링을 포함하여 자동 처리에만 근거한 결정의 대상이 되지 아니할 권리, 권한 있는 감독 당국 및 관할 법정에 불만을 제기할 권리, 그리고

적절한 경우, BCR 위반에 대해 교정과 보상을 받을 권리)

f. 연합 내에 설립되지 않은 회원에 의한 BCR 위반에 대한 책임이 있는 회원국의 영토 내의 컨트롤러 또는 프로세서의 수락

g. BCR에 대한 정보가 데이터 주체들에게 어떻게 제공되는지

h. BCR의 모니터링 준수를 책임지고 있는 모든 데이터 보호 책임자(DPO) 또는 다른 사람 또는 독립체의 임무

i. 민원 절차

j. BCR 준수 검증을 위한 메커니즘

k. 규칙의 변경을 보고하고 기록하고 그 변경 사항을 감독 당국에 보고하는 메커니즘

l. 준수를 보장하기 위한 감독 당국과의 협력 메커니즘

m. 권한 있는 감독 당국에 BCR이 제공한 보증에 실질적으로 악영향을 미칠 가능성이 있는 제3국에서 기업 그룹의 구성원이 받는 법적 요구 사항을 보고하기 위한 메커니즘

n. 개인 데이터에 영구적으로 또는 정기적으로 액세스하는 직원에게 적절한 데이터 보호 교육

🔒 감면에 의존

적절한 수준의 보호 또는 적절한 보호 장치가 없는 경우, GDPR에 포함된 특정 상황에 대한 감면 사항 중 하나에 해당하는 경우, 개인 데이터의 이전 또는 일련의 이전이 여전히 수행될 수 있다.

동의

데이터 수출은 개인의 명시적인 동의를 받아 합법적으로 이루어질 수 있다. 동의는 여전히 구체적이고 정보가 있어야 한다. 이는 그러한 이전에 대해 적합성 결정과 적절한 안전장치가 없음으로 인해 가능한 위험에 대해 개인에게 알려야 함을 의미한다.

계약 수행

GDPR은 특정 유형의 계약이 있거나 고려중인 경우, 데이터 이전을 허용한다. 수출자와 데이터가 관련된 개인 간의 계약의 경우, 그러한 이전이 계약 이행을 위해 필요하거나, 개인의 요청에 의해 수출자에 의한 사전 계약 조치의 필요한 부분이라면, 이전이 수행될 수 있다.

수출자와 개인 이외의 다른 사람 사이의 계약의 경우, 계약이 개인의 요청에 의한 것이거나, 개인의 이익을 위해 체결되었고, 이전이 계약 이행 또는 체결을 위해 필요한 것이라면, 그 이전은 합법적이라고 할 수 있다.

이 조항이 적용되는 계약은 재화나 용역의 공급에만 국한되지 않으며, 고용계약의 경우에도 적용될 수 있다. 그러나 계약 이행을 위해 이전이 필요한지 여부는 수출업체의 운영 방식보다는 계약에 따라 제공되는 재화 또는 용역의 성격에 달려 있다. 다시 말해, 수출자가 해외로 데이터를 이전하는 방식으로 운영을 구조화하기로 선택한 것이 이전의 유일한 이유라면, 이전이 필요하지 않다.

그러므로 고객이 EEA 기반 여행사를 통해 휴가를 예약하는 경우 여행사는 고객과 계약을 수행하기 위해 예약 세부 사항을 외국 호텔로 이전해야 한다. 그러나 여행사가 순전히 효율성 또는 비용절감의 이유로 고객 데이터베이스를 EEA 외부의 컴퓨터에 배치하기로 결정한다면, 그것은 고객과의 계약 이행을 위해 해외에 위치한 컴퓨터에 개인 데이터를 이전하는 것이라고 말할 수는 없다.

상당한 공공 이익

공공의 이익을 위해 필요한 곳에 이전할 수 있다. 이 경우는 범죄 예방 및 탐지, 국가 안보 및 세금 징수 목적으로 인해 이전이 필요한 상황에 적용될 가능성이 가장 높다.

법적 청구

법적 청구의 성립, 행사 또는 이에 대한 방어를 위해 필요한 경우 이전할 수 있다.

중요한 이익

개인 데이터의 수출은 데이터 주체 또는 다른 사람의 중요한 이익을 보호하기 위해 필요한 경우 합법적으로 수행될 수 있다. 실제로 이것은 심각한 질병에 걸렸거나 해외에서 심각한 사고를 당한 개인의 의료 기록을 이전하는 것과 같은 삶과 죽음의 문제와 관련이 있다.

공공 등록부

개인 데이터의 수출은 이전받는 사람이 등록부에 있는 정보에 대한 액세스 또는 사용에 대한 제한 사항을 준수한다는 전제하에 공공 등록부에서 가용한 정보를 통해 이루어질 수도 있다. 예를 들어, 이를 통해 이사진,

주주 또는 전문직 종사자의 공개 등록부에서 추출 내역을 전송할 수 있지만, 전체 등록부를 이전할 수는 없다. 또한 등록부 작성에 대한 책임이 있는 기관이나 단체가 부과한 사용 조건이 있는 경우, 수입자와 추가 수령인들은 이를 준수해야 한다.

비반복적 이전

마지막으로, 그리고 최후의 수단으로, 이전이 반복적이지 않거나 제한된 수의 데이터 주체에 관한 것이고, 데이터 주체의 이익 또는 권리 및 자유가 우선하지 않고 컨트롤러의 설득력 있는 합법적 이익 목적을 위해 필요하고, 컨트롤러가 데이터 이전을 둘러싼 모든 환경에 대한 평가를 하였고, 그 평가에 기반하여 컨트롤러가 개인 데이터의 보호화와 관련하여 적절한 안전장치를 제공한다면, 이전이 허용된다.

이러한 상황에서, 컨트롤러는 감독 당국과 데이터 주체에게 이전 사실을 알려야 한다. 개인은 또한 컨트롤러가 추구하는 설득력 있는 합법적 이익에 대해서도 통보받아야 한다.

🔒 국제 데이터 이전 제한에 대한 미래

국제 데이터 이전에 대한 제한을 극복하는 것은 EU에서 운영되는 글로벌 조직이 당면한 가장 어려운 규정 준수 문제 중 하나이다. 위에서 설명한 것처럼 모든 경우에 적절한 수준의 보호를 보장할 수 있는 올바른 메커니즘을 찾고 구현하는 것은 번거롭고 시간이 오래 걸릴 수 있다. 그러나 기술 개발, 세계화 및 감시 위협의 증가에도 불구하고 가까운 장래에 더 유연한 접근법에 대한 EU 기관의 욕구는 낮을 것으로 보인다.

따라서 준수를 보장하기 위해, 조직은 집행위원회가 고안한 적정성 기준에 따라 실행 가능한 글로벌 데이터 보호 준수 프로그램을 개발하고 계약 메커니즘 또는 BCR 세트를 통해 준수하도록 강력히 권고된다.

개인 데이터의 보안

개인 데이터를 보호하기 위해서는 보안성 확보가
중요하다. 이 장에서는 개인정보 보호를 위한 관리
적 보안에 대해서 알아본다.

🔒 배경

순전히 입법상의 의미에서 유럽 데이터 보호의 특정 원칙이 다른 것보다 중요하다고 논쟁하기는 어려울지 모르지만, 여러 계층에서 관심을 갖고 있음은 사실이다.

예를 들어, 미국에 개인 데이터를 이전하는 것에 대해 시민 활동가들이 집중함에 따라 이에 대한 인지가 증가하였고, 이제 프라이버시 전문가뿐만 아니라 일반인도 Safe Harbor 및 EU-미국 Privacy Shield Framework를 인식하게 되었다. 국제 이전이 많은 컨트롤러, 프로세서 및 규제 당국의 의제가 되고 있다는 것은 당연한 일이고, 이것에는 여러 가지 이유가 있다.

첫째, 보안 상태는 종종 다른 데이터 보호 원칙을 준수하기 위한 전제 조건이 된다. 예를 들어, 보안적 취약성은 국제적으로 개인 데이터의 불법적인 흐름을 야기할 수 있다. 개인 데이터가 변경되고 부정확한 정보가 유포될 수 있다. 데이터가 확산되면, 보안 침해의 희생자를 만들 수 있고 신원 도용 및 금전상의 손해 같은 더 심각한 피해를 입힐 수 있다.

다시 말해서, 그 자신의 권리에 매우 심각한 '컴플라이언스' 실패일 뿐만 아니라, 보안 부재로 인해 GDPR 입법 체계 전체에 걸쳐 광범위하고, 심각한 규정 위반 및 불법이 발생할 수 있다. 보안 원칙이 다른 모든 데이터 보호 원칙과 혼합되어 다른 데이터 보호 원칙들의 일부분을 형성한다는 개념은 업계에서 잘 이해하고 있는 듯하다. 보안은 단독 위험 요소가 아니지만 컨트롤러와 프로세서가 위험 요소를 추적하여 기록해야 하는 모든 위험 요소의 일부이다.

더욱이, 보안 취약성이 심각한 경우 언론과 미디어의 관심을 받을 것이 확실시되고, 최악의 경우는 국제적인 관심도 끌게 된다. 개인 데이터에 영향을 미치는 보안 침해에 대한 대중의 관심이 높은 나쁜 소식을 전하는 기사는 점점 더 넘쳐날 것이다. GDPR의 개인 데이터 유출 신고 제도는 과거의 나쁜 뉴스들은 별것 아닌 것 같이 생각하게 할 수 있을 정도로 불안감을 증폭시킬 것이다.

마지막으로 데이터 보호 원칙의 다른 침해와 비교할 때, 취약한 보안 제어가 연관된 사례는 규모와 피해에서 매우 다른 특징을 보여준다. Safe Harbor 사건은 분명히 미국 전체가 EU 데이터 보호 목적에는 적합하지 않다고 주장되었다는 측면에서 대규모적이었지만, 대중에게 명백한 해악감이 거의 없었다는 점에서 소규모적인 이슈로 볼 수 있다. 사람들은 미국 기업을 이용하는 것에 등 돌리지 않았다. 마찬가지로 페이스북-캠브리지 애널리티카 건 뉴스로 페이스북의 사용자가 눈에 띄게 줄었다는 기사가 게재된 적은 없다. 데이터 부정확성의 경우에는 부정확한 신용 점수로 인해 더 비싼 금융 상품이 제공되거나, 더 나쁘게는 금융 서비스 시장에서 배제되는 등 실질적인 위험이 발생할 수 있지만, 개별 사례를 넘어 대규모 사례 또는 그룹 사례로 확장되는 것으로 보이지는 않는다.

사실, 보안 취약성은 규모가 커지거나 위험도가 높아질 가능성 모두를 가지고 있는 경우가 대부분이다. 무수한 뉴스 기사의 홍수 속에서 수천만 명이 침해의 영향을 받은 사례가 많다. 2016년에 해커들이 미국 온라인 회사에서 10억 개의 사용자 계정을 손상시켰다. 규모 측면 외에도, 개인 데이터가 분실되거나 도난당했을 때 정신적 불안, 괴로움 및 고통은 항상 예견되는 반면, 사기 및 신원 도용은 데이터의 적절한 조합이 작용할 경우 쉽게 겪을 수 있는 실체적인 피해이다(Recital 75 참조). 이러한 규모와 피해의 특징은 집단 소송으로 나타나는데, 민사 소송을 통한 보상 청구로 이어진다.

개인 데이터 보안과 사이버 보안 간의 긴밀한 관계는 이미 언급되었지만, 사이버 보안의 '후광(halo)' 효과는 과소평가 되어서는 안 된다. 사이버 보안이라는 주제는 GDPR의 인지도 상승효과에 관계없이 중요성을 차지하고 있다. 개인 데이터 보안과 사이버 보안은 항상 동의어는 아니지만 종종 동일하게 사용되어, 이러한 정보 보호 원칙을 다른 모든 분야와 완전히 다른 범주로 만들어버린다.

동의성에 대해서 말한다면, 이 법 영역의 또 다른 특징은, 보안에 대한 일부 개념과 개인정보 보호에 대한 권리 사이에 긴장이 있다는 점이다. 개인정보 보호 및 데이터 보호 법률은 국가 안보 및 법 집행과 같은 보안 문제를 제기한다. 이러한 이익을 위해 보안 원칙이 극복될 수 있다는 생각은 보안 원칙을 최우선 순위로 지속적으로 적용할 데이터 보호법 분야의 특수한 특징이다.

방금 설명한 이유에 따라, 보안 대상이 운영 측면에서 특별한 범주에 들어간다면, 이 주장을 뒷받침하는 다른 요소들이 있다. 그중 하나는 국내외의 전문적, 산업 및 비즈니스 표준을 통해 상당한 수준의 보안 모범 사례가 개발되었다는 사실이다. 이 표준들은 데이터 보호법의 가장 수수께끼 같은 질문 중 하나, 즉 GDPR이 컨트롤러 및 프로세서가 보안을 위한 적절한 기술적 및 조직적 조치를 구현해야 한다고(32조에) 말할 때, 실제로 이것이 무엇을 의미하는지 이해하게 해준다.

GDPR 내에서 'data protection by design and by default'와 같은 새로운 영역에서 규정 준수의 메커니즘과 세부 사항은 대다수의 실무자에게 여전히 많은 의문의 여지가 있다. 가용한 보안을 위한 자원의 여러 특성을 감안할 때, 종사자들은 법률 텍스트, 규제 가이드 및 규제 시행 사례의 범위를 넘어서, 필요한 것을 매우 세부적인 의미로 이해해야 한다.

운영상의 의미에서 개인 데이터 보안은 '적절한 기술적 및 조직적 조치'의 의미가 완전히 정의될 수 있는 데이터 보호법의 유일한 영역 일 것이다. 따라서, 만약 실무자들이 조직이 보안을 위해 달성해야 하는 성과를 적절히 이해한다면, 그들은 시각을 넓혀서, 좁은 영역에 한정되어 있는 GDPR의 문구와 규제 기관 및 법원의 입장의 이면을 보아야 한다. 그렇지 않으면 DPO, 데이터 보호 법률가 및 실무자들은 중요한 고려사항을 놓칠 수 있다. 여기에는 규제 집행 절차 및 소송에 대한 노출도 포함된다. 이것은 의학 및 공학과 같은 과학 및 전문 분야의 영역으로, 데이터 보호법은 발명했다기보다 채택된 것이라는 표현이 맞을 것이다.

이렇게 명확하게 정의하여, 규제 기관과 법원이 컨트롤러 또는 프로세서가 보안 의무를 이행하는 데 실패했는지를 훨씬 쉽게 결정할 수 있도록 해야 한다. 이를 개인 데이터 유출 통지 체계와 결합한다면, GDPR은 보안 취약성에 대한 벌금 및 보상 청구가 대폭 늘어나게 되는 결과를 만들어낼 수도 있다.

🔒 보안 원칙과 위험 기반 접근법

GDPR 제5조 (1)항 (f)는 우발적인 손실, 파괴 및 손상에 대해, 적절한 기술적 또는 조직적 조치("무결성 및 기밀성")를 사용하여, 개인 데이터의 무단 또는 불법적인 처리에 대한 보호를 포함하여 개인 데이터의 적절한 보안을 보장해야 한다는 보안 원칙을 세우고 있다. 제32조는 보안 위협에 대해 적절한 수준의 보안 수준을 보장할 수 있도록 적절한 기술적 및 조직적 조치를 취해야 한다는 실질적인 보안 원칙을 정리하기 위해 제5조 (1)항 (f)를 더욱 상세히 말한다.

제5조 (1)항은 누가 처리 활동을 수행하는지에 관한 것이 아니라, 개인 데이터의 처리 자체에 초점을 두고 있다. 대조적으로 제32조는 컨트롤러와 프로세서 모두에 관한 것이다.

컨트롤러와 프로세서는 모두 적절한 보안을 적용하고 있음을 증명할 수 있어야 한다. 제5조 (2)항의 책임 원칙은 제24조와 연계하여 컨트롤러가 준수하고 있음을 '입증(증명)'할 수 있도록 하는 의무를 두고 있다. 제28조 (3)항 (h)는 프로세서에 대한 유사한 증명 요구 사항을 부과한다. 프로세서에 대한 추가 검사로서 제28조는 컨트롤러가 계약 또는 기타 법적 행위의 사용을 통해 프로세서에 대한 컴플라이언스 의무를 계단식으로 승계하도록 요구한다.

물론 이러한 목표를 달성하기 위해 컨트롤러와 프로세서는 데이터 처리 작업의 전체 범위를 이해할 필요가 있고, 이것은 제30조의 효과이다. 제30조 (1)항은 컨트롤러가 해당 데이터 처리 작업의 기록을 유지하도록 하고 있고, 이는 제32조 (1)항에 언급된 기술적 및 조직적 보안 조치에 대한 일반적인 설명을 포함해야 한다. 제30조 (2)항은 프로세서에 대해서도 동일한 의무를 부과한다.

보안의 기초적인 원칙을 설명하는 제32조는 제33조와 제34조의 개인 데이터 유출 통지 요구 사항에 의해 뒷받침된다. 이러한 요구 사항은, 제25조의 data protection by design and by default와 데이터 보호 영향 평가 및 제35조에 따른 사전 협의 요구 사항에 의해 더욱 확대된다.

제32조 - 처리의 안전

제32조는 개인 데이터를 안전하게 유지할 의무를 제시하는데 컨트롤러와 프로세서 모두에 적용된다. 안전 의무에는 해당 위험의 연속체가 합리적으로 포함되어야 하며, 이는 연속체의 한쪽 끝에 있는 사고 및 태만부터, 다른 쪽 끝에 있는 의도적이고 악의적인 행동까지 포함한다. 따라서 컨트롤러 및 프로세서는 맬웨어 및 DoS(서비스 거부) 공격 및 기타 범죄 위협과

같은 복잡한 기술적 위협으로부터 보호하고 부주의한 직원을 방지하기 위한 제어 기능을 구현해야 한다.

이러한 통제를 '적절한 기술적 및 조직적 조치'라고 하며, 이 문구에서 중요한 뉘앙스를 찾을 수 있다. '적절하다'는 말은 법이 절대적인 안전을 필요로 하지 않는다는 것을 말해준다. 즉, 컨트롤러 또는 프로세서가 법률을 위반하지 않았지만 보안 위반이 될 수도 있다. 규제 당국은 운영 실패로 인한 법적 실패를 가정할 수 없기 때문에, 규제 집행 조치에 엄청난 영향을 미친다. 또한, 이는 자연히 집행 조치에 취할 수 있는 가능한 방어 전략을 제시한다.

제32조는 적절한 통제가 무엇인지 또는 적절하지 않은지에 대한 평가에 대해 위험 기반 접근법을 요구한다. 즉, 컨트롤러 및 프로세서는 컨트롤에 대한 결정을 내릴 때 위험 평가를 수행해야 한다. 위험 평가에 대한 요구사항은 제25조와 제35조에 의해 강화되며, 적절히 해석될 경우 보안 문제로 확대되어야 한다.

이러한 위험 평가는 처리해야 할 데이터의 성격과 비즈니스 프로세스 및 기술 시스템의 취약점을 악용하는, 합리적으로 예측 가능한 위협을 반영해야 한다. 아마도 더 높은 확률 또는 더 높은 영향력의 위협은, 조직이 특히 민감한 데이터를 처리할 때, 보다 강력하고 정교하게 제어해야 할 필요가 있음을 의미한다. 반대로, 덜 민감한 개인 데이터는 더 적은 또는 덜 정교한 제어를 요구할 수 있다.

위험 평가에는 최첨단 테스트와 비용 고려가 포함된다. 최첨단 테스트는 이전에 만들어진 몇 가지 요점을 반영한다. 보안은 오랜 개발의 역사를 가진 전문 분야이다. 이 테스트는 컨트롤러 및 프로세서가 업계 평균 관행뿐만 아니라 업계 모범 사례를 고려하도록 요구하는 효과가 있다. 최첨단 테스트에 대한 적절한 설명은, 만약 합리적으로 정보를 얻은 보안 전문가들의 집단이 특정 환경에서 특정 제어가 적합하다고 고려한다면, 그 환경에 적용할지 컨트롤러/프로세서가 결정할 때 그 컨센서스가 고려되어야 한다는 것이다.

전문적인 의견에 대한 합의의 실례는 암호화와 관련이 있다. GDPR 채택 수년 전, 데이터 보호 지침(Directive)이 이 문제에 대해서 언급하지 않고 있음에도 불구하고 개인 데이터가 포함된 랩톱 컴퓨터 및 이와 유사한 장치의 암호화가, 전부는 아니더라도 대부분의 국가에서 사실상 의무적인 규제 요건으로 간주되는 상황에 도달했다. 물론 촉매제는 전문적인 의견에 대한 공감대였다. 컨트롤러와 프로세서는 암호화를 채택하는 것은 명백한 법적 요구 사항이 아니라, 보안 목적으로 해야 할 일이었기 때문에 암호화를 채택했다. 규제 당국이 규제 지침을 만들고 법률을 집행함에 따라 암호화에 대한 전문적인 의견의 컨센서스가 규제 프레임워크의 일부가 되었다. 규제 당국은 세상이 보안에 대한 옵션을 이해하는 것을 고려했기 때문에, 그들은 모범 사례를 발견하고 그 결과를 규제 체계에 반영했다. 암호화의 사용은 입법가나 규제 당국의 사고방식에서 비롯되지 않았다. 이제 제32조 (1)항 (a)는 가명화(pseudonymisation)와 함께 암호화를, 보안 시스템을 설계하는 동안 컨트롤러와 프로세서가 고려해야 하는 제어로 인정한다. GDPR에서의 신속한 제어로서의 암호화 적용은 산업계에서 수용 가능한 보안 조치에 대한 인식이 높아짐을 반영한다.

전문적 의견의 합의는 제32조 (1)항 (b), (c) 및 (d)의 요건에도 반영된다. '기밀성, 무결성, 가용성 및 탄력성'을 유지하려는 아이디어는 보안 산업에서 직접 적용된다. 이들은 일반적으로 모든 보안 전문가가 자신의 경력을 시작할 때 배우는 운영 성공의 초석으로 간주된다.

이러한 측면은 보안 원칙을 준수함을 입증하는 행동 강령 및 인증 메커니즘에 의해 수행될 수 있는 역할에 대해 논의하는 제32조 (3)항에서 더욱 강화된다.

　물론 모든 조직이 본격적인 보안 통제 구현을 할 수 있는 것은 아니다. 불행히도 GDPR에는 여전히 많은 모호성이 남아있다. 통제를 구현하는 데 엄청난 비용이 든다면, 데이터와 그 민감성에 대한 위협에도 불구하고 구현할 필요가 없다는 것을 의미할 수 있다. 물론 이 구조는 모호성을 '과도함'의 의미로 옮기는 효과만 있다. 통제는 통제 비용 및 개선 활동을 위한 경영 결정을 정하고 문서화하는 프로세스를 운영하게 한다. 이 접근법은, 좋은 경영 의사결정을, 정보가 부족한 규제 기관이나 법원의 다른 결정으로 대체하는 것이 법의 역할이 되어서는 안 된다는 것이다.

　물론, 비용만으로 특정 통제를 배제하는 컨트롤러 또는 프로세서는, 전문가의 의견 및/또는 통제에 대한 재정적 투자를 할 수 있는 자체 능력과의 의견 일치가 되지 않는 상황에서 보안을 부인하는 경우, 법률 집행시 그다지 우호적으로 처리되지 않을 가능성이 높다.

제32조 (4)항 - 기밀성, 직원 및 기타 근로자

　제32조 (4)항은 컨트롤러나 프로세서의 권한하에 행동하는 근로자와 다른 근로자의 활동과 관련이 있다. 제32조 (4)항의 요구 사항의 요지는 전통적으로 GDPR(Directive 16조 참조)에서 기밀성 문제로 간주되었다. 다만, 제32조 자체는 이 구별을 하지 않고, '무결성 및 기밀성'으로 요약된 제5조 (1)항 (f) 및 프로세서에서 일하는 근로자는 기밀 유지 의무에 따라 일해야 한다는 제28조 (3)항 (b)에 따르면, 실제로, 현재까지 적용된 논리적 추론은 GDPR이 시행될 때까지 계속 적용될 것이다.

　따라서 컨트롤러 및 프로세서를 위한 그들의 업무를 통해 개인 데이터에 액세스할 수 있는 모든 사람들은 신뢰의 의무를 지우는 것과 같은 환경에서 작업하고 있는 것으로 보인다. 제32조 (4)항의 본질은 이 사람들이 그 지침들의 범위 내에서 행동해야 한다는 것이다. 그들은 컨트롤러의 입장을 뒤집어서는 안 된다.

따라서 예를 들어, 제3자에게 무단으로 공개하거나 승인되지 않은 사본을 만들어, 개인 데이터를 자신의 이익 또는 다른 사람의 이익을 위해 오남용해서는 안 된다.

보안 측면에서 직원 및 다른 근로자에 내재하는 위험을 종종 '내부자 위협'이라고 한다. 컨트롤러와 프로세서는 모두, 개인 데이터를 처리하는 직원에게 경고를 하고 역할에 따라 정기적인 교육을 제공하며 정책 위반의 결과를 명확히 알리는 강력한 내부 정책이 있어야 한다.

제28조 - 컨트롤러와 프로세서 간의 관계

제28조는 컨트롤러-프로세서 관계 및 공급망에 대한 특정 규정을 포함한다. 이는 보안뿐만 아니라 컨트롤러와 프로세서 및 모든 데이터 보호 원칙 간의 관계 전반에 관한 것이다. 제28조 (1)항의 의도는 보안 원칙과 보안 요구 사항을 프로세서의 조직과 공급 체인을 통해 하위 프로세서에 전달하는 것이다.

이를 위해 제28조는 GDPR의 준수 및 데이터 주체들의 권리 보호를 위한 적절한 기술적 및 조직적 조치의 이행에 대해 '충분한 보증'을 제공할 수 있는 프로세서만 컨트롤러가 사용하게 하는 규제 장치를 두고 있다.

'충분한 보장'에 대한 이 아이디어는 계약의 체결보다 훨씬 포괄적이지만, 계약을 이용하는 것은 핵심적인 통제 메커니즘이다. 대신, 정말로 초점을 두고 있는 것은 프로세서의 능력을 증명하는 것이다. 논리적으로 맞고 또 실제로 효과적이기 위해서는 '충분한 보장'에 대한 아이디어는 보증의 메커니즘을 포함해야 한다. 이런 식으로 살펴보면, 계약 체결 전과 후에 타사 평가 또는 인증 유효성 확인을 통해 그 공급 업체가 프로세서를 적절히 점검하고 검사해야 한다.

보증에 필요한 단계의 성격은 물론 앞에서 설명한 이유 때문에 전문가 의견의 합의를 반영해야 한다. 적절한 경우, 보증 절차에는 제28조 (3)항 (h)에 명시되어 있는 감사 절차가 포함되어야 한다. 컨트롤러가 프로세서의 능력을 증명할 수 없다면 이용하지 않아야 한다. 그렇지 않으면 제28조에 대해 자동 위반이 될 것이다. 이 모든 것은 상업적 맥락에서 작동해야 한다.

컨트롤러-프로세서 관계의 정의 특징은 프로세서가 컨트롤러의 명령에만 행동할 수 있고, 제28조 (10)항에서 볼 수 있듯이 프로세서가 지침의 범위를 벗어나면, 모든 수반되는 의무와 함께 컨트롤러로 정의되는 위험에 처한다. 이것 중 어느 것도, 이전 Directive부터 GDPR에 이르는 유럽 데이터 보호 관련 법에 새로운 것이 아니다. 그러나 GDPR에 들어간 새로운 점은 컨트롤러가 개인 데이터 유출 알림 요구 사항을 처리하도록 지원하는 것을 포함하여(제28조 (3)항 (f)), 법 준수를 달성하고 위험을 감소시키는 데 있어 컨트롤러에 도움을 제공해야 한다는 것이다. 보다 실질적인 적용을 하자면, 효과적인 사고 감지 및 대응을 위해 컨트롤러와 프로세서 간에 긴밀한 업무 운영이 있어야 한다는 것은 명백하다.

논쟁의 여지는 있지만, 제28조는 시장에서 컨트롤러와 프로세서 사이에 불균형이 있는 경우, 특히 컨트롤러의 지시는 많은 도전을 받는다. 프로세서가 기술 분야의 거물(예를 들어, AWS나 MS Azure 등)인 경우 GDPR이 제28조 (10)항에 따라 통제권을 촉발시키는 방식으로 보다 강력한 지위를 사용할 위험이 있다. 그러므로 프로세서 업계에서는 계약 체결 및 조달 시에 유연하게 대처할 수 있는 이점이 있다.

🔒 개인 데이터 유출 사건의 통보 및 전달

제33조와 제34조는 개인 데이터 침해를 데이터 보호 당국(DPA)에 통보하고 경우에 따라 영향을 받은 사람들과 의사소통하기 위해 컨트롤러에게 요구 사항을 부과한다. 위반 통지는 실제로 운영 실패에 대한 투명성 메커니즘이다. 데이터 처리 실패로 영향을 받는 사람들이 자신의 이익을 보호하기 위한 조치를 취할 수 있다는 의미에서, 투명성의 이점에는 손실 및 손해의 완화가 포함된다. 또한 실패 발생 시의 투명성은 미래의 사건 및 그 영향의 위험을 최소화하기 위한 적절한 대응책을 개발하도록 하고, 컨트롤러, 규제 기관 및 사회가 실패의 원인을 이해하도록 돕는다. 또한 통지는 감독자가 감독 기능을 수행하는 데 필요한 정보를 제공한다.

운영 통제 실패 시 규제 기관 및 대중의 주목은, 규제 집행 절차 및 보상 청구와 같은 불리한 조사를 접하게 만든다. 영국에서는 정보 감독관과 공공 부문의 규제 정책에 위반한 사실을 공개하라는 요구사항이 있는 경우, 사건 보고를 통해 수백 건의 독립체에 대한 집행 조치가 직접 취해졌다. 그러나, 많은 경우, 위반이 조사되었으나 보고한 조직이 적절한 보안을 유지하는 것으로 밝혀졌고, 더 이상의 조치가 취해지지 않았다.

GDPR은 유럽 데이터 보호 법안에 포함된 위반 공개 규칙의 첫 번째 경우는 아니지만, 대규모로 수행된 것은 처음이다. 2009년에 시민 권리 지침(Citizens Rights Directive)은 공개적으로 사용 가능한 전자 통신 서비스 제공 업체에 대한 위반 공개 제도를 마련하기 위해 ePrivacy Directive 2002를 개정했다.

'개인 데이터 유출'의 의미

제4조 (12)항은 '개인 데이터 유출'의 정의를 '전송, 저장 또는 기타 처리된 개인 데이터의 우발적 또는 불법적 파괴, 손실, 변경, 무단 공개 또는 접근으로 이어지는 보안 위반'으로 정의한다.

이 표현은 제5조 (1)항 (f)의 보안 원칙(또는 '무결성 및 기밀성' 원칙)의 표현과 비교될 수 있다. 두 아이디어는 완벽하게 매핑되지는 않는다. 예를 들어, 제5조 (1)항 (f)는 변경을 언급하지 않는다. 이 조항들의 표현의 차이는 후속 집행 활동에서 드러날 수 있는 내용이다.

또한 제4조 (12) 항의 표현은 개인 데이터 침해가 설명된 부정적인 결과 중 실제로 하나가 되는 실질적인 보안 침해로 구성되어야 한다는 것을 의미한다. 즉, 보안 침해의 위험은 정의되지 않았으며, 이는 위험을 방지하고자 하는 보안 원칙 자체와 대비될 수 있다.

제33조 - 규제 기관에 통지

제33조는 데이터 보호 감독 기관에 대한 개인 데이터 유출 통지와, 침해 및 보완 조치 유지에 대한 기록 유지 요구 사항을 규정한다. 통지 요구 사항에 대한 시작점은 개인 데이터 유출 사건의 탐지이다. 즉, 컨트롤러가 위반 사실을 알게 되면 규제 기관에 통지해야 할 의무가 생기는 것이다. 컨트롤러가 위반을 인식하지 못하면 알림 요구 사항을 시작할 수 없다. 이러한 문자적 해석은 왜곡된 결과를 초래할 수 있다. 즉, 일부 관리자는 침해 공개를 피하기 위해 침해를 탐지하기 위한 조치를 취하지 않도록 해야 한다는 결론을 내릴 수도 있을 것이다.

그러한 생각은 어리석은 것이 될 것이다. 순전히 운영상의 의미에서, 모든 조직에서 침해 탐지 방법이 필요하다. 법적으로는 컨트롤러는 침해 탐지 수단을 강구해야 한다는 제5조 (1)항 (f)의 보안 원칙(그리고 침해 공개 규칙 자체)에 대한 암시적이며 기본적인 요구를 받는다. 이것이 맞다면, 그러한 조치를 취하지 않으면 보안 원칙을 위반하게 되어 컨트롤러가 법적 위험에 노출될 수 있다.

의심스러운 위반이 감지되면, 컨트롤러는 개인 데이터 침해의 정의를 충족하는지 여부를 결정해야 하며, 만약 그렇다면 개인의 권리와 자유에 위험을 초래할 수 있는 종류인지 여부를 결정해야 한다. 컨트롤러는 72시간 이내에 부당한 지체 없이 통지해야 하기 때문에 매우 신속하게 처리해야 한다. 이러한 짧은 시간 내에 탐지, 분류 및 통보가 이루어지기 위해서는 컨트롤러가 사고 대응 전략을 분명히 수립해야 한다. 사고 대응 전략의 예로 사고 대응 계획, 사고 대응 각본, 사고 대응팀 및 보안 운영 센터(SOC, Security Operations Center)와 같은 운영 사고 탐지 팀을 두는 것이 있다.

컨트롤러는 침해가 개인의 권리와 자유에 대한 위험을 초래할 수 있는지 여부를 쉽게 놓칠 수도 있지만, 제33조에서 사용된 표현은 통보할 수 있는 기준을 매우 낮게 설정하는 것으로 보인다. 이는 위험의 개념이 심각성 기준에 영향을 받지 않은 반면, 권리와 자유의 개념은 매우 넓기 때문이다. 예를 들어, 개인 데이터를 제3자에게 불법적으로 공개하는 경우 개인 데이터 보호 권리가 침해당했기 때문에 권리와 자유에 위험을 초래할 수 있다는 점에 대해서는 의문의 여지가 없다. 대부분의 상황에서 개인 데이터 유출이 발생했다는 사실은 권리와 자유에 대한 위험이 있는지 여부를 결정하는 요인이 된다.

위반 공개의 메커니즘과 관련하여 제33조 (3)항은 핵심 매개 변수를 설정하고 제33조 (4)항은 컨트롤러가 통지 시점에서 필요한 모든 정보를 제공할 수 없는 경우의 입장을 제시한다. DPA는 위반 내용 공개가 실제로 어떻게 운영되어야 하는지에 대한 세부 지침을 발표할 것으로 기대되며, 이는 형식 및 내용 문제를 다루기 위한 것이다.

제33조 (5)항에는 위반 기록 보관에 관한 매우 흥미로운 규정이 포함되어 있다. 개인 데이터 유출이 발생할 때마다, 컨트롤러는 기록에 기입할 것으로 기대되며, 이는 본질적으로 규제 기관에 대한 통보와 동등한 행위이다. 이 기록은 나중에 중지할 대상이 아니므로, 이론적으로는 영구 보관해야 한다. 의무를 지키는 기록의 유용성 중 일부는 침해 대응 및 침해 유출에 관한 컨트롤러의 결정에 대해, 규제 당국이 검토할 수 있게 한다는 것이다. 그러므로 컨트롤러는 공개 요구 사항에 포함되는 모든 기록들은 물론, 공개 요구 사항에 포함되지 않는 것으로 판단되는 모든 개인 데이터 유출에 대한 모든 기록도 유지해야 한다. 보안 위반이 의심되는 컨트롤러에 대한 규제 당국의 조사를 받을 때 이러한 기록의 공개를 규제 당국이 요구할 것을 예상할 수 있다.

마지막으로 제33조 (2)항은 프로세서의 입장을 제공한다. 프로세서는 과도한 지연 없이 개인 데이터 유출을 컨트롤러에게 알려야 한다. 여기에는 사고 탐지 수단에 대한 동일한 묵시적 의무가 포함되어야 한다.(제28조 (3)항 (f) 참조)

제34조 - 위반 사항을 데이터 주체에 전달

제34조는 개인 데이터의 침해가 개인의 권리와 자유에 큰 위험을 초래할 가능성이 있는 경우 컨트롤러가 데이터 주체에게 이를 알릴 것을 요구한다. 따라서 제34조에는 제33조와 구분되는 심각성 임계값이 있다. 예를 들어, 제3자에 대한 이름 및 개인 사업장 전자 메일 주소의 침해는 위험을 야기하고 DPA에 고지를 유발할 수 있지만, 많은 사람들이 공개적으로 자신의 비즈니스 이메일 계정을 공유하기 때문에, 높은 위험은 없다.

제33조 (3)항은 이 규칙의 예외 사항을 규정하고 있다. 첫 번째 예외는, 예를 들어, 암호화를 사용하여 개인 데이터를 이해할 수 없게 만드는 조치가

취해진 경우이다. 보안 제어를 적용하면 통보 의무로부터 컨트롤러가 해제되므로 이를 '암호화 피난항'이라고도 한다. 다시 말해서 암호화 기술의 사용은 규제 완화 효과가 있다. 두 번째 예외는 컨트롤러가 높은 위험 요소가 발생하지 않도록 조치를 취한 경우 작동한다. 이는 양질의 사고 대응 전략의 또 다른 근거이다. 위반에 신속하게 대응하고 완화하기 위한 계획이 있는 경우, 위반 후 데이터 주체에게 알릴 필요가 거의 없다.

세 번째 예외는 위반 공개가 불균형한 노력을 수반하는 경우이며, 컨트롤러가 위반으로 인해 영향을 받는 모든 개인을 식별할 수 없는 경우에 발생할 가능성이 가장 높다. 그러한 경우에는 보도자료나 웹 사이트의 성명을 통해 공개적으로 발표해야 한다.

제34조 (4)항에 따라, 규제 기관은 컨트롤러에게 이러한 커뮤니케이션에 관여하도록 명령할 수 있다. 그러한 명령에 대한 가장 확실한 경로는 제33조에 의거하여 규제 당국에 위반 공개를 제공하는 것이다. 물론 규제 당국은 중대한 사건에 대한 심리를 듣고 제34조 권한을 행사할 가능성이 크다. 그들은 또한 제33조 (5)항에 따라 유지되는 개인 데이터 유출 기록의 일부가 비밀로 잘못 유지되었다는 것을 발견한다면, 이를 고려한 뒤 커뮤니케이션을 하도록 명령할 가능성이 있다.

그렇다면 개인의 권리와 자유에 대한 높은 위험은 무엇인지에 대한 고민이 필요할 수 있다. 우리는 규제 지침 및 시행 활동에서 도움을 받을 수도 있지만, Recital에서도 도움을 얻을 수 있다. Recital 75는 잠재적인 '물리적, 물질적 또는 비물질적 피해'에 대한 사례를 제시하며, Recital 76은 리스크 평가의 필요성을 확인하고, 그에 따라 '처리의 성격, 범위, 맥락 및 목적'을 참조하여 객관적으로 리스크가 평가되도록 한다.

총체적 맥락에서, '높은 위험'이 되는지 여부는, 많은 수의 데이터 주체에 대한 영향 또는 특정 개인에 대한 특히 많은 양의 피해, 이 2가지 맥락에서 결정될 수 있다.

🔒 보안 이행

이미 GDPR 프로그램을 진행 중인 조직은 대규모 사업 전환이 성공하기 위해 뒷받침 되어야 하는 프로그램 설계 원칙을 잘 알고 있을 것이다. 성공적인 프로그램은 이사회가 승인한 비전에 의해 통합되고 이끌어지며, 이는 조직의 이사진이 전략 및 필요한 조직 구조를 통해 비즈니스 운영에 통합하여 기술적 및 조직적 통제가 적용되도록 보장한다. 이러한 구조에는 프로그램 설계 및 관리, 거버넌스 구조, 정책 프레임워크, 기술 제어, 프레임워크 등이 포함된다. 프로그램 조정 기능의 구성원은 핵심 경영진과 비즈니스의 주요 기능 영역에서 끌어와 종합적 접근을 보장하기 위해 함께 노력할 것이다.

조직이 이러한 방식으로 운영되면 보안 전문가와 데이터 보호 및 법률 전문가를 연결하게 된다. 이를 통해 보안 원칙 및 위반 공개 요구 사항을 충족시키기 위해 마련해야 하는 기술적 및 조직적 조치의 성격에 대해 정보에 입각한 균형 잡힌 시각을 확보할 수 있다. 보안 전문가는 운영 보안을 제공하기 위해 수행해야 할 작업에 대한 전문적인 견해와 권장 사항을 제시하는데, 이는 조직이 책임성과 privacy by design 목적으로 마련한 위험 평가 프로세스의 일부를 구성한다.

강력한 보안 프로그램은 데이터 보호 규정 준수에 대한 고려 사항일 뿐만 아니라 재무, 운영, 평판 및 법적 이익을 보호하기 위한 표준 조직 관리 프로세스의 일부여야 한다. 따라서 데이터 보호 전문가가 조직 내의 보안 전문가와 적절하게 연결되어 있는지 확인해야 한다.

넓은 의미에서 보안 전문가는 조직이 직면한 위험, 물리적 및 기술적 환경, 직원 및 데이터와 관련하여 보안을 관리하는 데 사용되는 위협 환경, 전반적인 보안 성숙도 및 제어를 비롯한 상황 인식에 대해 조직에 조언한다. 이를 통해 효과적인 대화를 통해 조직의 잠재적인 보안 노출을 이해할 수 있으며, 이는 개인정보 보호와 관련하여 능력, 자원 및 우선순위를 고려한 결정을 가능하게 한다. 사고 준비 및 사고 대응을 가능하게 하기 위해 조직의 역량과 필요한 시나리오 계획에 대한 독립적인 검토 및 테스트가 있어야 한다.

아래의 논의는 컨트롤러와 프로세서가 보안 원칙을 준수하고 위험을 줄이기 위한 대책을 설명한다.

위협 요소, 실패 원인 및 위험 평가

이미 시석했듯이, 보안 실패의 원인은 의도하지 않은 사고에서 고의적 행동에 이르기까지 여러 가지이지만, 컨트롤러와 프로세서는 실패에 대한 대응을 설계할 때 다음 요소를 다루어야 한다.

- 위협 및 취약성 평가 및 보안 성숙도 평가 수행
- 보안 관리
- 인적 요인
- 물리적 환경
- 사이버 및 기술 환경
- 정책, 통제 및 비즈니스 프로세스 프레임워크
- 사고 감지 및 대응

물론 조직이 포괄적인 위험 평가를 수행할 수 있으려면 전체 정보 수명 주기를 식별하고 이해해야 한다(제30조 참조). 컨트롤러는 데이터가 최종적으로 삭제되거나 파괴될 때, 데이터 캡처 및 데이터 입력의 모든 지점을 정확히 나타낼 수 있도록 데이터 매핑 및 조사를 수행해야 하며 중복이 되는 순간까지, 조직의 데이터 흐름을 그릴 수 있어야 한다.

그러나 이는 세분화된 의미에서든 훨씬 더 높은 수준에서든, 자신의 모든 데이터를 식별하는 데 어려움을 겪고 있는 많은 조직에게 상당한 과제를 안겨준다. 실제로 전체 데이터 분류 작업조차도 대부분(특히 데이터의 민감도와 같이) 간과되어 왔고, '개인적'인지 여부조차도 맥락 및 관련이 있는 다른 데이터에 의존할 수 있다.

이 문제는 클라우드 컴퓨팅의 성장과 BYOD 전략으로 인해 복잡해지며, 조직에서 의미 있게 데이터를 쉽게 제어할 수 없게 된다. 또한 아웃소싱의 성장으로 전문 데이터 프로세서의 기술과 전문 지식이 집중되어 많은 조직의 내부 전문 기술이 해마다 침식되었다. 따라서, 매우 큰 비율로 조직들은 제32~34조, 제25조, 제30조 및 제35조 등의 규정 준수 의무를 모두 충족시키기에 불충분하다.

적절한 이해 지원

그렇다면 데이터 보호 전문가는 조직의 입장에서 가능한 최고의 상황이 되기 위해 무엇을 할 수 있을지 궁금할 수 있다. '적절한 기술적 및 조직적 조치'의 의미를 이해하기 위해 그들이 무엇을 참조해야 하는지 의문이 생길 수 있다. 보안 위협 및 위험의 성격과 대응 전략의 성격에 대해 내부 보안 전문가와 상의하는 것뿐만 아니라, 즉시 이용할 수 있는 다음의 주요 부분을 검토하면 도움이 될 것이다.

- EU 사이버 보안 지침(Cybersecurity Directive), 개인 데이터 보호 지침 (ePrivacy Directive), 사이버 범죄 지침(Cybercrime Directive) 및 지급결

제 서비스 지침2(PSD2, the Payment Services Directive 2)와 같은 보안 조항을 포함하는 입법 체계의 관련 부분들

- 제29조 작업반(WP29), 유럽 데이터 보호 감독관(EDPS, European Data Protection Supervisor) 및 the European Union Agency for Network and Information Security와 같은 기관의 성과
- 영국의 국립 사이버 보안 센터(National Cyber Security Center)와 같은 우수 보안 센터의 산출물
- 국가 사이버 보안 계획과 같은 정부 정책 프레임워크
- 국가 데이터 보호 규제 기관 및 부문 규제 기관이 발표한 규제 정책 진술 및 기타 지침
- 국가 데이터 보호 규제 기관 및 관련 규제 당국이 취한 규제 집행 조치 결정
- 관련 분야의 법원 및 재판소 결정
- ISO 27000 시리즈, 지불카드산업 데이터보안표준(PCIDSS, Payment Card Industry Data Security Standard), CBEST(Controlled, BEspoke, intelligence-led cyber Security Tests) 및 미국 국립표준기술연구소(NIST, National Institute of Standards and Technology) 프레임워크와 같은 모범 사례에 대한 국내 및 국제 표준
- IT 보안 회사 및 보안 컨설턴트가 발행한 위협 평가 보고서 및 백서
- 관련 전문 협회 및 동호회의 성과. 클라우드 보안 연합(Cloud Security Alliance) 및 정보 보안 포럼(Information Security Forum)

이 목록만으로는 완벽하지는 않겠지만 적절한 수준의 보안을 결정할 때 사용 가능한 첫 리소스로서는 부족하지는 않을 것이다.

효과적인 관리

보안을 위한 적절한 조직적 조치에 대한 요구 사항은 적절한 관리 구조를 필요로 한다. 마찬가지로, 이는 운영 보안에 대한 전문적 의견의 합의안에서 가장 중요한 핵심으로 인식된다. 핵심 주장은 경영진이 관여되지 않은 조직은 피할 수 있는 결함이 발생하고 실패 위험이 증가한다는 것이다.

참여한 경영진을 보면 속성이 드러난다. 예를 들어, 보안은 이사회 차원의 문제로 취급된다. 이사회는 위험 인식 및 개인 데이터 존중의 문화를 육성한다. 보안, 법률, 준법, 인사, 재무, 감사, 회사 사무국 등과 같은 고위 경영진으로 구성된 위험 관리를 위한 '종합 팀'이 구성될 것이다. 충분한 자원이 할당될 것이고, 조직은 정책 및 기타 관련 사건으로부터 벗어날 것이다. 물론 경영팀은 시뮬레이션 및 역할극과 같은 기획 연습에 참여해야 한다.

이 문제를 보는 또 다른 방법은 심각한 보안 침해의 결과를 고려하는 것이다. 이러한 사건은 언론, 규제 당국, 계약 파트너, 소송 대리인, 고객 등으로부터 불리한 제3자 조사를 유도하게 될 수 있다. 데이터 보호 전문가가 집중해야 할 질문은 기업의 진정한 책임자는 보안에 대한 경영진의 의지와 조직의 보안 조치에 대한 이해에 대해 명확하고 진실하게 말할 수 있는지이다.

이것을 더 깊이 파고들면, 관여한 경영진은 누가 무엇을, 언제, 왜 책임져야 하는지 알 수 있다. 그리고 경영진은 명확한 경영 구조를 만들어 낼 것이다.

조직 내 문화와 '내부자 위협'으로서의 근로자

전체 매니지먼트 바이인(회사 외의 경영자 팀에 의한 기업매수) 조직은 리스크 인식 및 개인 데이터를 존중하는 문화로 전체 조직을 만들어 갈

것이다. 적절한 조직적 조치는 올바른 문화와 행동을 퍼뜨리고 시행하도록
요구한다. 올바른 문화를 성취하는 데 핵심적인 것은, 유능하고 신뢰할
수 있으며 믿을 수 있는 근로자를 선택하는 것이다. 보안을 위한 훌륭한
문화의 주요 구성 요소에는 다음과 같은 것이 있다.

- 사람들의 위험에 대한 이해: 직원의 경우, 올바른 문화를 향한 여정은
  직원이 모집되기 훨씬 전에 시작된다. 이 프로세스의 시작은 직무 내에서
  의 보안 위험과 그 대응 방법을 식별하는 것이다. IT 부서 역할 내의
  위험은 매장에서 고객을 대면하면서 나타나는 위험과 다르다. 탁상 작업은
  외근 직원이나 재택근무자와 다른 위험이 있다. 이 단계의 위험 평가
  프로세스는 위험을 완화할 수 있게 해준다.
- 모집 프로세스: 모집 프로세스는 해당 직무에 적합한 사람을 얻도록 설계하
  는 것이다. 후보자에 대한 정보를 수집하고 처리하는 방법은 조직이 보안
  및 기밀성에 부여하는 가치를 말한다. 이 가치는 취업 광고의 내용 및
  게재, 인터뷰 및 평가 프로세스, 참조 및 사전 고용 심사 또는 배경 조사에
  반영된다. 일부 조직은 관련 법률에 부합하는 배경 조사를 수행할 수
  있다.
- 제안서 및 고용계약: 채용 절차의 이 단계는 조직의 문화를 포함할 수
  있는 최종 사전 참여 기회를 제공한다. 이것은 매우 중요한 문서이며
  조직이 기대하는 것과 그 기대치를 달성하는 방법을 설명하는 올바른
  문구를 포함해야 한다.
- 제안 승낙: 제안 승낙과 고용 개시 사이에 지연이 있다고 가정하면, 조직은
  신규 채용을 정책 프레임워크에 소개할 수 있는 좋은 기회가 된다. 적절한
  경우, 핵심 정책 문서를 제공하고, 채용 담당자는 해당 직원이 이해했는지
  확인하도록 요청해야 한다.
- 입회식의 날: 많은 조직에는 신입 사원에게 사업 측면을 익히도록 고안된

신입 사원 입회 프로그램이 있다. 유도 프로세스는 역할별 데이터 보호 의무에 대한 교육을 제공하는 것과 같이 기밀 유지 및 보안을 위한 조직의 프레임워크를 익히도록 한다.

• 지속적인 역할 기반 교육: 정책 교육은 입회식 날로 끝나지 않는다. 조직은 직원이 정책, 보안 위협 및 이를 완화하는 역할을 유지할 수 있도록, 지속적으로 역할에 따른 교육을 제공해야 한다.

또한 조직의 문화를 심각한 방식으로 거부하는 근로자에 대한 해고를 포함할 수 있는 징계 조치를 포함하여 실패를 처리할 적절한 프로세스가 있어야 한다.

이 마지막 사항은 해고, 은퇴, 정리 해고 또는 다른 사유든, 취업 주기의 마지막 단계에서 문화적 문제를 고려해야 할 필요성을 말하는 것이다. 고용이 끝나면 물리적 자산을 반환해야 한다(예: 랩톱, 전화 및 서류 파일). 근로자의 개인 장비에서 조직 데이터, 액세스 권한 및 종료되어야 하는 특권을 삭제해야 하며, 적절한 경우, 보안성과 기밀성을 보장하기 위해서, 종료 후에도 제한이 충분히 지속되어야 할 필요가 있다. 이러한 문제가 고용관계 초기에 이해되고 근로자가 정책 및 관련 교육을 통해 고용 전반에 걸쳐 정기적인 알림을 받으면 좋을 것이다.

정책 프레임워크, 통제 및 프로세스 - 보안 서류 작업

보안 서류의 중요성은 아무리 강조해도 지나치지 않다. 데이터 보호 전문가는 부적절하거나 존재하지 않는 정책, 통제 및 프로세스 프레임워크가 규제 기관에 제출된다는 점을 고려해야 한다. 이는 물론, 조사의 집행 과정에서 감독자가 고려해야 할 사항 중 하나가 서류 작업의 적절성이기 때문이다. 데이터 보호 전문가는 또한 소송의 역학을 고려해야 한다. 대부분의 관할 지역에서는 문서화에 초점을 맞춘 소송에서 공개 또는 발견 프로세스가 진행된다. 따라서 공개 프로세스가 부적절한 서류 작업(정책 및 기록 보관)을 드러내는 경우, 이는 또한 나쁜 인상을 줄 수 있다. 다음으로, 데이터 보호 전문가는 비즈니스 간의 계약 프로세스를 고려해야 한다. 계약상의 주의 의무로 보안 서류를 작성하도록 요구되는 것은 흔한 일이다.

부적절한 서류 작업으로 인해 컨트롤러의 이익에 직접적인 손해가 발생할 수 있다는 것은 보안 위반 및 데이터 손실에 대한 규제 당국의 조사 및 절차의 맥락 내에 있다. 이러한 부적절함은 규제 기관이 규정을 준수하지 않는 것으로 판단할 수 있는 충분한 근거를 제공할 수 있기 때문이다. 고려할 가치가 있는 많은 역학 관계들이 있다.

데이터 보호법의 집행과 감독이 예상에 따라 운영될 수 있다는 것은 매우 중요하다. 규제 당국은 장래에 법이 위반될 위험이 있는 경우, 이에 대한 조치를 취할 수 있다. 조직이 서류 작업을 제대로 수행할 수 없다면, 개인 데이터를 운영상의 보안으로 유지하는 것이 신뢰받기 어려울 것이다. 사실, 모범 사례, 감사 모델 및 이 분야의 전문 의견의 일치를 강조하는 이론과 철학에 의해 규제 당국이 지지받을 것이다. 이는 운영 보안을 달성하기 위한 첫 번째 단계 중 하나가 견실한 서류 작성이라는 것이다. 문서 업무가 교육, 모니터링 및 기타 도구 사용도 포함하면, 법률 준수가 업무에서 일상 운영으로 이어진다.

최근에는 정책에 기반한 규제에 대한 선호가 나타났다. 규제 기관에는 2가지 옵션이 있다. 하나는 조직의 서류 작업을 검토하는 것이고, 또 다른 하나는 조직의 운영을 검토하는 것이다. 운영-기반 규제의 문제는 조직의 일상적인 활동에 있어 훨씬 더 파괴적일 뿐만 아니라, 정책-기반의 규제보다 훨씬 더 많은 시간과 비용이 소요된다는 것이다. 기본적으로, 운영-기반 규제의 모델은 규제 당국이 결과의 확실성 없이 해당 직원을 컨트롤러 조직 내에 투입해야 한다. 정책-기반 규제는 완전히 다른 역학 관계를 가지고 있다. 운영-기반 규정보다 저렴하고 빠르고 효율적이다. 서류 작업의 적절성은 대부분 체크 박스를 채우는 것이기 때문에, 그것은 더 확실한 결과가 나올 확률로 규제 기관의 책상에서 수행될 수 있다.

따라서 GDPR이 법적 및 규제적 의제에 가장 먼저 서류 작업을 언급하게 된 것은 놀랄 일이 아니다. 설계에 의한 데이터 보호, 데이터 보호 영향 평가 및 책임성 원칙과 같은 개념은, 적절한 경우, 기록 작성 및 배포를 전제로 한다.

강력한 기록 관리 방법을 만드는 것은 시간이 소모되는 작업이 될 수 있다. 그러나 조직이 이 분야의 이론과 철학에서 두드러진 개념인 '계층화'된 접근법을 서류 작성에 채택할 것이라고 본다. 계층적 접근 방식에서는 최상위 계층에 컨트롤러의 정책문을 포함하는 상위 수준의 문서가 있다. 다음 계층은 정책문을 구현하기 위해 구현되는 제어를 설정하는 보다 상세한 문서이다. 세 번째 계층은 가장 자세하고 운영 과정과 절차를 포함하고 있으며 정책문이 실제로 어떻게 이루어질 것인지를 설명한다.

다음 표에는 정책문이 어떻게 제어와 운영 프로세스에 반영되는지의 예와, 보안 데이터 전송을 달성하는 데 도움이 되는 절차가 나와 있다.

기술 스택

물론 데이터 보호법의 주요 초점이 전자적 정보이기 때문에 조직은 기술 스택이 이러한 목적을 위해 강력하고 적합하도록 보장해야 한다. 암호화 외에도 안티 바이러스, 스팸 차단, 방화벽, ID 및 액세스 관리, 사고 탐지, 데이터 손실 방지, 이중 인증 및 IP 로그 관리와 같은 사실상 필수적인 보안 강화 기술이 많이 있다.

보안 정책 프레임워크 내 계층화된 접근 방식의 예		
상위 계층	**정책문** 이 계층에는 높은 수준의 원리 설명이 포함되어 있다. 기밀 유지 및 보안에 대한 컨트롤러의 입장. 이는 경영 구조, 근로자와 계약자의 참여, IT 및 통신 시스템의 사용, 물리적 환경 등과 같은 주요 이슈를 다룰 것이다.	**안전한 데이터 전송** 1. 이 회사는 운송중인 개인 데이터의 보안을 보장한다.
중간 계층 (상세 내용)	**통제 수단** 컨트롤은 정책문을 확장하여 컨트롤러가 정책을 달성하는 방법을 보여준다. 개별 정책문에는 여러 가지 제어 기능이 있다.	**안전한 데이터 전송 — 암호화** 1. 모든 랩톱 컴퓨터는 전체 하드 드라이브 암호화로 보호된다. 2. 모든 USB 메모리 스틱은 암호화로 보호된다. 3. 회사 컴퓨터만 회사 업무용으로 사용할 수 있다.
하위 계층 (세부 정보)	**운영 절차** 운영 절차는 통제를 운영에 전달하기 위해 따라야 할 실제 단계와 프로세스를 보여준다. 개별 통제에는 여러 가지 다른 운영 절차가 있을 수 있다.	**안전한 데이터 전송 — 랩톱의 암호화** 1. 암호화된 랩톱 컴퓨터가 사업장 내에서 사용되도록 하려면 다음 절차가 적용된다. 2. IT 부서만 새로운 노트북을 주문할 수 있다. 모든 주문은 IT 책임자의 승인을 받아야 한다. 3. 새 랩톱이 제공되면 IT 부서에서 컴퓨터 번호를 기록하고 자산 등록부에 입력한다. 4. 랩톱 등록 후 IT 부서에서 암호화 소프트웨어를 설치하고 완전히 테스트한다. 5. 테스트 후 랩톱이 암호화된 날짜가 소프트웨어를 설치한 IT 부서 구성원의 이름과 함께 등록부에 입력된다. 6. IT 책임자는 노트북을 직원에게 배포할 권한이 있다. 노트북이 출시된 날짜와 직원의 이름을 등록부에 입력해야 한다. 7. 노트북 컴퓨터는 6개월 간격으로 IT 부서에서 암호화 소프트웨어가 정상적으로 작동하는지 확인해야 한다. 테스트 날짜와 테스트를 담당하는 IT 부서 구성원의 이름을 등록부에 입력해야 한다.

보안 기술의 주요 초점은 전자 통신 필터링과 IT 및 통신 시스템 사용 모니터링이다. 직장에서 이러한 기술을 사용하는 것은 종종 복잡한 사생활 및 고용법 문제를 포함한다(이후 장 참조). 독일과 같은 일부 관할 구역에서는 그러한 기술이 배치되기 전에 노동협의회에 참여할 법적 요건이 있다. 직장 모니터링과 관련된 개인정보 보호 법률 문제에 대한 개요는 Halford 대 United Kingdom 및 Copland 대 United Kingdom과 같은 판례를 참고하면 좋다.

물론 사이버 공격 및 오용을 견딜 수 있는 기술 스택의 능력을 완전히 테스트해야 한다. 소위 '윤리적인 해커'에 의한 침투 테스트는 주요 조직에 의해 정기적으로 수행되며, 영국정보위원회(ICO)는 최근의 시행 조치에서 펜 테스트의 부족을 구체적으로 언급했다. 코딩 보안 테스트는 또 다른 측면이다.

물리적 환경

실제 환경의 보안은 실무자가 고려해야 할 또 다른 중요한 요소이다. 정교한 진입 통제 시스템, CCTV(폐쇄회로 TV), 잠금 및 키 및 클린 데스크 정책은 비즈니스 연속성 및 재해 복구와 같이 그림의 큰 부분이며 다른 모니터링 제어와 동일한 제한 사항이 적용된다.

프로세서, 공급자 및 납품업자 위험 관리

적어도 이론적으로는, 데이터 프로세서의 참여에 대한 GDPR의 요구 사항은 간단하다. 컨트롤러는 첫 번째, 신뢰할 수 있는 프로세서를 선택해야 하고, 두 번째, 계약 기간 동안 품질 관리 및 준수를 유지해야 하며, 마지막으로 프로세서가 적절한 보안 조치를 구현하고 유지하도록 요구하는 조항을 포함하는 계약(또는 증서와 같은 기타 법적 구속력 있는 행위)에서 관계를 정립해야 한다. 그 계약에는, 컨트롤러의 지시에만 따라 행동하고, 적절한 보안 조치를 구현하고 유지하고, 유출 시 공개를 포함하여 규정 준수에 대해 컨트롤러와 협력하며, 그리고 이러한 요구조건을 공급망을 통해 단계적으로 전파하기 위해, 적절한 보안 조치를 프로세서가 구현하고 유지하는 것을 요구하는 필요 규정이 포함된다.

법의 요구 사항을 실용적인 실천 사항으로 해석하면, 컨트롤러가 자신의 신뢰성을 증명하고 모니터링하기 위해 프로세서에 의존할 수 있는 범위 또는 컨트롤러가 계약 전후에 감사를 포함하여 제3자를 평가할 필요의 정도와 같은, 해결되지 않은 문제가 많이 발생한다.

계약 프레임워크에 도입해야 하는 계약 조항의 성격은 제28조가 제시하는 것보다 훨씬 복잡하고 어렵다. 예기치 않은 어려운 영역으로는 불평등한 협상력 또는 EU 및 비 EU 관할권 간의 양 당사자 간의 계약 협상에 관한 것이다.

특정 기술은 계약 프로세스를 복잡하게 만든다. 주어진 순간에 데이터 처리 작업의 정확한 특성을 알기가 어렵기 때문에 클라우드 컴퓨팅과 관련된 상황이 특히 까다로울 수 있다(이후 장 참조).

컨트롤러가 제28조를 준수했다고 주장하기 위해, 사전 계약상의 실사 단계에서 고려해야 할 사항 점검표를 작성하여 필요한 단계를 거쳤다는 증거를 제시할 수 있다. 예를 들어, 다음 단계가 포함될 수 있다.

- 프로세서가 데이터 보호의 핵심 요구 사항을 인식하고 있는지 확인
- 프로세서가 기밀이나 보안에 대한 최근 또는 이목을 끄는 위반을 겪고 있는지 여부
- 프로세서가 현재 데이터 보호법 위반에 대해 조사 중이거나 처리 중인지

여부를 명확히 확인
- 프로세서의 다른 고객 확인
- 프로세서가 ISO 27001, CBEST, PCI DSS 또는 정보 보안을 위한 모든 유사한 체제하에서 인가되었는지 여부를 명확히 확인
- 보안 및 데이터 보호를 위한 프로세서의 정책 프레임워크 검토
- 현장 방문 및 검사 실시
- 감사 실시
- 프로세서의 사업장 위치 확인
- 프로세서의 공급망 및 하도급 이해

확실히, 그 이상은 아웃소싱으로 인한 위협과 도전을 이해하는 위험 평가의 일부가 될 것이다(이후 장 참조).

시장에서 대안 서비스 제공 업체의 범위를 파악하는 것도 중요하다. 교섭 위치에서 불평등이 있거나 프로세서가 그 조건 이외의 운영을 거부하는 경우, 시장에서 더 좋은 대안이 없다는 증거가 있으면, 사업을 다른 곳에 배치해야 한다는 반대의 논쟁을 컨트롤러가 할 수 있도록 도움을 준다는 의미해서 컨트롤러의 의사결정에 도움을 줄 수 있다.

계약의 일부에는 지속적인 보증을 위한 적절한 프레임워크가 포함되어야 한다. 이러한 조치는 현장 감사, 검사 및 테스트의 수행에서 지속적인 준수의 정기 평가 제공에 이르기까지 다양하다.

특정 최소 보안 조치와 같이, 보다 세부적인 요구 사항을 지정하기 위해 제28조의 단순한 문구를 뛰어넘는 계약 프레임워크를 작성하는 것은 다음을 포함한다. 보안 계획을 고수할 필요성, 정기적인 시스템 테스트를 받아야 할 필요성, 위협, 취약성 및 성숙도 평가를 수행할 필요성, 처리를 위해 허가된 장소와 허용되지 않는 장소, 허용 및 비허용 하도급, 비즈니스 참여가 끝났을 때 데이터에 어떤 일이 일어날지 계획, 희생자에게 제공되는

통지 또는 서비스와 같이 위반과 관련된 기타 비용과 함께, 규제 제재 및 벌칙에 대한 면책.

🔒 사고 대응

사고 탐지 및 대응을 위한 적절한 기술적 및 조직적 조치를 취할 필요성은 보안 원칙과 침해 공개 규칙에 내포된 명백한 요구 사항이다. 아래 분석은 이 분야의 주요 산업 학습을 바탕으로 한다.

사고 대응 계획의 범위

사고 대응은 탐지에서 즉각적인 사후 탐지 활동까지, 그리고 장기간에 걸쳐서 매우 긴 연속적인 작업이다. 컨트롤러 및 프로세서는 계획에 의해 처리되는 연속적인 사고 대응을 정밀하게 정의해야 한다.

좋은 사고 대응 계획의 핵심 요구 사항

우수한 사고 대응 계획의 핵심 요구 사항은 다음과 같다.

- 경영진 리더십에 의한 공식적인 이해와 승인
- 사고에 대한 예상 측면과 대응 측면 모두와 연결된 거버넌스 모델
- 의사결정을 위한 원칙(사고 대응 팀 및 사고 대응 기능 수행과 관련된 모든 사람은 어떻게, 언제, 왜, 그리고 의사결정이 어떤 목적으로 내려졌는지를 알아야 한다.)
- 누가 참여하고 그들의 역할이 무엇인지에 대한 목록

- 미래 지향적 결과 분석
- '비정상적인' 사건에 대한 의무적 보고
- 포렌식 및 법 집행을 잠재적으로 포함하여, 탐지 시점에서 여러 전문 분야에 걸친/다중 관할 전문가 시각
- 유사 훈련과 같은 성능 연습
- 성능 측정(무엇이 어떤 성공적인 응답인지)
- 공용 메시징 및 커뮤니케이션 템플릿
- 시장에서 동종업계에 대한 벤치마킹
- 계획이 일반적인 법률 및 규제 환경을 준수하는지 확인하기 위해 업데이트 된 일정

사고 대응 기능 결정

조직에서는 사고 대응 팀이 수행할 사고 대응 기능의 특성에 대한 결정을 내려야 한다. 능력의 성취는 조직이 능력에 대한 목표(범위 문제이기도 함)를 명확히 하고 현재 능력을 측정할 것을 요구한다. 예시적인 고려 사항은 아래와 같다.

- 목표 대 능력. 조직이 명령 및 제어 모델 또는 다른 것을 원하는지, 사고 대응 팀은 실제로 활동하는 팀인지, 프레임워크/거버넌스/리더십 구조인 지, 아니면 둘 다인지
- 갭 분석. 조직은 사고 대응 계획의 목표와 사고 대응 팀의 능력 간의 격차를 이해해야 한다.
- 발견. 조직에서는 사고 조사 응답과 관련된 기타 사항을 이해하고, 재사용 가능한 내용과 장애 요인을 파악하고 충돌과 혼란을 피하기 위해 발견 활동을 수행해야 한다.

- 이전 사고 검토. 조직은 과거의 성공과 실패를 이해하고 수업을 비롯하여 프로세스를 깊이 있게 이해해야 한다.

사고 대응의 발전

사고 대응을 발전시키려면 조직은 사고 감지 기능이 있는지 확인하고 이러한 기능을 적절하게 모니터하고 문서화해야 한다. 물론 일반적인 보안 목적으로 수행되는 위협 및 취약성 평가 및 성숙도 평가는, 침입 탐지(이미 훼손되었음을 조직이 이해하는)와 같은 필요한 사고 탐지 기술 설치는 물론, 조직을 올바른 방향으로 인도할 것이다. 사이버 보안과 관련된 가장 큰 문제점 중 하나는 범인과 해커가 인내심 있게 자신의 궤적을 감추고 있다는 것이다. 사이버 공격이 수년 동안 네트워크에 눈에 띄지 않는 것은 흔한 일이다. 따라서 고급 포렌식 기법을 사용하여 절충 테스트를 수행해야 한다.

제 아무리 좋은 제어를 가진 좋은 프로그램조차도 해킹 당한다. 침입이 감지되면 허둥댈 필요가 없다. 어둠 속에 있는 것보다 분석하고 대응하는 것이 낫다.

성공을 위한 또 다른 중요 요소는 분류 및 분류 체계이며, 모든 사람이 유출 시 데이터의 민감성과 개인적 성질을 알게 한다. 오분류, false positive 등은 해결해야 할 매우 심각한 문제이다. 조직에서 사건을 잘못 분류하면 치료 및 공개 위반에 대한 잘못된 결론에 도달할 수 있다. 법적 정의에 따라 사건이 위반 수준까지 올라갔을 때 가능한 한 빨리 알아야 한다.

잘 연습된 좋은 사고 대응 계획에는 발생할 가능성이 가장 높은 사고 범주를 처리하기 위한 지침 또는 절차가 포함된다. 처리해야 할 분류 및 치유 단계는 사고가 발생하기 전에 확인되어야 하며 이로 인해 조직 손상의 위험을 최소화하는 데 도움이 된다.

결과 처리

사고 대응 계획은 또한 위반 공개를 처리하기 위해 제3자(예: 법 집행 기관, 보험사 등)를 다루는 것을 포함하여 사건의 여파를 광범위하게 처리한다. 개인정보 유출 사고가 발생하면 규제 당국에 공개함으로써 규제 조사가 시작될 수 있다. 사고의 영향을 받은 사람들에게 정보가 공개되면 조직은 인바운드 쿼리 및 클레임에 대비해야 한다.

이러한 상황에서, 조직은 규제 집행 조치 또는 소송과 같은 논쟁적인 법적 비즈니스를 마주하게 된다. 따라서 조직은 사고 대응 계획이나 각본에 반영되어야 하는 '소송 입장'을 개발해야 한다. 예를 들어, 사고 대응 각본은 내외부 법률 고문이 수행해야 할 역할과 법적 전문적 권한의 역할을 설명한다. 또한 커뮤니케이션 계획이 있어야 하며 누가 미디어와 얘기할 수 있는지, 그리고 어떤 유형의 정보를 공개적으로 설명할 것인지 자세하게 설명해야 한다.

🔒 결론

보안은 좋은 개인정보 보호 프로그램의 한 축인 반면, GDPR이라는 새로운 규제 도입으로 인한 위험이 생길 수 있다. 그러므로 모든 조직의 개인정보 보호 및 보안 프로그램이 발을 맞추어 지속적인 커뮤니케이션을 유지하는 것이 매우 중요하다.

보안 팀은 기술 구현을 담당하겠지만, 보안 팀에 규제 의무를 조언하고 대응 역량을 처리하며 보안 사고가 가능한 한 위반 수준까지 올라가지 않도록 보장하는 것은 개인정보 보호의 역할이다.

데이터 최소화와 같은 원칙을 통합하고 데이터 보존을 위한 좋은 계획을 수립하면 보안 사고의 영향을 줄일 수 있다. 결국 당신이 가지고 있지 않은 것을 잃을 수는 없는 것이며, 이는 이 책의 마지막 부분에 설명하고 제안할 내용과 깊은 관련이 있다. 약간의 스포일러가 되자면, 기업은 개인정보를 보유하지 않는 것이 최선이라는 것이다.

제
6
장

감독 및 집행

이 장에서는 규제법으로서 GDPR을 효과적으로 수
행하기 위한 감독 및 집행 방식에 대해서 알아본다.

🔒 소개

규제법의 근본적인 목적이 개인과 조직의 행동을 형성하거나 영향을 미치는 것이라면, 규제 시스템이 효과적이기 위해서는 이러한 개인과 조직에 책임을 물을 수 있어야 한다. 모든 규제는 감독되고 집행되는 수단만큼만 우수하다. 물론 감독과 집행 권한이 규제 당국의 손에만 있어서는 안 된다. 최적의 규제 효율성 모델은 또한 법원, 시장, 자율 규제 제도 및 시민들에게 권한을 부여하는 것이다.

GDPR에는 이러한 모든 도구가 통합되어 있다. 이 장의 끝 부분에 있는 표에는 감독 및 집행의 핵심 구성 요소 중 일부가 나와 있다.

🔒 자율 규제

컨트롤러 및 프로세서가 데이터를 보호하기 위한 적절한 프로세스, 절차 및 조치의 적용을 직접 제어한다는 사실 때문에 감독 및 집행의 가장 효과적인 도구 중 하나는 자율 규제이다. 제1원칙에 근거하여, 규제법은 규제 대상 기관이 스스로를 감독하고, 요구되는 정책 목표를 달성하기 위한 적절한 조치의 필요성을 강조한다.

GDPR은 여러 가지 방법으로 이 아이디어를 발전시킨다. 여기에는 책임성 개념(제5조 (2)항 참조)의 도입을 포함하며, 이는 데이터 보호 임원(DPO)(제37조~제39조 참조)에 대한 요구 사항의 도입, 그리고 데이터 보호 원칙을 준수함을 입증할 수 있는 컨트롤러에 대한 적극적인 의무를 부과하며, 데이터 보호 인장 및 마크를 위한 행동 강령 및 인증 제도에 대한 관심 제고(제40조 내지 제43조 참조)를 통한 방법을 포함한다. 마찬가지로 컨트롤러는 그들의 프로세서에 대한 규제 기능을 갖추고 있으며 프로세서는 하위 프로세서를 규제해야 한다(제28조 참조).

책임성—위험 관리를 통한 입증 가능한 준수 제공

GDPR 4장에서는 효과적인 리스크 관리를 위한 포괄적인 틀을 제공하는 입증 가능한 준수에 대한 제5조 (2)항 책임성 요구 사항을 확대한다. 4장의 의도는 컨트롤러가 리스크를 확인한 다음 리스크를 해결할 수 있는 그들의 입장을 설정하고 평상시 비즈니스 활동과 관련하여 감독하고 시행해야 한다는 것이다. 이를 조합하면, 4장의 요구 사항은 자율 규제의 형태와 매우 유사한 것으로 볼 수 있다.

11장은 책임성에 대해 다룬다. 그러나 자율 규제의 맥락에서 주목해야 할 몇 가지 구성 요소는 다음과 같다.

- 잘 준수하고 있음을 입증 가능한 증거로 가지고 있어야 하는 것은 컨트롤러가 성능 테스트 및 유사한 활동을 통해 데이터 처리 활동을 비판적으로 바라보게 하고 올바른 데이터 보호를 달성하기 위해 필요에 따라 활동을 조정하고 개선하게 한다. 바꾸어 말하면, 일상 업무로서의 활동의 일부로서, 컨트롤러는 DPA가 제58조에 의해 수행하도록 권한을 부여 받은 업무의 일부와 유사한 업무를 수행해야 한다.
- 프로세서와 컨트롤러의 관계는 제28조에 의해 관리되며, 감독과 집행의 관계를 형성한다. 제28조에 의해 발전된 주요 도구는 감사, 검사, 제33조에 따라 필요한 정보의 전달 및 위반 통지를 포함하여 입증 가능한 준수를 위한 계약 전 실사, 계약 형성 및 계약 후 요구 사항을 포함한다. 제28조 (4)항은 프로세서가 이러한 요구 사항을 하위 프로세서로 계승시키도록 요구하여, 감독 및 집행과 유사한 관계를 형성하게 된다.

- 제33조와 제34조는 모든 경우와 심각한 경우에 영향을 받는 개인에게 개인정보 침해 사실을 DPA에 통보할 것을 요구한다. 위반 통지의 가장 분명한 자율 규제적 역할은 규제 당국과 시민들이 위반에 대한 지식을 갖게 되면 컨트롤러에 대해 조치를 취할 수 있다는 명백한 이유 때문에 악의적인 행위에 대한 억지력으로 작용한다는 것이다. 억제가 감독과 집행의 핵심 도구라는 생각은 적절한 경우에 '효과적이고 비례적이며 강제적인' 행정 처벌(벌금)을 부과해야 하는 제83조와 제84조의 표현에서 더욱 분명해진다. 위반 통지 규칙은 또한 여기에서 논의된 다른 개념과 동일한 역할을 한다. 위반 사항을 파악한 후 컨트롤러는 해당 환경을 수정하는 단계를 수행할 수 있다.
- 제35조는 개인의 '권리와 자유에 대한 높은 위험을 초래할 가능성이 있는' 경우, 데이터 보호 영향 평가(DPIA)를 수행하는 것을 컨트롤러에게 요구한다. DPIA의 감독 및 집행 역할은 제35조 (4-6)의 '감독 당국'과 DPA와의 사전 협의 요건에 대한 명시적인 언급으로 인한 다른 사례들 보다 더 명백하다. 이는 (제36조에 규정된) 위험을 완화하기 위해 컨트롤러가 취한 조치가 없는 경우, 처리가 [개인의 권리와 자유에 대하여] 높은 위험을 초래할 것이라고 DPIA가 명시한 경우 수행될 필요가 있다.

데이터 보호 관리자

DPO(Data Protection Officer)의 기능은 데이터 보호에 새로운 기능이 아니며 이 책의 뒷부분에서 논의한다. 많은 조직에서 DPO를 사용하여 데이터 보호 문제를 해결한다. 현재 DPO의 상태는 GDPR에 의해 공식화되었으며, 처음으로 GDPR이 임명을 의무화하였다.

특히 이 논의를 위해 GDPR에 명시된 요구 사항은 DPO를 그가 고용되어 있거나 종사하는 조직을 감독 및 집행하는 입장이 되게 한다. 컨트롤러와 프로세서가 GDPR에 대처하는 방법을 결정할 때, 무게를 두어야 하는 보다 광범위한 고려 사항(실질적인 위험이 있을 영역에 대해 희소한 기술과 자원을 집중하기 위해 기술적인 비준수의 위험을 감수할 것인지를 포함)보다는 오직 법적 준수에만 집중하고 해고로부터 면제되기 때문에, DPO는 일반 직원이 아닌 준 DPA와 유사해 보이며, DPA와의 협조 의무를 감안할 때 실질적으로 규제 기관의 연장이라고 할 수 있다. 만약 그들의 조직이 DPA, 컴플라이언스 문제에 대한 개인 또는 개인정보 활동가들로부터 압박을 받는다면, DPO는 조직 내에서 어려운 역할을 맡을 것이다.

행동 강령, 인증, 인장 및 마크

제4장 제40-43조는 인장 및 표시와 같은 행동 강령 및 데이터 보호 인증 메커니즘을 통해 자율 규제를 위한 프레임워크를 만든다.

제40조에서는 산업 협회와 같은 컨트롤러 및 프로세서에 대한 대표 단체가 데이터 보호 컴플라이언스의 모든 측면에 대한 행동 강령을 제정하도록 권장하고 있으며, 이들의 주요 특징은 컴플라이언스를 준수할 수 있도록 컨트롤러 및 프로세서를 모니터링해야 한다는 것이다.(제40조 (4)항 및 제41조 (1)항 참조) 제40조 (2)항은 강령이 도움이 될 수 있는 영역의 목록(전부는 아님)을 제공하지만, 모든 준수 문제에 대한 승인을 위해 어떤 대표 기구든 DPA에 초안 강령(제40조 (5)항 참조)을 제출할 수 있다.

강령의 채택은 제63조의 일관성 메커니즘의 적용을 받으며, 조약의 초안이 적어도 두 개의 EU 회원국에 영향을 줄 수 있는 경우, 더욱 깊이 논의된다.

모니터링 기관의 특성과 임무는 제41조에 규정되어 있으며, 감시기구의 독립성과 전문성을 증명하고 갈등을 피할 수 있어야 한다. 특성과 임무에는 준수를 효과적으로 모니터링하고 불만을 처리하기 위한 절차가 있어야 하며, 침해에 대해 적절한 조치를 취해야 한다는 것이다. 물론 DPA는 강령 승인을 통해 감독 및 집행 역할을 포기하지 않는다. 그들은 강령에 의해 다루어진 주제와 그에 따르기로 약속한 컨트롤러와 프로세서에 대해 관할권을 유지한다. 심각한 경우에는, 강령의 요구 사항을 위반한 경우 컨트롤러 및 프로세서에 DPA가 벌금을 부과할 수 있다(제83조 (4)항 (c) 참조: 원문의 839(4)(c)는 오타로 보임). DPA는 또한 모니터링 기관의 인증을 취소할 권한이 있다(제41조 (5)항 참조).

GDPR이 시행될 때 이것이 실제로 어떻게 작동할 수 있는지에 대한 몇 가지 예를 보려면, 미국의 NAI(Network Advertising Initiative) 행동 강령(Code of Conduct)을 보면 된다. NAI는 처음에 회원 자격 내에 해당 강령을 시행한 다음, 회원이 규정을 준수하지 못할 경우 미국 연방통상위원회(FTC)에 문제를 회부한다.

제42조와 제43조의 인장 및 마크에 대한 인증 규칙은 행동 강령의 규칙과 거의 동일하게 작동한다. 이들은 DPA 또는 회원국의 국가 인증기관(제43조 (1)항 참조)에 의해 인증된 인증기관에서 발행한다. 공인을 받기 위해서는 인증기관이 DPA의 독립성과 전문 지식을 충족시키고 이해상충을 피할 필요가 있다. 인장 및 마크를 발행, 검토 및 취소하는 절차가 있어야 하고 불만처리 절차가 있어야 한다(제43조 (2)항 참조). 컨트롤러 및 프로세서는 인증 규칙 위반(제83조 (4)항 (b) 참조)에 대한 벌금을 부과 받을 수 있으며, 인증기관은 DPA가 인증을 취소할 수 있다(제43조 (7)항 참조). 다시 말하자면, 일관성 메커니즘은 적절한 경우에 적용된다.

🔒 시민에 의한 규제

컨트롤러와 프로세서가 잘못된 데이터 보호에 대한 첫 번째 방어선을 제공한다면, 시민은 두 번째 방어선을 제공한다. 집단으로서 대규모의 감독 및 시행력을 구성하는 약 5억 명의 EU 시민이 있다(Brexit전 영국을 포함 시).

최근 '시민 규제 기관'은 유럽의 데이터 보호 개혁을 위한 비입법 안건의 많은 부분을 주도해 왔다. 2014년에는 스페인 시민이 가져온 '잊혀질 권리'에 대한 획기적인 소송이 1995년 Data Protection Directive ('Directive')에 의거한 통제의 개념에 대해 생각해보게 만들었다. 2015년에 오스트리아한 시민(막스 슈렘스)은 Safe Harbor 결정에 대한 소송에서 성공적이었다. 시민사회단체(CSO, Civil Society Organisations)는 시민들이 소송에서 해결할 수 있는 힘을 보여주었다. 또 다른 기념비적 소송에서 Data Retention Directive 2006도 무효라고 선언되었다. 많은 조직들에서 그들에 대한 부정적 조사의 주요 위험은 DPA가 아니라 소송인인 시민들로부터 나올 것이다.

데이터 주체 권리 사용을 통한 컨트롤러 규제

다른 장에서 논의된 바와 같이, GDPR은 개인에 대한 많은 권리를 창출하며, 컨트롤러의 불량 행위 및 불공정한 행동으로부터 자신을 보호하고 준수를 감독하고 집행할 수 있다. 투명성의 권리(제13조 및 제14조), 자료에 대한 접근권(제15조), 정정의 권리(제16조), 삭제권(제17조), 처리 제한의 권리(제18조), 데이터 이식성 권리(제20조) 및 반대 권리(제21조 및 제22조) 등이 그것이다. 또한 개인은 개인 데이터 유출 사실을 통보받을 권리가 있다(제34조). 개인이 이러한 권리를 행사할 수 있는 능력에 만족하지 못하면 행정 및 사법 구제를 모두 추구할 수 있다.

물론 GDPR에서는 DPA 또는 법원에 불만 사항 및 구제 조치를 취하기 전에 개인이 컨트롤러에 대한 데이터 주체 권한을 사용하고 추구해야 한다고 요구하지는 않는다. 그렇게 생각한다면, 개인은 처음에는 컨트롤러에 관심을 갖지 않고 이러한 경로 중 하나를 따라갈 수 있지만 실제로는 개인이 DPA 또는 법원에 가기 전에 컨트롤러에 불만을 제기하는 것이 도움이 될 것이다. 이와는 별도로, 제13-22조와 제34조의 권리가 개인에게 컨트롤러에게 직접적이고 분명한 경로를 제공하지 않는 경우가 많이 있을 것이다.

예를 들어, 제5조 (1)항 (f)의 무결성 및 기밀성(제32조 참조)은 제13-22조에 명시된 권리의 초점이 아니므로, 개인은 자신의 개인 데이터에 보안 위반 위험이 있는지를 이해하기 위해서 데이터 주체 권한을 선제적으로 사용할 수 없다. 법이 그들에게 주는 모든 것은 위반이 발생했다는 사실을 알 권리이며, 심각한 경우 개인정보가 보안 침해에 노출되는 것을 방지하기 위해 개인정보를 컨트롤러에게 직접 넘기지 않을 수 있다. 이러한 방식으로 개인 데이터가 위험에 처하는 것을 방지하기 위해, 컨트롤러가 스스로 일을 처리하지 못하면, 개인은 DPA 또는 법원에 문제를 제기할 수밖에 없다.

의무 위반에 대한 구제 수단

개인이 비준수에 대한 불만을 제기하면 데이터 주체의 권리를 사용했는지 또는 이전에 불만 사항을 제기했는지 여부에 관계없이 DPA 또는 법원에 회부할 수 있다. 이에 해당되는 GDPR의 운영 요소는 제77조 및 제79조이다.

종합하면, GDPR은 추구할 경로에 대한 개인의 선택권을 부여하기 위해 운영된다는 것을 알 수 있다. 자신의 권리가 침해당했다고 생각하면 자신의 국내법에 따라 소송을 제기하거나 규제 기관에 불평을 제기하거나 실제로 2가지 해결책을 동시에 추구할 수 있다. 컨트롤러와 프로세서 모두에 대해 2가지 방법을 사용할 수 있다.

실제로 규제 당국에 불만을 제기하는 것은 대부분의 개인에게 논리적이고 선호되는 선택일 것이다. 소송은 비용이 많이 들고 시간이 많이 드는 일이며, 일부 국가에서는 영국과 같이 지는 쪽에게 이기는 쪽의 비용을 지불하도록 명령할 수 있다. DPA를 구제책으로 사용하는 것은 본질적으로 위험이 낮은 옵션이다.

이 조항의 포럼 규정에 주목할 가치가 있다. 제77조 (1)항은 개인에게, 거주지의 DPA에, 근무지의 DPA에, 또는 침해가 발생한 장소의 DPA에 불만 사항을 제기할 권리를 부여한다. 제79조 (2)항은 유사한 규정을 포함한다. 컨트롤러 또는 프로세서 또는 개인의 근무처 설립 장소가 무엇이든 관계없이, 개인은 항상 고국의 DPA 또는 법원에서 구제 조치를 취할 권리가 있다.

대표 소송

많은 국가에서, 개인 소송에 대한 재정적 및 법적 자원 부족으로 인해 개인의 입장에서는 정의의 장벽에 막힐 수 있다. 이 권한을 균형 있게 유지하는 한 가지 방법은 그룹소송 또는 집단소송이라고 하는 대의적인 행동을 하는 것인데, 이를 통해 개인 집단이 법원에서 집단으로 대표되어, 금융 위험이 분산되고 집단 사례 정보가 활용되며 보다 경험이 풍부한 법률적 대응이 가능하다.

GDPR은 제80조에서 새로운 대표 소송 권리를 소개한다.

제80조 (1)항에 따라, 개인을 일반적으로 CSO 및 '개인정보 보호 옹호자'

또는 실제로 '압력단체'로 알려진 비영리 단체가 대의할 수 있다. 이러한 대의적인 행동은 한 개인 또는 개인 그룹을 대신할 수 있다. 또한, 이러한 조직에 개인으로부터의 위임 사항에 독립적인 대의적 권력을 부여하는 것은 회원국들에게 개방되어 있다.

유럽에는 단체 소송에 대한 합의하에 개인 집단을 모으는 대의 기구의 선례가 있다. 영국에서는 구글에 대한 Vidal-Hall 소송이 가장 두드러진 예이다. 오스트리아의 페이스북에 대한 집단 소송을 설립한 유럽 대 페이스북 집단 소송도 또 다른 중요한 선례이다.

책임 및 배상 청구

제82조는 비준수의 결과로 피해를 입은 경우, 시민들이 컨트롤러와 프로세서에 대한 보상 청구를 요구할 권리의 근거를 담고 있다. 컨트롤러 및 프로세서는 피해를 초래하는 사건에 대해 책임지지 않는 방어책을 가지고 있다. 여러 당사자가 실수한 경우, 피해를 입은 부분에 책임이 있는 개별 컨트롤러 또는 프로세서는 모든 피해에 대해 책임을 질 수 있다. 이 경우 보상하는 쪽은 다른 쪽으로부터 배상을 청구할 수 있다.

'피해'의 의미는 과거에 몇 가지 문제를 일으켰다. 예를 들어, 영국에서는 재정적 손실을 의미하는 데에 오랜 시간이 걸렸지만, Vidal-Hall 사건의 항소 법원 판결에 의해 그 입장이 바뀌었으며, 피해는 고통 및 기타 비금전인 손해도 포함하게 되었다. 대조적으로, DPA는 항상 '피해'에는 고통이 있음을 확신한다. GDPR은 나머지 모호성을 해결한다. '물질적 또는 비물질적인 피해'라는 문구는 피해가 고통을 포함한다는 아이디어를 매우 명확하게 나타낸다. Recital 146은 또한 피해의 개념이 광범위하게 해석되어야 함을 분명히 하고 있다. 또한 법률이 항상 고통을 보상할 권리를 인정한 인권법과 동일한 맥락에서 데이터 보호법이 고려된다면 그 입장은 분명해야 한다. 법이 의미가 통하기 위해 피해는 고통을 포함해야 한다.

이는 GDPR 주위의 보상 환경이 발전하는 경우, 컨트롤러 및 프로세서에 대해 매우 중요한 의미를 가진다. 보상 권리를 보유하게 될 사람들의 규모가 매우 크기 때문에, 보상 환경이 발전하게 될 가능성도 매우 높다.

규제 기관의 규제

한 개인이 DPA에 불만을 제기했지만 처리되지 않았거나 3개월 이내에 회신 받지 못한다면, 법원이 문제를 강제하기 전에 DPA에 대해 조치를 취할 권리가 있다. 이것은 제78조에 규정되어 있다.

슈렘스(Schrems) 사건으로 알려진 Safe Harbor 소송은, 미국으로의 개인 데이터 이전의 합법성에 대한 조사를 거부함으로써 위원이 자신의 권한을 빼앗았다는 주장에 대한 사법 검토 절차에 있어서 아일랜드 데이터 보호 위원에 대한 소송에서 시작되었다. 위원의 입장은 모든 합법성 문제는 유럽집행위원회('Commission')에 의한 Safe Harbor 적합성 결정에 의해 결론적으로 결정되었다는 것이었다. 그 절차는 이제 제78조에 따라 수행된다.

제78조 (1)항은 개인(개인 또는 법인)이 DPA의 결정에 불만이 있는 상황과 관련이 있다. 이 조항의 주요 목적은 제58조에 의거한 시정 조치 및 제83조에 따른 제재에 대한 이의 제기를 가능하게 하는 것이다. 제78조 (1)항은 DPA가 올바른 종류의 시정 조치 또는 제재에 너무 관대하다고 걱정하는 개인에 의해 사용될 수도 있다.

🔒 행정 감독 및 집행

|

컨트롤러와 프로세서, 개인, CSO 및 모니터링 및 인증 기관의 규제 기능과 권한, 또는 그와 관련된 강약에 관계없이, 사람들이 감독 및 집행에 관해 이야기할 때 대부분의 사람들은 대부분 회원국 내의 감독 당국을 떠올릴 것이다. 프랑스의 국가 컴퓨팅 자유 위원회(Commission Nationale de l'Informatique et des Libertés, CNIL), 영국의 정보위원회 사무국 (Information Commissioner's Office, ICO), 스페인의 데이터 보호기관 (Agencia Española de Protección de Datos, AEPD)과 같은 데이터 보호 당국(DPA)들이 그것이고, DPA는 행정 감독 및 집행 권한을 갖춘 유일한 기관으로 의미가 있다.

독립적인 국가 규제 기관

행정 감독에 관한 GDPR의 규정은 제6장에서 찾아볼 수 있다. 출발점은 회원국들이 독립적인 공공 당국을 지정하여 GDPR의 이행을 감시해야 한다는 것이고, 자신의 임무를 수행하고 권한을 행사할 때 완전히 독립적으로 행해야 한다. 독립성에 관한 규정은 제51조와 제52조에 있다.

독립적인 규제 기관의 필수 기능은 충분한 기술과 자원이다. 규제 기관이 기술과 자원에 대해서 정부를 포함한 제3자에게 신세를 지고 있다면, 그 독립성에 대한 의문이 제기된다. 이것은 제52조 (4)항에 반영되어 있다.

규제 당국의 독립성의 중요성은 소송에서 제기되었다. 예를 들어, Commission 대 Germany 소송의 경우, 유럽 재판소는 독일이 주에 있는 규제 당국을 '주정부 조사 대상'으로 두었기 때문에 독일이 Directive 28조 (1)항을 적절히 이행하지 못했다는 사실을 발견했다. 유사 소송이 오스트리아에서도 제기되었다.

제53조와 제54조는 DPA가 회원국에서 어떻게 설립되어야 하는지에 대한 규칙을 제공한다. 각 회원국에 이미 DPA가 있기 때문에, 이 조항은 사문적 조항으로, 이론적, 학문적 관심이 있을 때나 의미 있는 조항이다.

국가의 법률 제정에 규제 기관 임명

제36조 (4)항은 회원국의 법률 제정 과정에 국가 규제 기관을 효과적으로 포함시키는 구조적 통제(협의 요구 사항)를 포함한다.

규제 당국이 입법상의 의제에 영향력을 행사할 수 있다는 점에서 이것은 매우 영리하고 강력한 조항이다. 즉, 입법 및 규칙 제정 과정이 시작될 때 회원국의 법률에 따라 데이터 보호를 적용하는 것이 도움이 된다.

제36조 (4)항의 협의 의무는 제57조 (1)항 및 제58조 (3)항의 조항에 의해 보강되며, DPA가 데이터 보호 문제에 관하여 자국의 의회와 정부에 조언과 가이드를 제공할 권한을 부여한다.

감독 당국의 임무

DPA의 임무는 제57조에 포함되어 있으며, 그 목록이 매우 길다. GDPR을 모니터링하고 집행하며 각국 의회와 정부에 자문을 제공하는 것 외에도 다음과 같은 조치를 취해야 한다.

- 위험, 안전장치 및 권리를 포함한 데이터 보호에 대한 인식 및 이해 증진(제57조 (1) (b) 및 (d) 참조)
- 불만 처리 및 조사 수행(제57조 (1)항 (f) 및 (h) 참조)
- 국제적으로 GDPR의 일관된 적용 지원: 일관성 메커니즘 내에서의 작업,

상호 지원 제공 및 EDPB(European Data Protection Board) 지원(제57조 (1)항 (e)-(h) 참조) 포함

- 정보 통신 기술 및 상업적 관행의 발전 모니터링(제57조 (1)항 (i) 참조)

제57조는 다른 조항에서 발생하는 여러 가지 개별 업무도 다룬다.

① 불만 접수 및 처리

효과적인 규제는 시민들이 발견한 문제에 대응해야 하며, 개인 데이터에 대한 좋은 결과를 제공 할 뿐만 아니라 규제 시스템에 대한 믿음과 신뢰를 유지해야 한다. 이 요구 사항의 중요성이 강조되는 것은 다른 모든 규제 도구에도 불구하고, 특정 시점의 특정 컨트롤러의 실제 작업에 대해서 규제 당국이 비교적 작은 통찰력을 가지고 있기 때문이다. 데이터 컨트롤러와 가장 많이 접촉하는 것은 시민이므로, 시민은 데이터 보호 위반에 규제 당국의 주의를 끌 수 있는 좋은 위치에 있다. 시민이 불만을 접수하는 경우, 이를 처리할 공식화된 주체가 필요한데, 이는 규제당국이 된다.

제57조 (1)항 (f)는 DPA에게 불만을 접수하고 청취하는 임무를 부여함으로써 이러한 문제를 해결한다. 제57조 (2)항은 표준화된 불만사항 양식을 사용하여 불만 처리 절차를 능률화하는 데 목적을 두고 있다.

② 데이터 보호 영향 평가

제35조 (4)항은 DPA가 데이터 보호 영향 평가(DPIA)가 수행되어야 하는 상황의 목록을 공표하도록 요구한다. 반면 제35조 (5)항은 DPIA가 필요하지 않은 상황의 목록을 게시할 수 있도록 허용한다. 제36조 (1)항은 DPIA가 '위험을 완화하기 위해 컨트롤러가 취한 조치가 없어서, 처리가

개인의 권리와 자유에 높은 위험을 초래할 것이라고 명시할 때마다 컨트롤러가 DPA와 협의할 것을 요구한다.

제57조 (1)항 (k)는 제35조 (4)항의 요구 사항을 반영하고, 제57조 (1)항 (l)은 DPIA 수행 후 제36조 (1)항의 요구 사항에 따라 컨트롤러가 그들에게 회부한 처리 활동에 대해 DPA가 자문할 것을 요구한다.(본 책의 DPIA에 대한 자세한 내용 참조)

③ 행동 강령, 인증, 인장 및 표시

행동 강령 영역에서의 DPA의 역할은 위에서 논의했다. 행동 강령 개발을 장려하는 것 외에도 제40조 (5)항은 DPA가 '강령 초안, 개정안 또는 연장안이 GDPR을 준수하는지 여부에 대한 의견을 제공할 것을 요구하고, 강령 초안, 개정안 또는 연장안이 충분하고 적절한 안전장치를 제공하는지 승인해야 한다'고 요구하고 있다. 제57조 (1)항 (m)은 이러한 요구 사항을 반영한 것이다.

제42조 (5)항에서 DPA는 인증기관들이 인증, 인장 및 마크를 발행하는 기준을 승인해야 하는 반면, 제42조 (5)항은 또한 그들이 자격 요건을 더 이상 충족하지 못하면 DPA가 인증을 철회할 수 있게 한다. 제57조 (1)항 (n) 및 (o)는 이러한 요구 사항을 반영한다.

DPA의 행동 강령 및 인증 시스템 역할에 대한 추가 규정은 제57조 (1)항 (p) 및 (q)를 참조하면 된다.

④ 국제 이전을 위한 계약 조항 및 BCR

유럽 데이터 보호법은 개인 데이터를 EU에서 제3국으로 수출하려는 경우 컨트롤러 및 프로세서가 따르도록 여러 가지 방법을 제공한다. 현재 옵션에는 적정성 결정을 한 국가 목록, 미국으로의 이전을 위한 Privacy

Shield 합의, BCR(Binding Corporate Rules) 및 집행위원회에서 승인한 표준계약 조항이 포함된다. 또한 제46조 (3)항은 컨트롤러와 프로세서가 자신의 계약 모델 사용을 위해 DPA로부터 승인을 얻을 수 있게 하는 한편, 공공 당국은 그들 간의 행정 약정에 대한 승인을 요청할 수 있다. 상황에 따라 DPA는 일관성 메커니즘을 사용하여 권한 요청을 검토한다. 제57조 (1)항 (r)은 이러한 조항을 반영한다.

BCR 절차는 제47조에 규정되어 있으며 제57조 (1)항에 반영되어 있다. 국제 데이터 이전에 대한 논의는 4장을 참조하면 된다.

⑤ 침해 및 조치의 기록

제57조 (1)항 (u)는 DPA가 제58조 (2)항에 따라 취한 조치에 대한 기록뿐만 아니라 GDPR의 침해에 대한 기록을 유지할 것을 요구한다. 이러한 기록을 유지하는 것은 이미 회원국 전반에 걸쳐 표준 관행이며, 실제로 국가 및 집단 작업 프로그램을 수립할 때 규제 당국에 대한 주요 자료를 제공한다. 또한 영국 같은 일부 관할권에서는 DPA가 개별 이슈에 대한 결정을 내릴 때 조직의 규제 추적 기록을 고려한다. 즉, 추적 기록이 나쁠수록 컨트롤러 또는 프로세서에 불리한 결과가 발생할 가능성이 커진다.

⑥ 요금 청구

제57조 (3)항은 DPA가 데이터 주체 또는 DPO에게 서비스 요금을 청구할 수 없다는 것을 분명히 한다. 그러나 제57조 (4)항은 근거가 없거나 과도한 요청에 대해 행정 비용을 청구할 권한을 부여한다.

⑦ 활동 보고서

투명하게 수행될 때 우리는 그것을 좋은 규칙이라고 한다. 따라서 DPA는 자신의 활동에 대해 정기적으로 공개적으로 진술해야 한다. 이는 규제

시스템에 대한 신뢰를 높이고 일반적으로 규제 내에서 동향과 발전에 대한 중요한 통찰력을 사회에 제공한다. 연례 보고서를 제출함으로 인한 투명성은 또한 규제 당국이 목표를 달성하고 대중에게 봉사하는지에 대해 사회가 가치 판단할 수 있도록 하며, GDPR의 제59조에서 이러한 문제를 다룬다.

규제 당국의 권한

DPA의 권한은 제58조에 포함되어 있는데, 조사 권한, 시정 권한, 승인 및 자문 권한의 3가지 유형이 있다.

① 조사 권한

제58조 (1)항에 명시된 조사 권한은, 실제로 조사를 시작하는 메커니즘, 즉 GDPR 위반 혐의의 컨트롤러와 프로세서에 통보할 수 있는 권한과 함께, 필요한 모든 증거, 자료 및 시설에 DPA가 접근할 수 있도록 하기 위한 것이다.

이러한 조사 능력은 매우 포괄적이며, 컨트롤러와 프로세서가 나쁜 습관을 숨기기 위한 여지를 주지 않는다. 또한 규제 조사의 궤도를 다소 예측 가능하게 만든다. 예를 들어, 증빙 자료에 관한 한, DPA는 조사 대상 조직 내부에 존재하는 모든 책임성 문서(예: 제24조에 의거한 정책 프레임워크, 제25조에 따른 privacy-by-design 프레임워크, 제28조에 따른 프로세서 계약, 제30조에 따라 작성된 데이터 처리 활동 기록, 제33조에 따라 유지된 위반 기록 및 제24조와 제35조의 목적을 위해 수행된 위험 평가)의 공개를 요구할 것이다. 실제로 DPA는 별도의 특별한 권한이 필요한 문서(법적인 전문적 특권과 자기부죄로 인한 특권)를 제외하고, 조사 중인 조직이 보유하고 있는 모든 관련 문서에 대한 액세스 권한을 얻을 수 있으며, 이는 외부 감사 보고서와 같은 제3자 보고서까지 확장된다.

제58조 (1)항의 가장 큰 혁신은 DPA가 감사와 시설 및 처리 장비 검사와 같은 운영 검토를 수행할 수 있는 능력이다. 이는 DPA가 컨트롤러 또는 프로세서를 뒤쫓는다면, 데이터 보호 서면 시스템 및 데이터 보호 업무 운영의 2가지 공격 라인을 가지고 있음을 의미한다. GDPR 도입 후 컨트롤러 및 프로세서는 규제 조사에 대해 더욱 취약해졌다.

② 시정 권한

제58조 (2)항에 명시된 시정 권한은 DPA가 컨트롤러와 프로세서에게 모호한 데이터 처리 활동에 대해 경고하는 것에서부터 비즈니스 활동을 중단할 수 있게 하는 것까지 모든 옵션을 다룬다. 데이터 보호 분야의 많은 평론가들은 주요 규제 위험으로 인한 재정적 처벌의 위험을 알고 있지만 데이터 처리를 중단하라는 명령은 데이터 중심 비즈니스의 경우 특히 훨씬 더 극적인 결과를 초래할 수 있다.

③ 승인 및 자문 권한

제58조 (3)항에 명시된 승인 및 자문 권한은 위에 언급된 행동 강령, 인증, 마크 및 인장 및 개인 데이터의 국제 이전 영역에서 DPA의 의무와 일치한다.

규제 당국의 소송

제58조 (5)항은 DPA가 때때로 컨트롤러와 프로세서에 대한 법적 절차를 취할 필요가 있다고 예상한다. 효과적인 소송 권한을 보유하는 것이 조사 및 시정 권한의 성공적인 운영을 위한 기본 요소이다. DPA가 법원을 통해 컴플라이언스를 강제할 수 없다면, 그야말로 이빨 빠진 호랑이에 불과한

것이다.

갑작스런 규제 조치로부터 컨트롤러 및 프로세서 보호

Safe Harbor 소송은 규제 당국도 일을 잘못할 수 있음을 보여주며, 위의 제78조 (1)항의 분석과 관련하여 본 것처럼, DPA의 결정에 영향을 받는 자연인 및 법인은 그들이 입장을 보호하기 위해 법적 절차를 취할 수 있다. 제78조 (1)항은 규제 조치에 대한 안전 조치 조항인 제58조 (4)항에 의해 뒷받침된다.

전문적 비밀

제54조 (2)항은 DPA와 직원이 접근할 수 있는 기밀 정보에 대한 전문적 기밀 보호 의무를 부과한다.

🔒 권한 및 국제 협력

|

문제를 조화롭게 해결하기 위해서 누가 감독 및 집행 활동에 종사할 합법적 권한을 가졌느냐는 중요한 문제이다. 경쟁법이 있는 경우 어떤 규제 기관이 규제 업무를 담당해야 하는지를, GDPR은 권한, 협력 및 일관성에 관한 규칙을 통해 해결한다.

DPA의 회원국에 설립된 컨트롤러 및 프로세서에 대한 규제 권한

제55조의 출발점은 각 DPA가 자체 회원국의 영토 내에서 행동할 능력이

있어야 한다는 것이다. 이때 DPA가 통제할 수 있는 컨트롤러와 프로세서와 관련하여, 사업장의 지역이 중요하다. DPA는 해당 지역에 설립된 컨트롤러와 프로세서를 규제할 수 있지만, 컨트롤러 또는 프로세서가 여러 지역에 설립되거나 국경 간 처리가 이루어지는 경우에는 더욱 복잡해진다. 이 경우 '주관청'에 권한이 있다.

국경 간 처리에 대한 규제 권한

컨트롤러 또는 프로세서가 여러 지역에 설립된 경우, 규제 권한 문제는 '주 사업장'의 위치에 달려 있다. 주 사업장의 개념은 제4조 (16)항에 정의되어 있으며 개인정보 처리를 위한 의사결정이 어디에서 이루어지는지에 초점을 맞추고 있다. 일반적으로 컨트롤러 또는 프로세서의 '중앙 관리'에 있지만, 다른 위치에서 데이터 처리 방법에 대한 결정을 수행할 수 있는 권한이 있는 경우, 주 사업장이 그 위치로 변경된다.

제56조 (1)항에 따라, 주관청은 국경 간 처리의 상황을 규제하도록 요구될 것이다. 국경 간 처리는 다국적 기업에만 국한되지 않는다. 그러나 제56조 (1)항이 주요 또는 단일 사업장에 대한 언급을 통해 명백해짐에 따라, 한 국가에서만 설립된 단체도 다른 국가의 사람들에게 재화와 용역을 제공하는 등의 국경 간 처리에 참여할 수 있다.

제56조 (1)항은 제56조 (6)항에 의해 강화되며, 국경 간 처리의 '유일한 교섭상대'(interlocutor)로서 주관청을 지정한다.

제56조 (2)항은 민원이 자국 영토에만 관련된 경우 또는 영토 내에서만 개인에게 실질적으로 영향을 미치는 경우에, 비주관청이 국경을 넘어서는 상황에서 조치를 취할 수 있게 한다. 이러한 성격의 경우, 권한을 주장하는 DPA는 제56조 (3)항에 명시된 바와 같이 권한의 다툼을 촉발하거나 촉발하지 않을지도 모르는 주관청에 통보해야 한다. 만약 주관청이 다른 DPA의

권한 주장을 거부하고 그 문제 자체를 해결하기로 결정한 경우, 제60조의 절차를 따라야 한다. 만약 주관청이 다른 DPA의 권한 주장을 수락하면, 다른 DPA는 상호 지원 및 공동운영에 대해 제61조와 제62조의 규정에 따라 진행할 수 있다.

다국적 및 국경 간 역량에 관한 권한에 관한 분쟁과 도전은 개인이 DPA 중 하나에 불만을 제기한 후에 발생할 가능성이 가장 크다. 앞에서 설명한 바와 같이, 제77조 (1)항은 개인에게 불만 사항을 제기할 수 있는 선택권을 부여한다. 개인은 상시 거주하는 회원국의 DPA 또는 직장이 있는 회원국의 DPA(만약에 다르다면), 또는 침해 혐의가 발생한 곳의 DPA(만약에 다르다면)에게 불만을 제기할 수 있다. 만약 비주관청에 불만이 제기된 경우, 제56조의 절차가 촉발되어야 하고, 차례로 제60조의 절차가 촉발되어야 한다.

주관청―협력 달성 및 분쟁 해결

요약하자면, 주관청 규칙은 국경 간 처리에만 관련된다. 국경 간 처리가 수행되지 않으면 주관청 규칙이 적용되지 않는다. 주관청 규칙이 적용되는 경우, 제60조의 협력 절차가 적용된다. 협력 절차는 제61조와 제62조의 상호 원조 및 공동운영 규칙을 포함하며 일반적으로 상호 원조 또는 공동운영에 대한 요청으로 시작되지만, 위에 논의된 바와 같이 비선임 DPA 권한을 주장하는 것으로 시작될 수 있다.

협력 절차의 본질은 주관청이 다른 관련 DPA에게 결정 초안을 제공하는 것인데, 이는 다른 DPA로부터의 '이유 있는 반대' 또는 단순히 결정 초안에 대한 동의를 촉발시킬 수 있다(제60조 (3)항 및 (4)항 참조). 이유 있는 반대가 있는 경우, 주관청은 반대 의견을 수락하거나 거부할 수 있다(제60조 (4)항 및 (5)항 참조). 이의 제기를 수락하면 개정안 초안을 발표해야 한다(제60조 (5)항 참조). 다른 DPA는 수정된 결정을 수락하거나 다른 이의 제기를 할 수 있다. 그들이 또 다른 이의 제기를 한다면, 또 다른 결정 초안이 있을 것이며, 이 과정은 교착 상태가 해소될 때까지 계속될 것이다(이것은 EDPB에 의뢰하여 할 수 있다). 이의 제기가 접수되었지만 거절된 경우, 주관청은(나중에 더 깊이 다루어질) 일관성 메커니즘을 준수해야 한다(제60조 (4)항 참조). 이의 제기가 없으면(1차 결정 초안 단계 또는 이후), 주관청과 다른 DPA는 합의된 것으로 간주되고 결정 초안은 구속력을 갖는다(제60조 (6)항 참조). 제60조에는 이러한 모든 주요 사건에 대한 시간표 및 절차가 포함되어 있다.

결정 초안이 수락된 것으로 간주되는 경우, 주관청은 이를 채택하고 주 사업장 또는 단일 사업장의 컨트롤러 또는 프로세서에게 해당 문제에 관련된 다른 DPA와 EDPB(제60조 (7)항 참조)에게 통보해야 한다. 의사결정 과정을 촉발시킨 불만 사항이 비주관청을 통해 개인으로부터 제기된 경우 해당 당국은 신고자에게 결과를 통보해야 한다. 그런 다음 부담은 준수 이행 결정에 대한 주체가 되는 컨트롤러 또는 프로세서로 옮겨 가며, 여기에는 이를 달성하는 방법에 대해 주관청에 보고하는 것이 포함된다(제60조 (10)항 참조).

제60조 (9)항은 주관청 및 다른 DPA가 불만의 일부를 수락하거나 기각하는 것에 동의하는 상황에 대한 규정을 제정한다. 이러한 상황에서는 별도의 초안 결정이 필요하다.

상호 지원 및 공동운영

제61조와 제62조는 DPA 간의 상호 지원 및 공동운영에 관한 것이다. 상호 지원 규칙의 본질은 정보의 협력과 교환을 요구하는 제61조 (1)항에 포함되어 있다. 제61조 (1)항은 DPA에게 부당한 지체 없이(1개월까지)

지원을 제공하기 위한 적절한 조치를 취할 것을 요구한다. 이러한 요청은 요청받는 DPA가 요청의 성격과 목적을 이해할 수 있도록 필요한 정보로 지원되어야 한다. 요청받는 DPA는 지원을 제공하는 권한과 불법을 피할 필요성에 관한 제61조 (4)항의 아주 제한된 예외를 제외하고는 준수해야 한다. 그러나 요청받는 DPA가 1개월 이내에 지원을 제공하지 않으면, 요청하는 DPA는 잠정 조치를 채택할 수 있으며, 이는 결국 긴급 절차를 촉발한다(뒷부분에 논의함).

제62조의 공동운영 규정은 모든 관련 DPA가 감독 및 집행 업무에 적절히 대표되도록 보장하기 위해 제정되었다. 컨트롤러 및 프로세서가 여러 지역에 설립되거나 처리 활동이 다수의 지역에 있는 상당수의 개인에게 실질적으로 영향을 미치는 경우, 모든 관련 DPA는 공동운영에 참여할 권리가 있다. 의무는 모든 다른 DPA에 참여하도록 초청하는 권한 있는 당국에 달려 있다.

일관성 메커니즘 및 유럽 데이터 보호위원회

EDPB는 일관성 메커니즘의 핵심이며, 제68조에 의해 설립된 제29조 작업반(WP29)의 계승자이다. 위원장, DPA 위원장 및 유럽 데이터 보호 감독자로 구성되며, 집행위원회는 회의에 대의원을 파견할 자격이 있다. EDPB는 독자적으로 행동해야 한다는 요구 사항(제69조 참조)과 매우 긴 작업 목록(제70조 참조)의 적용을 받는다.

① EDPB의 의견

제64조는 여러 회원국에 영향을 주는 제안된 행동 강령의 채택, 강령 모니터링 기관 및 인증 기관의 인정 기준, DPA가 승인한 계약 조항 및 BCR 인증(제64조 (1) 참조)에 대해 DPIA가 요구될 때, DPIA가 EDPB가

환경 목록에 대한 의견을 발행하도록 요구한다. 이러한 의견들은 DPA가 초기 작업(DPIA 목록에 대한 규칙 등, DPA가 EDPB에 의견을 제출하기 위해 결정을 내릴 것을 요구한 후)을 한 이후에 제공될 것이라고 앞서 논의한 것으로 기억될 것이다.

또한 DPA, EDPB 위원장 또는 집행위원회는 여러 회원국에서 일반적인 적용 또는 효과를 창출하는 문제에 대한 의견을 요청할 수 있다(제64조 (2)항 참조). 이러한 의견의 산출은 시간표가 있는 절차의 적용을 받는다(제 64조 (3)항 참조).

② EDPB에 의한 분쟁 해결

일관성 메커니즘의 핵심 부분은 제65조에 포함된 분쟁 해결 절차이다. 이는 주관청이 국경 간 처리에 관한 결정 초안에 대한 이유 있는 반대를 거절할 때마다(제60조와 주관청에 관한 상기 논의 참조), DPA 간에 누가 주사업장을 규제하는 권한이 있는지, 또는 DPIA 리스트, 행동 강령 및 EDPB에 대한 국제 이전 매커니즘에 대한 결정을 회부하는 데 DPA가 실패했을 때마다, 촉발된다. 분쟁 해결 절차의 결과는 구속력 있는 결정의 채택이다. 다시 말하면, EDPB에는 구속력 있는 결정을 채택하기 위한 시간표와 절차가 있다(제65조 (2)항 참조).

분쟁 해결 절차가 국경 간 처리와 관련된 불만에 관한 결정 초안과 관련된 경우, 불만을 접수한 주관청 또는 다른 DPA는, 경우에 따라, 구속력 있는 결정 기반의 최종 결정을 채택하도록 요구된다. 다시 언급하지만, 분쟁 해결에는 시간표와 절차가 있다(제65조 (1)항 참조).

③ 긴급 절차

때로 DPA가 개인의 권리와 자유를 보호하기 위해 긴급 조치를 취해야 한다는 예외적인 상황이 있을 수 있다. 긴박한 경우라면, 제60조의 협조 절차나 일관성 메커니즘을 추구하기에 충분한 시간이 없을 수도 있다. 이러한 상황에서 제66조는 DPA가 자국 영역에서 법적 효력을 발생시키기 위한 잠정 조치를 즉각적으로 채택하도록 허용한다. 이러한 잠정 조치는 3개월 이내이며, 채택될 때마다 그 문제와 관련된 다른 DPA, EDPB 및 집행위원회에 대해서 합당한 근거를 기반으로 DPA에 의해 회부되어야 한다.

3개월이 끝날 때, DPA가 최종 조치를 긴급히 채택할 필요가 없다고 판단하지 않는 한, 임시 조치는 사라질 것이며, 이 경우 긴급 의견이나 긴급한 구속력 있는 결정을 EDPB에 요청할 수 있으며, 그 절차는 제64조 또는 제65조로 귀결된다.

🔒 제재 및 처벌

|

GDPR의 가장 인상적인 혁신은 제83조에 포함된 행정 벌금 제도이다. 위반 행위의 성격과 추진되는 기업의 상태에 따라 벌금은 정해진 재정 상한까지 부과될 수 있다. 최대 1,000만 유로, 경우에 따라, 또는 다른 경우에서는 2,000만 유로까지이며, 전 세계 매출의 최대(2% 또는 4%) 비율이다. 다음 표는 적용되는 방식이다.

제88조 (4)항	제88조 (5)항
비영리 단체(경제 활동에 관여하지 않는 공공 당국)에 최대 1,000만 유로의 벌금을 부과한다.	비영리 단체에 대해 최대 2,000만 유로의 벌금을 부과한다.
1,000만 유로 또는 전년도 세계 매출액의 2% 중 높은 금액을 사업체(예: 기업)에 벌금으로 부과한다.	2,000만 유로 또는 전년도 세계 매출액의 4% 중 높은 금액을 사업체에 벌금으로 부과한다.
제8조, 제11조, 제25-39조, 제42조 및 제43조(컨트롤러 및 프로세서의 위반) 제42조 및 제43조(인증기관의 위반) 제41조 (4)항(모니터링 기관의 위반)	제5조, 제6조, 제7조, 제9조, 제12-22조, 제44-49조 및 제58조 (1)항 및 (2)항
아동의 동의, data protection by design and by default, 컨트롤러에 의한 프로세서 참여, 처리 기록, 규제 당국과의 협조, 보안, 위반 통지, DPIA, DPO, 행동 강령 및 인증 등의 문제를 다루고 있다.	데이터 보호 원칙, 처리의 적법성, 승인, 특수 범주의 데이터 처리, 데이터 주체 권리, 국제 이전, DPA의 조사 및 시정 권한 준수 실패와 같은 문제를 다루고 있다.

벌금 부과 전에 고려해야 할 요소

모든 벌금은 '효과적이고, 비례적이며, 제지하는' 것이어야 하며, 제58조에 따른 DPA의 조사 및 시정 권한의 행사와 관련하여 부과될 수 있다. 이는 심각한 GDPR 위반은 다중으로 대응될 수 있음을 의미한다. 그러나, 컨트롤러 또는 프로세서가 GDPR의 다양한 요구 조건을 위반하는 경우, 벌금의 총합은 가장 심각한 위반에 대한 금액을 초과할 수 없다. 이것은 각 위반에는 할당된 특정 분량이 필요하다는 것을 의미한다.(제83조 (3)항 참조).

벌금이 부과되거나 분량이 결정되기 전에, DPA는 제83조 (2)항에 열거된 요소들을 고려할 필요가 있다.

1. 행정 벌금은 제58조 (2)항의 (a)에서 (h) 및 (j)에서 언급된 조치에 추가하

여 또는 각 조치의 상황에 따라 부과되어야 한다. 행정 벌금을 부과할지 여부와 개별 벌금에 대한 행정 벌금 액수를 결정할 때 다음 사항을 고려해야 한다.

a. 해당 처리의 성격 범위 또는 목적을 고려한 침해의 성질, 중대성 및 지속 기간뿐만 아니라 영향을 받는 데이터 주체의 수 및 피해 수준

b. 위반의 의도적 또는 부주의한 성격

c. 데이터 주체가 입은 피해를 완화하기 위해 컨트롤러 또는 프로세서가 취한 모든 조치

d. 제25조 및 제32조에 따라 그들에 의해 시행되는 기술적 및 조직적 조치를 고려한 컨트롤러 또는 프로세서의 책임 정도

e. 컨트롤러 또는 프로세서에 의한 이전의 관련된 모든 위반 여부

f. 위반을 교정하고 위반의 가능한 악영향을 완화하기 위한 감독 당국과의 협력 정도

g. 위반의 영향을 받는 개인 데이터의 범주

h. 위반이 감독 당국에 알려지는 방식, 특히 컨트롤러 또는 프로세서가 위반 사실을 어느 정도까지 통보했는지의 여부

i. 제58조 (2)항에 언급된 조치가 이전에 동일한 주제와 관련하여 해당 컨트롤러 또는 프로세서에게 명령된 경우, 그러한 조치의 준수 여부

j. 제40조에 따라 승인된 행동 강령을 준수하거나 제42조에 따라 승인된 인증 메커니즘 준수 여부

k. 위반으로부터 직접 또는 간접적으로 회피되는 금융 이익의 획득 또는 손실과 같은 상황에 적용되는 악화 요인 또는 완화 요인

사업체 및 비영리 단체에 대한 최대 벌금

제83조 (4)항은 DPA가 최고 1,000만 유로 또는 벌금을 선고한 회계 연도의 전년도 연간 매출액의 2%에 해당하는 벌금 중 높은 금액으로 부과할

수 있게 한다. 제83조 (5)항은 이 기준치를 2,000만 유로와 4%로 인상한다. 따라서 컨트롤러 또는 프로세서의 최대 책임을 이해하려면 해당 작업이 사업체인지 아닌지 여부를 확인해야 한다. 이것은 그렇게 어려운 확인이 필요하지는 않다. 유럽법에 의해 사업체는 상업 활동에 종사하는 기업으로 정의되었다. 그러므로 공공 당국은 기업이 아니며 비법인 협회도 아니어야 한다.

그러나 제83조 (8)항은 모호함을 추가하고 있다. 회원국은 자신의 영토에 설립된 공공 기관 및 단체에 벌금이 부과될 수 있는지 여부와 그 벌금에 어느 정도 부과될 수 있는지에 관한 규정을 제정할 수 있다고 말하고 있고, 이는 공공 당국이 벌금 제도에서 벗어날 수 있음을 시사한다.

사업체의 최대 벌금

기업이 전 세계 연간 매출액의 2~4%의 벌금에 노출되어 있거나 그룹의 일원이라고 가정할 때 전 세계 연간 매출액을 기준으로 벌금에 노출되어 있는지 여부를 결정하기 위해서, 제83조 (4)항과 (5)항은 단일 독립체를 의미하는 '사업체'에 관해 논의한다. 그들은 사업체 그룹에 관해서 이야기하지 않는다. 그러나 제47조의 BCR 제도는 제4조의 정의된 용어인 사업체 그룹에 관해 논의한다.

이러한 점을 종합해 볼 때, 회사 그룹의 구성원인 회사는 그룹 매출의 일정 비율보다는 개별 매출액의 최대 비율까지만 벌금을 부과할 수 있다(백분율 값이 1,000만 또는 2,000만보다 높다고 가정할 때). 하지만 대기업의 경우 성격이 전혀 다른 사업을 영위하는 경우가 있는데, 이 경우 사업부문별 매출로 구분하여 벌금이 부과될 것인지는 논란의 여지가 있다.

🔒 법 집행 데이터 보호 지침

GDPR에는 공공 부문의 법 집행 단체의 활동을 다루는 법 집행 데이터 보호 지침(LEDP Directive, Law Enforcement Data Protection Directive 2016/680)이 수반된다. 그것은 주관청 개념(및 관련 협력과 일관성 메커니즘)과 재정적 처벌이 없는 것을 제외하고는 동일한 감독 및 시행 체제를 포함한다.

🔒 GDPR 감독 및 집행 핵심 조항

다음은 GDPR 조항 중 구제 감독 및 이의 집행에 관련된 핵심 조항이다.

조(항)	제목	적용 내용
12(4)	불만을 제기할 권리에 대한 정보—권리 행사 후	컨트롤러가 개인의 권리 행사에 응하여 조치를 취하지 않으면 해당 개인은 규제 당국에 불만을 제기하고 사법적 구제책을 구할 수 있음을 알릴 것이다.
13(2)(d) 및 14(2)(e)	불만을 제기할 권리에 대한 정보—일반 투명성	투명성에 대한 규칙의 일환으로 컨트롤러는 개인에게 규제 기관에 불만을 제기할 수 있음을 알려야 한다.
15(1)(f)	불만을 제기할 권리에 대한 정보—주체 접근에 대한 응답	주체 액세스 요청에 응답할 때, 컨트롤러는 개인에게 규제 기관에 불만을 제기할 수 있음을 알려야 한다.

27(4)	규제 당국 및 개인과의 협력 - 대표자에 의한	대표자는 개인 및 규제 당국과의 협의 문제를 다루기 위해 위임받아야 한다.
28	프로세서— 컨트롤러에 의한 감독	컨트롤러는 선택 메커니즘, 지침 제공, 계약 메커니즘 및 검사를 통해 프로세서의 컴플라이언스를 보장해야 한다.
30(4)	기록 보관— 처리 활동	컨트롤러, 프로세서 및 그 대리인은 요청에 따라 규제 당국이 자료 처리 활동 기록을 이용할 수 있도록 해야 한다.
31	협력—규제 기관과의 협력	컨트롤러, 프로세서 및 그 대리인은 요청에 따라 규제 당국과 협조해야 한다.
33(1) 및 34(1)	위반 알림	컨트롤러는 규제 기관에 개인정보 유출 사실을 알리고 자신의 권리와 자유에 대한 위험이 큰지 개인에게 알려야 한다.
33(5)	기록 보관— 위반 문서	컨트롤러는 개인 데이터 침해를 문서화하여 규제 기관이 위반 통지 규칙을 준수하는지 확인할 수 있도록 해야 한다.
35(4, 5 및 6)	DPIA— 목록	규제 기관은 여러 회원국에 물품이나 서비스가 제공되거나 여러 회원국에서 개인의 행동을 모니터링 할 때 일관성 메커니즘에 따라, DPIA가 수행되어야 하거나 수행할 필요가 없는 상황의 목록을 게시할 수 있다. 이 경우, 개인 데이터의 자유로운 이동에 상당한 영향을 미칠 수 있다.
36(1) 및 (5)	규제 당국과의 협의— DPIA 이후 그리고 공공의 이익에 따라 처리하기 전	컨트롤러는 DPIA가 처리가 위험 완화 조치가 없어서 개인의 권리와 자유에 큰 위험을 초래할 것이라는 점을 명시한 경우, 규제 기관과 협의해야 한다. 회원국은 공공의 이익을 위해 수행된 업무를 처리할 때 컨트롤러가 규제 기관과 협의하도록 요구할 수 있다.
36(4)	규제 당국과 협의—제안된 입법	회원국은 개인 데이터 처리와 관련된 입법안을 준비하는 동안 규제 기관과 협의해야 한다.
37(1) 및 39(1)	DPOs—임명 및 업무	DPO는 공공 기관(사법 활동을 수행할 때 법원을 제외하고)이 임명해야 한다; 컨트롤러 또는 프로세서의 핵심 활동에는 정기적인 체계적 대규모 모니터링이 연관된 경우; 또는 처리가 특수 범주의 개인 데이터 또는 범죄 데이터를 포함하는 경우; 그들의 임무는 규제 준수를 감시하고 규제 당국과 협력하는 것을 포함한다.

40(1) 및 (7) 및 41(1)	자율 규제— 행동 강령 및 인증	컨트롤러와 프로세서를 대표하는 단체의 준수를 위한 행동 강령 작성이 권장되어야 하며, 감독 기관은 일관성 메커니즘에 따라 해당 기관의 준수 여부를 모니터하는 단체를 인가할 수 있다.
42 (1) 및 43 (1) 및 (3)	자율 규제— 인증, 인감, 마크 및 인증 기관	인증 메커니즘, 인장 및 마크의 설정이 권장되어야 하며, 규제 기관과 국가 인가 기구는 일관성 메커니즘에 따라 인증 기관이 인증을 발급하도록 인가할 수 있다.
46(3)	이전—승인	감독 당국은 일관성 메커니즘에 따라 적절한 안전장치에 근거하여 이전을 승인할 수 있다.
47(1)	이전—BCR	규제 기관은 일관성 메커니즘에 따라 BCR을 통한 이전을 승인할 수 있다.
50	협력— 국제 협력	집행위원회와 감독 기관은 효과적인 시행을 위해 제3국과의 국제 협력 및 상호 지원 체제를 개발하기 위한 조치를 취해야 한다.
51	규제 당국— 독립적인 공공 기관	회원국은 규제 당국을 제공해야 하며 규제 당국은 독립적인 공공 기관이어야 한다.
52	규제 당국— 독립성 및 자원	규제 당국은 완전한 독립을 바탕으로 행동해야 하며 숙련되고 자원이 풍부해야 한다.
53	규제 당국— 멤버	회원국은 필요한 기술과 경험을 갖춘 규제 당국자를 임명하는 투명한 절차를 제공해야 한다.
54	규제 당국— 법률 및 규칙	규제 당국의 설립 및 임명을 규율하는 규칙은 회원국 법률에 포함되어야 한다.
55	규제 당국— 영토적 권한	규제 당국은 법원의 사법 능력에 의한 처리를 제외하고는 업무를 수행하고 자국 영역에서 GDPR의 권한을 행사할 능력이 있다.
56	규제 당국— 주관청 및 협력	국경 간 처리의 목적상 다국적 기업과 프로세서는 주관청이 주관하는 국가의 감독 당국에 의해 감독되어야 한다. 각 당국은 각국의 사업장과 관련된 처리에 대한 불만을 처리할 수는 있지만, 불만은 자국 영토에 있는 개인만이 관여하거나 실질적으로 관련되는 조건으로 하며, 제60조의 협력 절차에 따라 주관 당국에 이를 통보하는 것을 조건으로 한다.

57	규제 당국—업무	규제 당국의 광범위한 업무에는 GDPR의 모니터링 및 시행, 규칙, 안전장치 및 권리에 대한 인식 및 이해 증진; 불만 사항 처리; 기술 및 상업 관행의 발전 모니터링; 자율 규제 (코드, 인장 등)의 계획 촉진; 이전 메커니즘 (계약, BCR)에 대한 승인 및 허가 제공을 포함한다. 그들은 개인 및 DPO에 무료로 서비스를 제공해야 한다.
58	규제 당국—권한	규제 당국은 정보 제공 및 감사 실시 권한, 시설, 데이터 및 장비에 대한 액세스 권한을 주문할 수 있는 권한을 포함하여 광범위한 권한을 보유한다; 경고, 징계 및 시행 명령을 내리는 능력, 벌금을 부과하고 법적 소송을 제기할 수 있는 권한; 조언과 승인을 제공할 권한이 있다.
59	규제 당국—활동 보고서	규제 당국은 회원국 의회와 정부, 그리고 집행위원회와 EDPB 앞에, 수행되어야 할 활동에 관한 연례 보고서를 공표해야 한다.
60	협력—주관청 및 기타 규제 당국	주관청과 다른 규제 당국 간의 협력은, 정보 공유, 상호 원조, 규제 당국의 광범위한 공동체가 EDPB에 단계적으로 에스컬레이션하는 주관청 초안 결정에 대해 적절하고 합리적인 반대를 할 수 있는 기회를 제공하는 시간표가 있는 프로세스 및 긴급 절차에 기반한다.
61	협력—상호 지원	규제 당국 간의 협조는 시간표를 부여한 절차에 따라 원조 요청을 통해 이루어지지만, 이러한 요청이 충족되지 않으면 긴급 절차가 시작된다.
62	협력—공동운영	적절한 경우 규제 당국은 공동 조사 및 집행 활동에 참여해야 하며, 다국적 기업과 관련된 경우 사업장이 있는 회원국의 규제 기관 또는 개인에 대해 현저한 영향이 있는 회원국의 규제기관이 참여할 권리가 있다.
63	일관성 메커니즘	GDPR의 일관된 적용은 협력 절차와 일관성 메커니즘을 통해 이루어진다.
64	일관성—EDPB 의견	일관성 메커니즘의 일환으로 EDPB는 DPIA 목록, 행동 강령, 인가, 계약 조항, BCR 및 상호 지원 및 공동운영 요청에 대한 거부와 같은 일반적인 신청 사항에 대한 의견을 발표할 것이며, 이는 시간표가 있는 절차에 따라 달라질 것이다.
65	일관성—분쟁 해결	시간표가 있는 절차에 따라, EDPB는 어떤 규제 당국이 주관청이 되어야 하는지에 대한 논쟁에 대해 주관청 결정에 대한 반대에 관하여, 제64조에 따라 EDPB의 견해를 요청하지 않거나 의견이 뒤따르지 않은 경우, 구속력 있는 결정을 내릴 수 있다.

66	일관성— 긴급 절차	개인의 권리와 자유를 보호해야 할 필요가 있는 예외적인 경우, 규제 당국은 자국에서 잠정 조치를 채택하기 위한 협력 절차와 일관성 메커니즘을 우회할 수 있으며, 그 이후에 문제에 관심이 있는 다른 규제 기관, 집행위원회와 EDPB에 알려야 한다. 이는 최종 규제 조치가 필요하다고 판단되는 긴급한 의견이나 결정에 대해 EDPB에 적용할 수 있으며, 긴급한 경우 다른 기관이 적절한 조치를 취하지 못했다고 판단하는 어떤 규제 기관도 긴급한 의견이나 결정에 대해 이를 적용할 수 있다.
67	일관성— 정보 교환	집행위원회는 규제 당국 간 전자 정보 교환을 위한 조치를 규정하기 위한 법적 조치를 채택할 권한이 있다.
68	EDPB— 구성	EDPB는 국가 규제 기관의 장과 European Data Protection Supervisor로 구성되며, 집행위원회의 대표가 회의에 참석한다.
69	EDPB— 독립성	EDPB는 아무에게도 지시를 받지 않고 독립적으로 행동할 것이다.
70	EDPB— 업무	EDPB의 역할은 규제의 일관된 적용을 보장하고 규제 기관 간 협력을 지원하고 일관성 메커니즘을 적용하는 것 이외에 조언, 지침, 권장 사항 및 모범 사례를 발표해야 한다.
77	구제책— 불만	개인은 자신의 거주지, 작업 장소 또는 침해 혐의 장소의 규제 기관에 불만을 제기할 권리를 가지며, 규제 기관은 진행 상황, 결과 및 사법 구제 가능성을 그들에게 알려야 한다.
78	구제책— 규제 기관에 대한 구제책	개인과 법인은 그들과 관련된 규제 기관의 법적 구속력 있는 결정에 대한 효과적인 사법 구제를 받을 권리가 있으며, 절차는 규제 기관이 설립된 법원에 제기되어야 한다.
79	구제책— 컨트롤러 및 프로세서에 대한 구제책	개인은 불이행으로 인해 권리를 침해한 것으로 컨트롤러 또는 프로세서에 대한 효과적인 사법적 구제를 받을 권리가 있으며, 컨트롤러 또는 프로세서가 공공 기관인 경우를 제외하고는, 자신의 주거지 법원에서 고소하거나, 컨트롤러 또는 프로세서가 있는 곳이 주거지와 다르다면, 그곳에서도 고소할 수 있다
80	구제책— 개인의 대표	개인은 비영리 단체(CSO)가 자신을 대신하여 불만 사항 및 법적 절차를 접수 및 수행하고 수여되는 보상을 받을 수 있으며, 회원국은 개인의 위임없이 이러한 대표 절차를 허용할 수 있다.
81	구제책— 절차 중지	법원이 다른 회원국에서 유사한 절차에 관한 정보를 가지고 있는 경우, 법원은 확인을 위해 다른 법원에 연락해야 하며, 이는 절차의 중지, 관할권의 허락 또는 소송의 통합으로 이어질 수 있다.

82	구제책— 보상	피고가 손해를 초래한 사건에 대해 책임지지 않았다는 것을 증명할 수 없는 한, 개인은 GDPR 위반으로 인해 물질적 또는 비물질적 손해가 발생한 경우 컨트롤러 또는 프로세서로부터 보상을 받을 권리가 있다.
83	구제책— 벌칙 및 벌금	규제 당국은 벌금을 부과할 수 있으며, 효과적이고, 비례하고, 단념시키는 다른 조치를 취할 수 있으며, 경우에 따라 전 세계 매출액의 2%와 4%까지 벌금을 부과할 수 있지만, 그렇게 하기 전에 본질, 중대성과 침해 및 기타 규정된 요소들의 기간을 고려해야 한다.
84	구제책— 기타 벌칙	회원국은 효과적이고, 비례하며, 단념시키게 하는 다른 처벌 규정을 제정해야 한다.

🔒 결론

이제는 명확하게 알 수 있듯이, GDPR은 대부분의 조직에 위협이 될 수 있는 제재를 발효하는 능력을 포함하여 EU의 규제 당국에 중요한 새로운 권한을 부여한다. 영국의 ICO를 제외하고 대부분의 회원국에서 DPA에 의해 촉발된 집행 조치는 상대적으로 드문 반면, GDPR에 의해 부여된 강화된 권한이 DPA로 하여금 증가된 조치를 하도록 할 것으로 보인다.

그러나, 각 회원국들이 DPA에 부여한 자원에 대한 의문이 남아 있다. 많은 DPA는 GDPR이 가까워 옴에 따라 인원을 늘리고 자금을 요구했다. 그들이 얼마나 활발하게 활동할지는 두고 봐야 한다.

Part 3

GDPR 적용 기타 사례

Part 3에서는 적용 사례 및 앞에서 언급되지 않은 고용관계와 같은 특수한 환경 하에서 GDPR과 관련해 준수해야 하는 사항들에 대해서 알아본다.

고용관계

이 장에서는 고용관계에 있는 직원에 대해서 개인
정보를 처리할 때 필요한 고려사항을 알아본다.

🔒 직원 데이터

고용주는 채용, 혜택, 급여, 인력 파일, 질병 기록, 모니터링 및 평가, 인력 보고서 및 퇴직 등 다양한 목적으로 잠재적인, 현재 및 과거의 직원에 관한 개인 데이터를 수집하고 사용한다. 고용주는 고용법상의 의무를 준수하고 직원을 보호하기 위해 직원 데이터를 수집해야 할 수도 있다.

고용주는 직원의 개인 데이터를 처리할 때 해당 상황에 적용되는 회원국 고용법상의 의무를 항상 고려해야 한다. 예를 들어, 다양한 국가 노동협의회와 협의해야 할 필요가 있을 수 있다(노동협의회에 대한 자세한 내용은 아래 참조). 직원 권리 법률이 강력하고 데이터 수집이 직원의 개인정보 보호에 중요한 영향을 미치는 상황에서는 컨설팅이 종종 필요하다.

각국의 고용법은 EU 전 국가별로 상당히 다양하기 때문에 데이터 보호와 고용법의 혼합으로 인해 규정 준수가 복잡해질 수 있다. 또한 핀란드 같은 일부 EU 국가는 직원 데이터를 다루는 특정 법률을 가지고 있거나, 독일처럼 감시를 둘러싼 구체적인 직장 개인정보 보호법을 시행할 수 있다. 사실 GDPR 제88조는 회원국이 직원의 개인 데이터 처리에 관한 보다 구체적인 규칙을 제공할 수 있음을 인정한다. 이 규칙에는, 기업 집단 또는 직장에서 공동 경제 활동 및 모니터링 시스템에 관련된 사업체 또는 기업 집단 내에서의 개인 데이터의 이전과 관련하여 특히 처리의 투명성(1장에서 다루는 개념)과 관련된, 데이터 주체의 인간 존엄성, 합법적인 이익 및 기본적 권리를 보호하기 위한 적절하고 구체적인 조치가 포함되어야 한다. 회원국이 국내법을 시행하는 경우 유럽연합집행위원회(Commission)에 그러한 법률을 통보해야 한다.

고용주는 직원에게 자신의 개인 데이터에 대한 액세스 권한을 부여하는 것을 포함하여 직원 데이터가 GDPR의 모든 측면에 따라 처리되도록 해야 한다.

🔒 직원 개인 데이터 처리를 위한 법적 근거

고용주는 일반적으로 직원의 개인 데이터를 처리하기 위해 다음과 같은 근거에 의존한다.

- 직원이 동의한 경우(아래에 설명된 바와 같이 동의에 의존하는 것은 상당한 단점이 있음에도 불구하고)
- 사용자와 고용인 간의 고용계약을 이행하기 위해 처리가 필요한 경우
- 사용자가 법적 의무를 이행하기 위해서는 처리가 필요한 경우
- 처리는 고용주의 합법적 이익을 위해 필요한 경우

일반적으로 고용주와 고용인 간의 고용계약에는 고용주가 자신의 개인 데이터를 사용할 수 있다는 데 동의한다는 조항이 포함되어 있다.

종종 고용계약서는 직원에 대해 수집된 개인 데이터를 고용주가 사용하는 방법을 자세히 설명하는 대신, 직원용 안내서나 통지로 갈음한다.

동의

직원의 동의를 얻는 것이 직원 데이터를 처리하기 위한 쉬운 솔루션인 것처럼 보이지만 현실에서는 이를 피하는 것이 가장 좋다. 타당한 면에서 동의는 반드시 동의를 표명하는 직원의 희망에 대해 자유롭고 구체적이며 정보가 풍부하고 모호하지 않은 표시가 되어야 하기 때문에 EU 데이터 보호법에서 요구되는 진정한 동의로 판단되기가 매우 어렵다.

데이터 보호 당국(DPA)은 근로자가 진정한 자유 선택을 하고 피해를 받지 않고 동의를 철회할 수 있는 상황에 동의에 의존해야 한다고 규정했다. 동의가 어떠한 대가가 따른다면 유효하지 않은 동의가 될 가능성이 높다. DPA의 관심사는 고용주와 고용인 관계에서 불평등한 힘의 균형으로 인해 직원들이 진정한 자유를 누릴 수 없다는 것이다. GDPR의 Recital 43은 구체적으로 데이터 주체와 컨트롤러 간에 명확한 불균형이 있는 특정 경우에 동의가 개인정보 처리를 위한 유효한 법적 근거를 제공해서는 안 된다고 명시한다. 직원들은 거절하는 것을 두려워할 수 있으므로 데이터 사용에 대한 동의를 제공하라는 압박감을 느낄 수 있다. 따라서 고용주는 이후의 동의 철회가 처리 활동의 합법성이나 직원 고용에 해를 끼치지 않는 경우를 제외하고는 동의에만 의존하는 것은 바람직하지 않다.

직원이 동의하더라도 현지 법에 따라 직원 데이터 처리가 불법이거나 불공정하다는 것을 인식하는 것이 중요하다. 직원은 특정 개인 데이터 수집에 동의했을 수 있다. 예를 들어 현지 법률에 따라 이러한 유형의 처리에 대한 동의를 제공할 수 없다고 명시된 경우에도 마찬가지이다. 또는, 동의서에는 고용주가 추구하는 목적에 부합하지 않는 데이터 수집이 포함될 수 있다. 즉, 동의가 얻어지더라도 고용주는 여전히 데이터 보호법의 다른 모든 측면을 준수해야 한다.

동의는 사실상 절대적으로 필요한 경우에만 사용자가 기대는 마지막 수단이다. 이렇게 말하면서 특정 EU 국가들은 여전히 동의를 요구한다. 이는 고용주가 서면으로 직원의 동의를 얻어야 하며, 종종 고용주가 직원의 데이터를 사용하고자 하는 방법에 대해 자세히 설명하는 긴 통지를 할 수 있음을 의미할 수 있다.

고용계약 이행에 필요한 처리

고용계약을 성취하기 위해서는 고용주가 직원 개인 데이터를 처리해야 한다. 예를 들어, 고용인은 고용인의 이름과 은행 세부 사항을 처리해야 한다. 또는 고용주의 통신 시스템을 사용함으로써 고용인에 관한 특정 정보가 수집되어 고용주에 의해 처리된다.

법적 의무에 필요한 처리

특정 법률에 따라 고용인 데이터를 처리해야 하는 고용주에게 특정 의무가 부과될 수 있지만 GDPR은 EU 또는 회원국 법이어야 한다는 것이 분명하다. 예를 들어 고용주는 일반적으로 지방 세무 당국에 급여에 대한 세부 사항을 제공해야 한다.

합법적 이익

많은 경우 고용주는 직원에 대한 개인 데이터를 처리하기 위해 합법적인 이익 기반에 의존할 수 있다. 예를 들어 고용주가 이전 급여 시스템에서 새 고용 통계 시스템으로 직원 데이터를 이전하기 위해 구조적 시스템 변경을 수행하는 경우 이는 합법적인 이익을 기반으로 처리될 수 있다. 그러나 공공 당국은 직원 데이터를 처리하는 경우에도 합법적 이익 기반에 전혀 의지할 수 없다.

🔒 민감한 직원 데이터 처리

인종 또는 민족, 정치적 견해, 종교적 또는 철학적 신념, 노동조합 가입,

유전자 데이터, 생체 인식 데이터 또는 건강 또는 성생활에 관한 데이터(모두 광범위하게 해석될 수 있음)에 대한 민감한 개인 데이터를 수집하고 처리하는 경우, 사용자는 GDPR 제9조에 명시된 예외 사항 중 하나를 준수하는지 확인해야 한다. 이러한 예외 중 첫 번째는 개인의 명시적인 동의에 의존하지만 이 옵션은 고용주와 직원 관계에서 직원의 유효한 동의를 얻는 데 어려움이 있으므로 고용주의 최후의 수단이 되어야 한다. 또한 일부 회원국에서는 고용주가 직원으로부터 동의를 얻더라도 민감한 개인 데이터 처리에 대한 금지를 해제할 수 없다.

GDPR 제9조 (2)항은 EU 또는 회원 국가 법률 또는 단체협약에 의해 승인된 고용법, 사회보장법 및 사회보호법에 따라 컨트롤러가 의무를 수행하고 특정 권리를 행사하는 데 필요한 민감한 개인 데이터 처리를 인정한다. 많은 관할 지역에서 민감한 직원 데이터를 처리할 수 있는 정도는 수반되는 고용법 또는 노동법에 따라 다르다. 예를 들어, 폴란드의 노동법은 고용주가 고용인이나 고용 후보자에게 요청할 수 있는 데이터를 제시한다. 포르투갈에서는 고용주가 직원에 대한 중요한 데이터를 처리하기 위해 DPA의 허가를 받아야 한다. 또는 지역 DPA는 직원 데이터 처리와 관련된 특정 권한을 발급할 수 있다. 이탈리아 DPA는 직원의 동의없이 중요한 데이터를 처리하는 것과 관련된 여러 가지 권한을 발급했다. 이것은 '직업 및/또는 인구 위생 및 안전, 사회보장 및 지원과 관련하여 고용주와 직원 간 관계 관리와 관련한 법률, 규정 또는 EU 법률에 명시된 특정 업무 및 의무를 수행'하는 데 필요한 처리를 포함한다.

고용주가 부당 해고에 대한 청구와 관련하여 법적인 배상을 확립, 행사 또는 방어하기 위해 고용인이 민감한 개인 데이터를 처리해야 할 수도 있다. 고용주는 적용되는 모든 관련 고용 규칙을 포함하여 현지 법률에 따라 사용할 수 있는 근거를 면밀히 검토해야 한다.

🔒 통지 제공

|

직원 데이터를 처리하는 데 사용된 합법적인 근거와 관계없이, 직원에게 데이터 사용에 대해서, 어떤 목적을 위한 것인지, 질문을 하기 위해 누구에게 연락해야 하는지, 데이터와 관련하여 어떤 권한이 있는지에 대한 정보를 직원에게 적절히 알리는 것이 필요하다. 고용주는 직원 핸드북을 통해 또는 모든 신입 사원에게 제공되고, 회사의 인트라넷에서와 같이 요청에 따라 사용할 수 있는 특정 통지 문서를 통해 이를 수행하도록 선택할 수 있다. 통지는 최신 상태로 유지되어야 하며 새로운 목적이 추가될 때 직원에게 통보해야 한다. 특히 GDPR에 따르면, 통지는 필요한 수준의 세부 정보를 제공하여 직원이 처리 목적, 법적 근거, 합법적 이익이 무엇인지, 그 근거가 신뢰되는지, 어디로 이전되는지, 얼마나 오래 저장하는지도 이해할 수 있도록 세부사항을 제공해야 한다.

🔒 인사 기록 보관

|

고용주는 개인이 직책에 지원하는 순간부터 직원에 대한 세부 정보를 수집하기 시작한다. 직원과 관련된 기록은 모집, 병가, 의료 보험 및 연봉에서 감정 평가, 성과 평가 및 퇴직에 이르기까지 광범위한 활동을 포괄한다. 이러한 기록에는 데이터 보호 규칙에서 필요한 것보다 오래 보관해서는 안 되는 개인 데이터가 포함되어 있다. 일반적으로, 개인이 현재 직원인 동안 고용주는 직원의 데이터를 보유할 정당한 이유가 있다. 그러나 직원이 퇴직하면 그 이유가 줄어들 수 있다.

각기 다른 현지 법률에 따라 고용주는 직원 데이터를 보관해야 한다.

여기에는 회사법, 고용법 및 보건 안전법상의 의무가 포함된다. 후자에는 기계를 조작하는 개인에 대한 건강 및 안전 점검과 관련하여 고용주가 보관해야 하는 기록이 포함될 수 있다. 고용주는 또한 근로자의 개인 데이터를 노동, 세금 및 사회보장 법령을 준수하는 데 필요한 정도로 또는 직원의 개인 데이터를 보존해야 하는 다른 규정과 함께 유지해야 할 수도 있다.

그러나 누군가의 고용이 끝나면 고용주는 일반적으로 전 직원의 기록에 대한 내부 액세스 권한을 변경해야 한다. 인사 부서가 전직 직원의 기록에 액세스하는 데 필요한 일상적인 요구 사항은 거의 없다. 이러한 상황에서 보유해야 하는 전 직원에 대한 데이터는 안전하게 보관해야 한다.

🔒 직장 내 모니터링 및 데이터 손실 방지

직원은 직장에서의 사생활 침해에 대한 권리를 잃지 않는다. 유럽의 법률은 직장의 사적인 영역이 보호되고 있음을 인정한다. 그러나 이 프라이버시 권리는 고용주가 사업을 운영하고 회사 또는 조직을 직원의 불법 행위로부터 보호할 수 있는 합법적 권리와 균형을 이룬다.

배경 점검

잠재적인 직원과 기존의 직원에 대한 배경 조사가 점점 더 보편화되고 있다. 이러한 증가의 원인 중 하나는 데이터 유출이 파렴치한 직원의 작업일 수 있다는 인식이다. 사슬의 약한 고리는 기술적인 것이 아니라 인간에 의한 것이 많다. 또한 아웃소싱 또는 서비스 회사는 고객이 고객 프로젝트를 수행할 담당자에 대한 배경 검사를 요청할 수 있다. 배경 조사는 소셜 네트워크 웹 사이트의 개인 상태 확인부터 과거 범죄 활동 확인을 위한 교육 배경 검증까지 다양한 단계에서 작동할 수 있다. 고용주는 배경 조사 절차의 일환으로 블랙리스트를 작성하거나 고용하지 않을 개인을 식별하지 않도록 주의해야 한다.

블랙리스트는 개인의 사생활 침해로 간주되며 일반적으로 불법이다. 경우에 따라 관할 지역은 배경 점검을 구체적으로 다루는 법률을 가지고 있다. 핀란드에서는 점검을 수행할 수 있는 사람을 정의하고 점검의 대상인 개인의 사전 서면 동의가 필요한 2002년 배경 조사법이 있다. 그렇지 않으면 배경 조사를 수행할 때 지켜야 할 규칙은 데이터 보호 및 고용법에 의해 결정되며 이는 회원국마다 다를 수 있다.

데이터 손실 방지

데이터 손실 방지(DLP) 기술은 최근 몇 년 동안 사용자들에게 점점 인기를 얻고 있다. 기업은 외부 및 내부 위협으로부터 IT 인프라와 기밀 비즈니스 정보를 보호하기 위해 DLP 도구를 사용한다. DLP 도구는 필연적으로 직원 및 기타 제3자 개인 데이터를 처리해야 한다. 직원이 개인 활동에 사용할 수 없더라도 개인정보가 포함될 수 있는 전자 메일 교환 서버와 같은 직원이 사용하는 네트워크 및 시스템에서 작동하기 때문이다. DLP 도구의 사용은 조직의 데이터 손실 방지에 중점을 두는 것이 도구의 최우선 의도이지만 직원 모니터링의 한 형태이다.

직원 모니터링

작업장에서 생성된 직원에 관한 개인 데이터는 데이터 보호 규칙에 따라 고용주가 계속 사용한다. 고용주는 관련 지역 고용법 및 전자 통신의 개인정보 보호와 관련된 특정 규칙을 준수해야 한다. 고용주는 직원이 고용주 장비를 사용하거나 승인되지 않은 활동으로 의심되는 경우를 포함하여 여러 가지 이유로 직원을 모니터하기로 결정할 수 있다.

고용주가 작업장 모니터링을 수행하기를 원할 경우 특히 다음과 같은 데이터 보호 원칙을 준수해야 한다:

- 필요성: 고용주는 모니터링이 실제로 필요하다는 것을 증명할 수 있어야 한다.
- 합법성: 고용주는 개인 데이터 및 해당되는 경우 중요한 개인 데이터를 수집하고 사용하기 위한 합법적인 근거가 있어야 하며, 처리는 공정해야 한다.
- 비례성: 발생하는 모든 모니터링은 고용주가 다루는 문제에 비례해야 한다.
- 투명성: 사용자는 수행할 모니터링을 직원에게 명확하게 알려야 한다.

모니터링 활동을 통해 수집된 직원에 관한 모든 개인 데이터는 직원이 회사 정책이나 법률을 위반했는지 여부를 결정하는 것과 같이, 안전하게 보존하고 합법적인 이유가 있는 회사 내부 직원만 액세스해야 한다. 이러한 데이터는 더 이상 필요가 없어지면 삭제해야 한다. 물론 유지해야 할 사업적인 필요가 있을 수 있다. 회사가 데이터를 보존해야 할 필요가 있는 한 가지 예는 모니터링을 통해 얻은 정보로 인해 해고된 직원이 해고에 이의를 제기한 경우이다.

필요성

고용주는 계획된 모니터링 활동을 진행하기 전에 그 목적을 위해 실제로 필요하다는 것을 확신해야 한다. 즉, 사용자는 모니터링을 시작하기 전에 다른 덜 침투적인 감시 방법을 고려해야 한다. GDPR에 따르면 사용자가 모니터링하여 개인의 권리와 자유에 대한 높은 위험을 초래할 가능성이 있는 경우, 사용자는 데이터 보호 영향 평가(DPIA) 또는 개인정보 영향 평가(PIA)를 수행해야 한다. DPIA를 수행하면 계획된 모니터링이 실제로 필요하고 비례하는지 여부를 결정하는 데 도움이 된다(비례에 대한 자세한 설명은 이 장의 '비례성' 참조).

DPIA는 개인에게 제안된 데이터 처리 활동의 개인정보 위험을 고려하는 프로세스이다. 이는 개인 데이터를 처리하기 위한 개시의 초기에 시작되어야 하는 투명하고 협의적인 프로세스이다. 예를 들어 회사에서 직원 활동을 모니터링하는 DLP 소프트웨어를 사용하기로 결정한 경우 DPIA가 적합하다. DPIA를 수행하면 조직에서 초기 단계에서 개인정보 위험을 식별하고 위험을 완화하기 위해 수행해야 할 작업을 고려할 수 있다. DPIA 수행에 대한 자세한 내용은 3장을 참조하면 된다.

합법성

고용주가 수행하고자 하는 모니터링은 합법적이어야 한다. 즉, 모니터링을 위한 합법적인 기반이 있어야 한다. 고용주는 인터넷 사용을 모니터링하여 직원들이 포르노그라피를 다운로드하거나 고용주에 대한 기밀 정보를 외부인에게 공개하지 않도록 할 수 있다. 또는 모니터링은 작업자의 안전을 보장하기 위한 것일 수 있다. 데이터 보호 측면에서 볼 때 이는 합법적인 이익 균형 테스트에 의존한다는 것을 의미한다. 고용주는 기밀 정보가 경쟁자에게 보내지는 것을 방지하는 것과 같은 중대한 위협으로부터 비즈니스를 보호하기 위한 합법적인 이해관계를 가지고 있다. 따라서 고용주는 합법적인 이익 기반이 요구하는 균형 테스트를 수행해야 한다. 합법적 이익의 근거와 달리, WP29는 근로자의 전자 메일 모니터링을 합법화하기 위한 동의의 사용이 매우 제한적이라고 지적했다. 동의의 사용이 매우 제한적이라는 동일한 원칙은 모든 유형의 모니터링에도 적용된다.

민감한 데이터 수집과 관련된 모니터링은 문제가 될 수 있다. 그러나 제9조는 EU나 회원국 법 또는 적절한 안전 조치를 제공하는 주 법 또는 단체협약에 의해 승인된 경우, 고용법, 사회보장법 및 사회보호법에 따라 의무를 이행하고 고용주의 구체적인 권리를 행사할 목적으로 필요한 경우에 민감한 데이터를 처리할 수 있다. 따라서 고용주는 모니터링이 인종, 민족, 종교, 정치적 견해 및 성생활과 관련된 데이터 처리를 포함할 것으로 예상되는 경우, EU 및 현지 법에 대한 지침을 필요로 한다. 경우에 따라 모니터링 활동을 통해 직원의 중요한 데이터를 처리할 수 있는 근거가 충분하지 않을 수 있다.

고용주는 현지 고용법을 참조해야 한다. 개인을 모니터링하는 것이 항상 합법적인 것은 아니며 일부 EU 국가에서는 어떤 유형의 모니터링이 합법적인 것으로 간주되는지에 관한 규칙이 엄격하다.

또한 근로자가 5명 미만인 회사의 경우 독일과 같은 국가에서 단체협약을 고려하거나 근로 협의회와 상의할 필요가 있다(직원 데이터 사용과 관련하여 어떤 보호조치가 있는지 확인하기 위해 필요하다). 한 가지 예로서, 오스트리아에서는 고용법이 직장 협의회와 먼저 합의하지 않고 인간의 존엄성을 저해하는 모니터링 시스템을 고용주가 구현하는 것을 제한한다. 근로자 경험의 중대한 변화에 대해 고용주와 단순히 상의해야 할 수도 있는 직장 협의회 간의 합의는 어떤 유형의 모니터링이 허용되는지 구체적으로 제시할 수 있다. 고용주의 다른 모니터링은 불법일 수 있다.

직원 모니터링은 침해가 있는 것으로 간주되지만, 침해에도 수준이 있다. 예를 들어, WP29는 바이러스를 탐지하고 원치 않는 상업성 전자 메일을 필터링하기 위해 전자 메일을 검사하는 것이 적절한 보안 조치를 보장하는 일환으로 정당화된다고 지적했다. 특정 관할 지역에서는 인터넷 시간 또는 업무와 무관한 번호로 발신하는 전화 통화의 규칙성을 모니터링 할 수 있지만, 방문한 웹 사이트 내용이나 전화 대화 내용을 녹음하는 것을 허용하지 않는다. 또한 모니터링이 구현되기 전에 직원들이 고용주의 설비를 오용하는 것을 방지하기 위한 다른 메커니즘을 찾는 것이 좋다. 고용주는 직원들이 그러한 웹 사이트에서 시간을 보내는 것을 방해하는 방법으로 방문한 특정 웹 사이트에 대한 액세스를 차단할 수 있다. WP29는, 특히 탐지보다 예방이 중요하다는 것을 강조하였다.

또한 기본권에 대한 CJEU의 결정과 유럽 인권 협약에 대한 유럽 인권 법원의 결정을 포함하여, 인권법상의 함의를 고려할 필요가 있다.

비례성

고용주가 모니터링을 수행하기를 원할 때 제안된 모니터링이 고용주의 우려에 비례하는지 여부를 고려해야 한다. 직원이 고용주에 대한 기밀 정보를 전달하지 않도록 모든 직원의 이메일을 철저히 모니터링하는 것은 불균형을 낳는다. 그러나 이메일의 대량 자동화 모니터링은 시스템의 약점을 탐지하는 기술적 수단을 사용하여 그러한 모니터링이 수행되는 고용주의 IT 시스템 보안을 보장하는 데 비례할 수 있다.

따라서 모니터링 활동은 잠재적 또는 알려진 위협에 대한 합리적이고 현실적인 대응책으로 고안되어야 한다. 비례에 대한 필요성은 데이터 최소화 규정에 따라, 개인 데이터가 적절하고 관계 있으며 처리 목적과 관련하여 필요한 것으로 제한되어야 한다는 원칙과 연결된다. 따라서 가능한 경우 이메일을 모니터링하는 사람은 이메일을 보낸 사람과 메시지의 내용을 모니터링하는 것이 아니라, 이메일을 통해 생성된 트래픽 데이터로 제한되어야 한다. 기술적인 방법을 사용하여 전자 메일의 크기와 수를 평가할 수 있다. 실제로 전자 메일을 열어 내용을 읽는 것은 보통 불균형한 경우에 해당된다.

단체 교섭 협약은 모니터링 활동의 비례를 고려하는 고용주에게 유용한 기준점이 된다. 단체협약서에 특정 상황에서 고용주가 특정 모니터링 활동을 수행할 자격이 있다는 사실이 인정되면 비례에 관한 이해 관계의 균형이 깨질 수 있다.

투명성

GDPR에 따른 고시 요구 사항에 따라 고용주는 직원에게 모니터링 활동에 대한 충분한 정보를 제공해야 한다. 이러한 투명성은 통지 요건을 충족시키는 것뿐만 아니라, 직장에서의 시간이 모니터링되는 방식에 대한 직원의 기대치를 설정하는 데 중요하다. 기대치를 설정하는 것은 모니터링이 합법적임을 보장하는 데 있어 핵심이다. 직원이 고용주의 장비 사용과 관련하여 작업장에서 기대되는 기준을 사전에 통보받고, 또 이 사용이 모니터링될 것이라는 것을 통보받는 경우, 직원은 향후 자신의 활동이 기준에 위배된다는 사실을 알지 못한다고 주장할 범위가 작다. 과거에는 직원들에게 모니터링에 대한 정보를 미리 제공해야 한다는 요구 사항은 법원이 이 문제를 어떻게 보는지에 대해 매우 중요한 영향을 주었다. 고용주가 그들의 활동이 모니터링될 것임을 직원에게 알리지 않으면, 고용주는 모니터링을 통해서만 행동을 포착한 악의적인 직원에 대한 소송에서 질 수 있다.

만약 직원들이 자신의 행동이 직장에서 모니터링될 것이라고 듣지 않았다면, 그들은 프라이버시에 대한 더 큰 기대를 가질 수밖에 없다. 직원에게 모니터링 방법을 알리면 기대치가 낮아질 수 있다. 하지만 그렇다고 해서 고용주가 직장 프라이버시가 없다고 경고했기 때문에 직장에서의 프라이버시가 부족한 것이 수용가능 하다고 고용주가 주장하는 것은 불가능하다. 근로자가 완전히 프라이버시가 근절될 수 없는 작업장에서 일정 수준의 사생활을 누리고 있음을 법이 인식했기 때문에, 법원 또는 DPA는 그러한 포괄적인 경고를 합법적인 것으로 인정하지 않을 것이다.

따라서 고용주는 모든 신규 및 기존 직원의 주의를 끌 수 있는 허용 가능한 사용 정책(AUP)을 소개하고 고용주의 통신 장비(예: 전화, 인터넷, 전자 메일)의 예상 사용 기준을 자세하게 설명하고 해당 직원의 사용을 모니터링할 수 있다. AUP는 고용주 장비의 사적 사용이 허용되는 양을 명시해야 한다. 일반적으로 직원의 사적인 통신은 열어보거나 모니터링해서는 안 된다. 고용주는 고용주 장비의 사적 사용이 허용되지 않는다고 AUP에 명시함으로써 이 규칙을 우회하도록 유혹받을 수 있다. 그러나 특정 DPA뿐만 아니라 법원들도 직원이 고용주의 장비를 제한적인 개인 용도로 사용할 권리가 있다고 말하였다. 이메일 사용을 다루는 또 다른 방법은 고용주가 회사 이메일 계정을 회사 업무용으로만 사용할 수 있다고 규정하는 것이지만, 직원은 제한된 개인용으로 회사 장비에서 개인 이메일 계정을 사용할 수 있다.

고용주는 또한 직원의 회사 장비 사용에 관한 기대치와 고용주의 모니터링 권리에 대해 상기시킬 수 있다.(예를 들어 직원이 회사 컴퓨터에 로그온할 때 팝업되는 팝업 상자를 통해)

물론, 고용주가 은밀한 모니터링을 고려하는 것이 필요한 상황이 있을 수 있다. 왜냐하면 모니터링되고 있음을 특정 개인에게 알리는 것은 그 사람이 잘못된 행동을 의심받는 것이라는 암시를 하는 것이기 때문이다. 고용주가 도난 사실을 의심할 만한 합리적인 근거가 있는 경우, 비밀리에 조사하는 것이 적절할 수 있다. 일부 EU 관할권에서는 이러한 종류의 은밀한 감시가 아주 좁은 환경에서만 허용되며 특정 관할에서는 전혀 허용되지 않다. 대신 경찰이 개입해야 한다. WP29는 현지 법이 허용하는 경우를 제외하고 고용주가 은밀한 이메일 모니터링을 허용하지 않는다고 명시했다. 이러한 모니터링은 직원의 특정 범죄 행위가 확인되었을 경우일 가능성이 크다.

고용주가 제공해야 할 정보

WP29는 고용주가 직원에게 제공해야 하는 정보에 관한 지침을 아래와 같이 제시했다.

- 회사 이메일/인터넷 정책: 직원이 개인/개인 통신을 위해 회사 소유의 통신 시설을 사용할 수 있는 범위(예: 시간 및 사용 기간 제한을 자세히 설명해야 한다.)
- 감시가 있는 경우 그 이유와 목적: 고용주가 회사의 통신 시설을 명백한 사적 목적으로 사용하도록 허용한 경우, 그러한 사적인 통신은 매우 제한된 상황에서 정보 시스템의 보안을 보장하기 위해(예: 바이러스 검사 또는 중재인 예방) 감시 대상이 될 수 있다.
- 수행된 감시 조치의 세부 사항: 누가, 무엇을, 어떻게, 언제 감시하는지
- 근로자가 내부 정책 위반에 대해 통보를 받는 방법과 시기에 대해 설명하고 그러한 요구에 대응할 수 있는 기회를 제공하는 시행 절차에 대한 세부 정보

특히 이메일 모니터링과 관련해서는 아래와 같은 구체적인 지침을 제시하고 있다.

- 근로자가 순수하게 개인 용도로 이메일 계정을 가지도록 허용되는지, 업무

에 웹 메일 계정 사용이 허용되는지, 그리고 근로자가 순수하게 개인 용도로 이메일에 접근하기 위한 목적으로 개인 웹 메일 계정을 사용하는 것을 고용주가 권장하는지 여부

- 근로자의 이메일의 내용 접근에 대한 합의(예를 들어 예기치 않게 결근하는 경우) 그리고 그러한 접근의 구체적 목적
- 메시지 백업 복사본의 저장 기간
- 이메일이 서버에서 완전히 삭제되는 시기에 관한 정보
- 근로자 대표의 정책 수립 참여

인터넷 사용 모니터링과 관련된 구체적인 지침도 아래와 같이 제시하고 있다.

- 인터넷의 사적인 사용이 허용되는 조건의 명확한 묘사 및 열람이나 복사가 불가능한 자료의 지정: 이러한 조건과 한계는 근로자에게 설명되어야 한다.
- 특정 사이트에 대한 액세스를 방지하고 오용을 탐지하기 위해 구현된 시스템에 대한 정보: 이러한 모니터링의 범위는 특정되어야 한다. 예를 들어 이러한 모니터링이 회사의 개인 또는 특정 섹션과 관련될 수 있는지 또는 방문한 사이트의 내용이 특정 상황에서 고용주가 보거나 기록하는지 여부. 또한 정책은 누가 어떤 사이트를 방문했는지와 관련하여 수집된 데이터로 인해 어떤 용도로 사용될 것인지 명시해야 한다.
- 이 정책의 시행과 위반 혐의 조사 시, 고용주 대리인의 개입에 관한 정보

고용주가 고용주의 장비를 오용한 사실을 발견한 경우 고용주는 그 사람에게 알리지 않고 감사를 정당화할 중요한 이유가 없는 한, 직원에게 오용을 즉시 통보해야 한다.

고용주는 지역 법률 또는 단체협약의 요구 사항에 따라 직장 협의회에 정보를 제공해야 할 수도 있다. 경우에 따라, 노동 협의회는 모니터링 준비에 관해서 협의만 하면 된다. 그러나 일부 단체협약은 특정 모니터링을 시작하기 전에 사용자가 직장 협의회의 동의를 얻도록 요구한다. 현지 법은 다양하다. 지역적 차이의 예로, 벨기에 단체 교섭 협약(1983년 12월 13일)에 따라 근로 조건에 중대한 영향을 미칠 신기술이 도입되기 전에 고용주는 직원 대표에게 신기술의 성격, 그것의 소개 및 결과를 정당화하는 요인에 대한 정보를 제공해야 한다.

피고용인의 권리

고용주는 잠재적인 직원의 인터넷 오용을 처리할 때 주의해야 한다. 명확하지 않은 하이퍼 텍스트 링크나 오입력을 통해 웹 사이트를 무의식적으로 방문할 수 있다는 점에서 고용주는 사실을 개인에게 제시하고 개인에게 자신의 행동을 설명할 기회를 제공하지 않고는 직원의 의도에 대한 결론을 내리지 않아야 한다. 고용주는 경우에 따라 직원 대표 또는 직장 협의회를 참여시켜야 할 수도 있다.

고용주의 불법적인 모니터링

일반적으로 민감한 개인 데이터 수집과 관련된 모니터링을 정당화하는 것이 더 어렵다. 또한 특히 부분적으로 침해하는 모니터링도 일반적으로 불법이다. 특정 관할지에서는 사용자가 DPA로부터 사전 허가를 얻거나 예외가 적용되지 않는 한 은밀한 감시는 불법으로 간주된다. 또는 고용주가 업무 관련 이메일 계정을 통해 수신된 경우에도 그러한 이메일이 비공개로 표시된 경우 직원의 개인적인 통신에 액세스하는 것은 불법이다.

이 규칙을 준수하지 않으면 벌금 및/또는 잠재적인 형사 범죄를 포함하여 고용주에게 심각한 결과를 초래할 수 있다.

🔒 직장 협의회

직원 데이터를 다룰 때는 고용주가 데이터 보호를 컴플라이언스의 고립된 영역으로 간주하지 않는 것이 중요하다. 노동법 및 노동 협의회와의 고용계약 및 단체협약에 따른 의무를 고려해야 한다. 직장 협의회는 고용인을 대표하고 고용주가 직원 데이터를 사용하는 데 영향을 주는 현지 법률에 따라 특정 권리를 가진 단체이다. 직장 협의회는 일반적으로 데이터 보호 및 개인정보 보호 권리를 포함하여 직원 권리를 보호할 의무가 있으므로 직원의 개인 데이터가 처리될 수 있는지 여부를 결정할 수 있다. 일반적으로 직장 협의회는 프랑스, 독일, 이탈리아와 같은 특정 관할 구역에서 보다 적극적이다. 대조적으로, 영국은 직장 협의회가 없으며 영국 노조는 고용주가 직원 데이터를 사용하는 방법에 영향을 주지 않는다.

그러나 특정 상황에서는 직장 협의회가 상당한 권한을 행사한다. 예를 들어, 독일 직장 협의회 법(German Works Council Act)에 따르면 직장 협의회는 직원 모니터링 장비의 사용에 반대할 수 있다.

일반적으로 고용주는 다음 3가지 방법 중 하나 이상을 통해 직장 협의회에 참여해야 한다:

- 직장 협의회에 통보: 현지 법률에 따라 고용주가 근로자의 근로 조건에 영향을 줄 수 있는 근로 환경의 변화에 대해 직장 협의회에 통보하도록 요구할 수 있다.

- 직장 협의회와의 상담: 현지 법률에 따라 고용주가 제안된 데이터 처리 활동에 관해 직장 협의회와 협의할 것을 요구할 수 있다. 직장 협의회는 고용주가 해당 의견에 구속되지 않을지라도 활동에 대한 의견을 제시할 권리가 있다.
- 직장 협의회의 승인 얻기: 지역 법률은 직장 협의회에 고용주의 특정 결정을 승인하거나 거부할 권리를 부여할 수 있다. 이것은 공동 결정에 대한 권리라고도 한다. 직장 협의회가 결정을 거부하는 경우, 고용주의 유일한 옵션은 지방 법원에 이 문제를 제기하는 것일 수 있다.

특정 관할 지역은 근로자 데이터의 사용에 관한 의사결정에 직장 협의회가 관여하는 전통이 강하고, 고용주는 직장 협의회에 관련된 의무에 주목해야 한다. 직원 데이터가 포함된 처리 활동이 DPA와의 상호작용을 포함하는 경우, DPA는 직장 협의회가 참여하지 않는 한 처리를 승인할 수 없다.

따라서 고용주는 자신의 개입이 필요한 모든 처리 작업에서 직장 협의회에 참여하는 데 필요한 시간을 고려해야 한다. 직장 협의회에 참여하지 못하면 특정 국가에서 데이터 처리가 불법이며 직장 협의회가 금지 명령을 요구할 권리가 있으며, 고용주는 재정적 처벌을 받을 수 있음을 의미할 수 있다.

🔒 내부 고발 제도

회사 내에서 불법적이거나 부적절한 활동이 일어나고 있는 경우, 종종 회사의 직원이 먼저 이를 관찰하고 더 많은 권한을 가진 사람에게 보고함으로써 이를 중지시킬 수 있다. 직원이 그러한 활동을 보고할 수 있도록 절차를 수립할 때, 회사는 적절한 개인정보 보호 장치가 설치되어 있는지 확인하고자 할 것이다.

사베인-옥슬리 법

직원들이 직장 내에서 일어나는 모든 불법적이거나 부적절한 활동을 폭로하도록 허락하는 내부 고발 제도는 오래 전부터 있었다. 그들은 2002년에 미국의 사베인-옥슬리 법안(SOX, Sarbanes-Oxley)의 통과 이후 특정 명성을 얻고 있다. 이는 EU에 자회사 또는 계열사를 보유한 미국 회사가 SOX에 구속됨에 따라 EU 데이터 보호법에 영향을 받으므로, SOX의 영향이 EU 회사의 운영에 미치게 된다. 종종 EU 회사는 SOX와 관련하여 충돌을 일으킬 수 있는 2가지 제도를 준수해야 한다. 하나는 SOX와 관련하여 직원이 부당 행위에 대한 혐의를 제기할 수 있는 능력을 갖추도록 회사에 요구되는 경우와, 다른 하나는 이러한 상황에서 개인에 대한 잠재적인 편견 때문에 개인정보의 사용을 제한하는 EU 데이터 보호법과 관련된 경우가 있다.

SOX는 글로벌 기업과 관련된 많은 기업 및 회계 스캔들이 발생하자 통과되었다. SOX의 목표는 회사 및 회계의 의사결정이 보다 책임 있음을 보장하는 것이다. SOX가 규제하는 회사는 회사가 자산의 부당 이용으로 인한 실제 또는 잠재적 사기 및/또는 재무 보고의 중대한 허위 진술에 대한 불만 사항을 비밀리에 받고 처리해야 한다. 이러한 불만 사항은 일반적으로 내부 통제를 붕괴시킬 수 있는 증언을 할 직원 및 기타 내부자로부터 나온다.

대부분의 SOX 규제 기업은 다음을 통해 이 요구 사항을 준수한다.

(1) 내부 통제에 대한 엄격한 준수를 강화하는 회사 정책 구현

(2) 실제 또는 잠재적 사기에 대한 지식이 있는 사람들에게 그러한 사례를 보고하도록 장려하는 것

(3) 보고의 기밀성과 내부 고발자에 대한 보호 반복

이러한 불만 사항을 적절히 관리하고 내부 고발자를 방지할 수 있는 보고 프로세스를 피하기 위해 많은 회사에서는 모든 직원이 불만 사항을 신고할 수 있는 독립적 인 제3자 고발 또는 윤리 핫라인 제공 업체를 고용한다. 전화 또는 이메일 주소와 같은 내부 고발 매커니즘을 통해 직원은 회사의 다른 직원에 대한 혐의를 제기할 수 있다.

특정 EU 관할권(예: 스페인 및 포르투갈)은 직원이 익명으로 신고할 수 있도록 하는 데 특히 민감하다. 우려되는 점은 혐의의 대상이 혐의를 주장하는 사람에게 회신할 권리가 없다는 것이다. 또한 사람들은 악의적인 보고를 함으로써 익명성 기능을 악용할 수 있다.

준수 문제

내부 고발 제도를 운영하는 동안 GDPR을 준수하고자하는 고용주는 다음 사항을 고려해야 한다.

- 개인 데이터 보호에 미치는 영향을 평가하기 위해 계획된 내부 고발 체계에 대한 DPIA
- 현지 고용법 또는 단체협약에 따라 직장 협의회와 연락
- 처리는 유럽연합 이외의 지역의 프로세서와 계약을 맺는 계약으로 프로세서 지정과 관련된 GDPR 및 국제 데이터 이전의 합법성에 대한 요구 사항 준수 여부
- 추가 처리를 위해 EU 외부의 보고서에서 개인 데이터를 비 EU 기반

회사로 전송하는 메커니즘: 일반적으로 표준계약 조항 또는 BCR(Binding Corporate Rules)을 기반으로 한다.

- 직원의 동의가 필요한지 여부, 필요하다면 어떤 형태인지
- DPA의 정책으로 인해, 특정 관할의 준수가 복잡해지는지 여부(예를 들어, 포르투갈)
- 직원에게 계획의 범위와 해당 계획과 관련하여 개인 데이터의 사용 방법을 투명하게 알려주는 내부 고발 정책 및 프로세스 개발하기
- 데이터 보호법에 의거하여 개인의 권리를 계획에 따라 적절히 보호하기

내부 고발 정책

WP29는 내부 고발에 대한 의견을 발표했다. 이것은 EU 데이터 보호법에 따라 내부 고발 제도의 적법성을 고려한 최초의 DPA 중 하나인 프랑스 DPA의 지침을 따라가는 것이다. 프랑스 DPA와 WP29가 제공한 지침을 고려하여 회사의 내부 고발 정책은 다음과 같은 특정 요소를 다루어야 한다.

- 개인 보고: 고발된 사람의 잠재적 행위에 대해 알 수 있는 위치에 있는 사람에게 내부 고발 제도를 통해 부당 행위 또는 위법 행위를 신고할 자격이 있는 사람을 제한하는 것을 고려해야 한다(즉 모든 회사 직원이 보고서를 작성할 자격이 있을 수 있지만 모든 사람이 다른 사람에게 보고할 권한이 있는 것은 아니다.).
- 유죄 판결을 받은 사람: 유죄 판결을 받은 사람들을 보고하는 사람들이 동일한 섹션이나 부서에서 일하기 때문에 알려지거나 알려질 가능성이 있는 사람들을 제한하는 것을 고려해야 한다.
- 기밀성 vs. 익명성: 내부 고발자의 신원을 기밀로 유지해야 하며, 회사의

정책 자료에서 이를 분명히 해야 하며, 그러한 보고는 심각한 문제임을 강조해야 한다. 익명의 보고는 권장해서는 안 되며, 경박한 보고서의 예는 설명을 위해 포함시켜야 한다. 내부 고발자의 신원을 제공하면, 보다 정확하고 철저한 조사가 이루어질 수 있다는 정책을 지적하는 것을 고려해야 한다.

- 보고 범위: 보고 대상 범위를 조직의 기업 지배 구조에 현실적으로 영향을 미치는 사람들로 제한하는 것을 고려해야 한다. 따돌림과 괴롭힘에 대한 보고는 내부 고발 제도보다는 HR 채널을 통해 처리되어야 한다.

- 보고서 관리: 보고서가 내부적으로 또는 서비스 제공 업체에 의해 수집되고 처리되는지 여부에 관계없이 객관적인 기밀 및 공정한 조사를 받아야 한다. 일관된 방식으로 보고서를 관리할 수 있는 특정 메커니즘을 수립하는 것이 좋다.

- 데이터 보존: (1) 보고된 사실(예: 2 개월)에 대한 조사가 완료된 후 엄격한 데이터 보존 기간 설정; (2) 완전히 근거가 없는 것으로 밝혀진 보고서를 즉시 삭제하는 것.

- 정보 제공: 회사의 정책이 고발 정책에 명시된 대로 고발 제도가 작동하는 방식에 대해 명확해야 한다. 회사 강령에 내부 고발 정책 자체에 대한 링크 또는 계획의 잠재적 사용자 관점에서 작성된 내부 고발 정책 버전에 대한 링크를 삽입하는 것이 좋다. 모든 고지 사항은 투명성 GDPR의 요구 사항을 충족해야 한다.

- 유죄가 입증된 사람의 권리: 유죄가 입증된 개인의 데이터 보호 권리(정보 제공, 액세스, 수정, 삭제 및 제한)가 제한될 수 있는 특정 상황을 설정하는 것을 고려해야 한다.(예: 유죄가 입증된 사람에게 통보하는 것이, 혐의를 조사할 수 있는 회사의 능력을 위태롭게 하는 경우)

- 보고서 보안: 내부 고발 체계를 통해 수집된 보고서를 다루는 특정 정보 보안 정책을 채택하는 것을 고려해야 한다.

- EEA 외부로의 이전: EU에서 발생한 보고서가 유럽경제지역(EEA) 외부에서 처리되는 경우, 데이터는 EU 데이터 보호 표준에 따라 처리되어야 한다. 따라서 내부 고발 정책은 국제적인 데이터 이전을 합법화하기 위해 사용된 메커니즘을 명시해야 한다.

🔒 BYOD(Bring Your Own Device)

많은 고용주들은 직원들이 직장에서 의사소통을 위해 자신의 개인 장치(예: 스마트 폰/태블릿)를 사용할 수 있도록 허용한다. 직원은 자신의 업무용 이메일을 개인용 장치에 통합하여 개인용 및 업무용 통신 모두에 하나의 장치를 사용할 수 있다.

개인의 장치를 가져오면 고용주는 업무용 전자 메일 설정을 사용하여 업무 관련 목적으로 직원의 장치에서 처리되는 개인 데이터의 컨트롤러 역할을 계속 수행하기 때문에 특정 데이터 보호 준수 문제를 제기한다. 그러나 이 장치에는 고용주가 일반적으로 액세스할 합법적인 이유가 없는 고용인의 개인 생활에 대한 정보도 들어 있다. 그러나 고용주는 근로자의 근로 시간과 관련된 데이터를 보유하고 있다고 가정할 때 장치에 대한 강력한 보호를 추구할 충분한 이유가 있다. 또한 직장 밖의 직원의 휴대 기기는 분실되거나 오용되기 쉽다.

BYOD를 직장에 적용한 회사는 다음 사항을 고려하는 것이 바람직하다.

- 직원에게 BYOD 사용 방법과 책임 사항을 설명하는 BYOD 정책 수립
- 장치를 통해 처리되는 데이터가 저장되는 위치와 데이터를 안전하게 유지하기 위해 취해야 하는 명확한 조치

- 개인 장치에서 회사 서버로의 데이터 전송이 가능한 한 가로채지지 않도록 안전하게 보장할 것
- 직원이 퇴사하거나 장치를 도난당하거나 분실했을 때 장치에 보관된 개인 데이터를 관리하는 방법 고려(모바일 기기 관리 소프트웨어를 사용하여 장치를 찾고 필요할 때 데이터를 제거할 수 있다.)

감시활동

기술의 발전에 따라 감시활동이 점점 용이해지고
있다. 이 장에서는 기업의 감시 활동에 따른 프라이
버시 관련 리스크 요소들을 알아본다.

🔒 소개

감시가 점점 쉬워지고 있다. 모니터링에 사용되는 장비가 저렴해지고 정교해지고 소프트웨어는 더욱 복잡한 분석을 가능하게 하며 개인이 사용하는 기술은 해당 장비로 캡처하여 분석할 수 있는 더 많은 데이터를 생성한다. 감시는 정부나 법 집행 기관, 고용주 또는 고객에 관한 데이터를 수집하는 회사에 의해 공공의 중요한 관심사 중 하나다. 특히 국가 안보 및 상업적 이익과 관련하여 감시를 실시할 필요성과 개인의 사생활에 대한 권리 사이의 논쟁은 계속 진행형이며, 적절한 균형을 잡기가 쉽지 않다.

기술 발전은 감시에 대한 기술적 및 경제적 장벽을 지속적으로 줄이고 개인 데이터의 수집, 교환, 보존 및 처리를 용이하게 한다. 여기에는 다양한 소스에서 수집한 정보를 결합하고 거대한 데이터베이스를 생성하며 해당 데이터베이스를 검색하여 개인정보를 얻을 수 있다. 동시에 인터넷, 기술 융합 및 모바일 기기의 확산은 개인에 대한 더 많은 정보가 생성되어 감시가 가능함을 의미한다. 일단 이 정보가 수집되면 공공이든 사기업이든 관계없이 조직은, 국가 보안, 범죄의 예방 및 탐지 또는 소비자 서비스의 개인화와 같은 각각의 합법적인 목적으로 해당 데이터를 처리, 결합 및 사용하는 자연스러운 경향이 있다.

감시법은 복잡하다. 법 집행 기관 및 기타 주 기관의 감시는 회원국에 의해 법률로 제정되며, 이는 국가 헌법 및 EU 헌장에 의해 부과된 제한에 따라 달라질 수 있다. 직원 모니터링은 회원국에 의해 유사하게 규제될 수 있다.

이 장에서는 EU 장비에 따른 감시활동의 규제에 대해 논의하고 감시 목적으로 사용되는 4가지 주요 유형의 데이터(통신 데이터, 비디오 감시, 생체 인식 데이터 및 위치 데이터)에 관한 문제를 소개한다.

🔒 기술

새로운 기술의 목적은 우리의 삶을 더 안전하고 쉽고 쾌적하게 만드는 것이다. 그러나 이러한 기술을 사용하여 우리에 대한 풍부한 데이터가 생성되고 때로는 우리가 상호작용하는 사람들에 대한 풍부한 데이터도 생성한다. 예를 들어 누군가에게 전화를 걸거나 문자 메시지나 전자 메일을 보내거나 웹 서핑을 할 때마다 우리는 각 통신의 유형, 시간, 기간, 목적지 및 내용에 대한 자세한 정보를 생성한다.

폐쇄 회로 텔레비전(CCTV, 여전히 TCP/IP 네트워크에 있는 많은 비디오 감시에도 불구하고 여전히 사용되는 약어) 카메라는 집, 직장 및 공공 장소에서 우리의 보안을 보호하기 위해 우리의 행동을 기록한다. 우리의 생체 인식 데이터는 신원 확인, 인증 및 검증은 물론 법 집행 목적으로 사용될 수 있다. 지불 카드(신용카드 및 직불카드 등)는 구매한 장소와 시기와 함께 카드로 구매할 때마다 기록을 유지한다. 우리의 휴대 전화는 우리의 위치와 이동에 대한 정확한 정보를 생성한다. 우리가 착용하는 피트니스 모니터는 자세한 건강 정보를 제공한다. 장기적으로, 그러한 기술은 IoT(Internet of Things)로 알려진 일상적인 객체의 네트워크로 연결될 수 있다.

요즘의 감시활동은 공공 및 민간 부문 단체와 합법적인 목적을 위해 매일 수행된다. 그 예로는 직원 모니터링, 소셜 네트워크 분석 및 매핑, 데이터 마이닝 및 프로파일링, 공중 감시, 위성 이미징, 법 집행, 상업 서비스 개선 및 온라인 행동 광고(OBA)와 같은 폭 넓은 목적을 위한 전기 통신 감시, 이동 통신 위치 데이터, CCTV 카메라 또는 위성 위치 확인 시스템(GPS)과 같은 위치 정보 기술을 통해 사람들의 움직임을 모니터링하는 것과 범죄 예방 및 시험에 응시하는 후보자 확인과 같은 폭 넓은 목적을 위한 생체 인식 감시 등이 포함된다.

감시 대상이 될 수 있는 개인정보의 수집량 및 처리 수준과 결합된 규모와 수준은 악용의 범위를 크게 넓힌다. 결과적으로 감시와 개인정보 보호 간에 충돌이 발생할 수 있다. 많은 나라에서 이 잠재적인 갈등은 우리 사회가 '감시 단체'가 되고 있는지에 대한 논쟁의 맥락에서 드러난다. 이와 관련하여 개인정보 보호 및 데이터 보호법 및 규제 관행의 목적은 감시활동이 개인정보 침해를 초래하는 경우 침해가 합법적이고 공정하며 비례한다는 것을 보장하기 위해, 비록 정확한 균형은 어려움에도 불구하고, 감시활동을 규제, 제한 및 조정하는 것이다.

🔒 감독 감시

감시는 개인 또는 개인의 집단을 관찰하는 것을 포함한다. 이것은 비밀리에 행해지거나 공개적으로 수행되고 실시간으로 또는 저장된 자료에 접근하여 수행될 수 있다. 다음에 의해 수행될 수 있다.

- 기본적 권리 헌장('헌장'), 사생활 및 가족생활에 대한 권리(제7조)와 개인 데이터(제8조)를 보호하고 개인의 권리를 존중하는 방식으로 수행되는 국가 보안 또는 법 집행을 위한 공공 및 국가 기관
- 고용법하에서 제공되는 기밀성, 개인정보 보호, 데이터 보호 및 기타 시민의 권리에 대한 유럽 연합 및 회원국의 법규에 따라, 자체 목적으로 감시하는 민간 기업

감시는 데이터 주체 권한을 무시하는 방식으로 수행되어야 할 수도 있다.

이 필요성은 유럽연합 또는 회원국 법률이 GDPR 제3장 '데이터 주체의 권리'에서 부여한 권리를 제한할 수 있는 제23조 '제한'에 의해 인정된다. 그러한 제한은 헌장과 유럽 인권 및 기본적 자유 보호 협약(Recital 73)에 명시된 바와 같이 기본적 권리와 자유의 본질을 존중하며 민주 사회에서 필요하고 균형 잡힌 조치이다. 이러한 제한은 국가, 사회 및 기타 개인을 보호하기 위한 보호 장치의 역할을 한다. 국가 및 공공 안전, 범죄 예방 및 탐지, 데이터 주체의 보호 및 타인의 권리와 자유는, 제한이 적용되는 허용 가능한 이유에 포함된다.

법 집행의 특별한 요구 사항은 '예방, 조사, 탐지 또는 기소의 목적으로 권한 있는 당국의 개인 데이터 처리와 관련하여, 형사 범죄 또는 형사처벌, 그리고 그러한 데이터의 이동에 관한 자연인 보호'를 위한 법 집행 데이터 보호 지침(LEDP Directive)에서 인식된다. Recital 66에서 LEDP Directive는 개인정보의 처리가 합법적이고 공정하며 투명해야 함에도 불구하고 사법 당국이 은밀한 수사 또는 비디오 감시와 같은 활동을 수행하는 것을 막지 않아야 함을 인정한다. 이러한 활동은 형사 범죄를 예방, 조사, 탐지 및 기소하고 공공 안전에 대한 위협을 방지하기 위한 목적으로 수행될 수 있다. 수단의 비례성이 주요 관심사이다. 데이터 주체의 권리를 적절히 고려하지 않은 법률은 CJEU에 의해 기각될 수 있다.

오늘날 테러리즘 및 기타 중범죄와의 전쟁에서 국가 기관 간에 개인 데이터를 모니터링하고 수집하고 공유하는 분명한 추세가 있다. 유럽에서는 법 집행 목적으로 더 많은 개인 데이터의 가용성을 보장하기 위해 민간단체가 이러한 기관과 개인 데이터를 보유 및/또는 공유할 의무가 있다. 그러나 통신 데이터와 관련하여 아래에서 설명하는 것처럼 개인의 권리와 이 필요 사이의 균형을 맞추는 것이 필요하다.

🔒 통신 데이터

통신 감시는 우편 서비스의 차단 및 스파이나 감시 장치의 사용과 같은 전통적인 감시를 나타낼 수 있다. 그러나 이러한 유형의 감시는 인터넷 활동을 포함하여 보다 현대적이고 첨단 기술의 통신 감시에 유리하게 후퇴하고 있다.

전자 통신은 2가지 주요 범주의 개인 데이터를 생성한다.

의사소통의 내용

예를 들어, 전화 통화와 관련하여 이것은 통화 당사자 간의 대화 일 것이다. SMS에서는 메시지 내의 단어들, 그리고 이메일에서는 제목, 본문의 단어 및 첨부 파일이 포함된다.

메타 데이터

일반적으로 '데이터에 관한 데이터'라고 하며 통신의 전송 결과로 생성되거나 처리되는 정보이다. 커뮤니케이션에 컨텍스트를 제공한다. 다음은 메타 데이터의 예시이다.

① 트래픽 정보

여기에는 유형, 형식, 시간, 지속 기간, 출발지 및 목적지, 라우팅, 사용된 프로토콜 및 통신의 발신 및 종단 네트워크에 대한 정보가 포함된다. 예를 들어, 전화 통화와 관련하여, 트래픽 데이터는 다른 정보 중에서 호출 및 호출된 번호를 포함하고, 이메일과 관련하여, 보낸 사람 및 받는 사람 이메일 주소 및 첨부 파일의 크기가 포함된다.

② 위치 데이터

사용자 장비의 위도, 경도 및 고도, 이동 방향, 위치 정보의 정확도, 사용자 디바이스가 위치하는 네트워크 셀('셀 ID')의 식별 특정 시간 및 위치 정보가 기록된 시간.

③ 가입자 데이터

일반적으로 이름, 연락처 정보 및 지불 정보를 구성한다. 빈번한 논쟁은 커뮤니케이션의 내용이 메타 데이터보다 더 큰 법적 보호를 필요로 한다는 것이다. 특히 EU 및 미국을 비롯한 많은 다른 국가에서 인정되는 표현의 자유에 대한 권리(미국의 경우, 수정헌법 제1조)에 대해서 고려할 때 더욱 그렇다.

그러나 메타 데이터는 커뮤니케이션의 온전한 전체를 보여준다.

- '누가'(즉, 관련된 당사자들)
- '어디서'(즉, 당사자들의 위치)
- '언제'(즉, 시간과 기간)
- '무엇'(즉, 이메일이나 전화 통화와 같은 유형)
- '방법'(즉, 휴대 전화 또는 태블릿과 같이 사용되는 장치)

그러므로 메타 데이터는 개인을 식별하는 데 사용할 수 있으며, GDPR에 따라 개인 데이터의 정의에 포함된다.

통신 서비스 운영자가 통신 사업자의 비즈니스 요구 사항에서 정당화될 수 있는 것보다 오랫동안 통화 메타 데이터를 보유하도록 요구하는 시도는 보안 요구 사항과 법 집행 요구 사항을 개인의 권리와 조화시키는 데 있어 어려움을 보여주는 좋은 예이다. EU는 통신 회사 및 ISP(Internet Service Provider)가 공개적으로 사용 가능한 전자 통신 서비스 또는 공공 통신 네트워크의 제공과 관련하여 생성되거나 처리되는 데이터의 보존을 통제하는 데이터 보존 Directive 2006/24/EC에 따라 통신 데이터를 보관하도록 요구했다. 그러나 2014년 CJEU 판결에 따라 이 법안은 헌장에 보장된 대로 개인의 사생활 보호 권리를 불균형하게 침해하여 무효화되었다.

이로 인해 다수의 회원 국가 데이터 보존법이 다시 쓰여지기 시작했는데, 이 책을 쓰는 현재 시점에도 여전히 개선 중에 있다.

🔒 비디오 감시

감시에는 CCTV와 같은 비디오 감시가 포함된다. 일반 대중의 마음 속에서 CCTV 카메라의 보급은 다른 유형의 감시보다 '감시 사회' 개념을 더 잘 보여준다. 특히 도시 중심에서 보편적이며 거의 유비쿼터스 일 때 더욱 그러하다. 안면 인식 소프트웨어와 같은 디지털 분석 도구의 개발은 이러한 우려를 더욱 악화시킨다. 그 결과, CCTV는 프라이버시 옹호자들과 프라이버시 규제기관들로부터 주목을 끌고 있다.

CCTV는 자동차 번호 또는 자동차 번호판과 같은 개인을 식별하는 데 사용될 수 있는 사람 또는 사물의 이미지를 캡처할 수 있다. 이러한 예는 개인 데이터 처리로 간주된다. 영상 감시가 개인정보 처리와 관련이 있는 것으로 간주되는 경우에는 GDPR 및 LEDP Directive(해당되는 경우)의 요구 사항을 준수해야 한다.

정적인 것(예: 얼굴 사진) 또는 움직이는 것(예: 걷는 사람의 비디오)과 같이 개인의 이미지가 캡처될 때마다 데이터는 GDPR의 생체 인식 데이터 정의에 포함된다(즉, '개인 데이터 결과 자연인의 신체적, 생리학적 또는 행동학적 특성과 관련된 특정 기술적 처리에서부터 얼굴 이미지 또는 손가

락의 데이터와 같은 자연인의 고유한 식별을 허용 또는 확인').

처리의 합법성

데이터 컨트롤러가 CCTV 사용에 대한 법적 근거로서 개인의 동의에 의지할 수는 없기 때문에 데이터 컨트롤러 또는 제3자가 추구하는 합법적 이익을 근거로 처리의 적법성을 정당화해야 할 수도 있다. 이 경우 CCTV의 사용이, 개인 데이터가 CCTV에 캡처될 수 있는 개인의 권리와 자유를 무시하지 않는다는 것을 확인하기 위해 균형을 잡는 것이 필요하다.

생체 인식 데이터는 개인 데이터의 특수 범주에 속하며 처리 기준은 GDPR 제9조에 명시되어 있다. 따라서 허용된 조건 중 하나가 적용되는 경우에만 처리를 수행할 수 있으며 비디오 감시를 수행하기 전에 컨트롤러가 이를 결정해야 한다. 컨트롤러가 특정 상황(예: 직원 동의가 GDPR의 동의 조건을 충족시키지 못하는 고용주의 경우)에서 공개적으로 비디오 감시를 수행하기 위해서는, 교통량 모니터링과 같이 공공 구역에 대한 대중의 관심, 또는 공공 당국이 실행하는 감시와 같은 회원국 법률이 규정하는 바에 의존해야 할 수도 있다.

데이터 보호 영향 평가

다음과 같은 경우 데이터 보호 영향 평가(DPIA)가 완료되어야 한다.

- 비디오 감시는 고위험으로 간주하는 경우
- 공개적으로 접근 가능한 지역을 대규모로 체계적으로 모니터링하는 것을 포함하는 경우
- DPIA를 요구하는 데이터 처리 작업 목록에 관련 감독 당국에 비디오

감시가 포함된 경우(제35조)

그리고 DPIA를 통해 다음을 설명해야 한다.

- 수행될 처리
- 처리 목적
- 데이터 컨트롤러가 추구하는 정당한 이익
- 목적과 관련하여 왜 필요하고 비례하는지에 대한 평가
- 감시에 영향을 받는 데이터 주체의 권리와 자유에 대한 위험 평가
- 위험을 다루고, 개인 데이터를 보호하고, 데이터 주체와 관련된 다른 사람들의 권리와 합법적인 이익을 고려하여 GDPR 준수를 입증하는 데 필요한 조치

예를 들어, 카메라를 적절하게 배치하고 그들이 지시하는 방향을 설정하는 것으로는 높은 위험을 충분히 완화할 수 없다고 DPIA에서 분석된 경우, 데이터 감시자는 영상 감시 장치를 사용하기 전에 감독 당국과 상의해야 한다. 공익이 합법적인 근거로 사용되는 경우, 회원국은 완화와 관계없이 감독 당국과의 협의를 의무화할 수 있다(제36조).

비디오 감시의 사용이 비례성이 있고, 적절하고 관련이 있으며 문제를 해결하기 위한 과도한 해결책이 아닌 것으로 평가하기 위해서는 CCTV 사용 결정은 이미지를 필요로 하지 않는 다른 덜 침투적인 방법(예: 향상된 조명, 경보, 문 또는 출입 카드)이, 의도한 합법적인 목적에 대해 명확하게 적용 불가하거나 부적합할 때만 사용되어야 한다. DPIA는 이러한 조사 및 부적절한 점을 문서화해야 한다.

솔루션의 비례성 요구 사항은 특정 시스템 및 기술 유형의 선택까지도 확장된다. 예를 들어, 원격 제어, 줌 기능, 안면 인식 또는 녹음 기능이

꼭 필요한지를 결정할 때 특히 그렇다. 이 과정에는 해결해야 할 문제, CCTV 사용으로 얻을 수 있는 이점, 식별 가능한 개인의 이미지가 필요한지 또는 개인을 식별하지 못하는 이미지로 충분할지, 그리고 모니터링 대상에 대한 침해를 최소화하기 위한 방법을 세부적으로 고려해야 한다.

비례성 테스트의 두 번째 요소는 CCTV 사용의 주요 측면과 CCTV 영상의 처리가 CCTV 시스템이 사용되는 목적에 비례하는지 여부를 고려해야 한다. 이러한 주요 측면은 다음과 같다.

- 운영 및 모니터링 장치: 이는 다음 사항들을 포함하여 시스템의 주요 작동 측면에 대한 고려를 수반한다. 카메라의 유형(예: 고정 또는 이동), 화장실이나 개별 작업 공간과 같은 개인 영역을 피할 수 있도록, 관련이 없는 공간의 모니터링을 최소화할 수 있도록 카메라 위치와 시각 각도 설정, 녹화 중 또는 저장된 이미지의 확대/축소 가능 여부, 목적에 적합한 이미지의 품질 등이 그것이다. 그렇지 않으면 목적의 합법성이 훼손될 수 있다. 관련 없는 개별 이미지를 흐리게 처리하거나 삭제할 가능성, 이미지 동결, CCTV 데이터를 기반으로 취할 수 있는 조치(예: 출입구 셧다운 또는 보안 또는 경찰 호출) 등도 마찬가지이다. 다른 고려 사항은 목적에 따라 적절할 수 있다. 예를 들어, CCTV가 특정 시간대(즉, 정상 근무 시간)에 발생하는 문제를 해결하기 위한 것이라면, 모니터링은 연중 무휴로 되어서는 안 된다.
- CCTV 영상 보관. CCTV 촬영은 후속 조사 또는 법적 절차에서 증거로 요구될 가능성이 있는 곳과 같이 목적을 위해 엄격히 필요한 경우에만 유지되어야 한다. 광범위하게 말하자면, CCTV 촬영은 보통 짧은 기간 동안만 유지되어야 한다.
- CCTV 영상을 경찰과 같은 제3자에게 공개해야 할 필요.
- CCTV 장면을 다른 정보와 결합하여 예를 들어 개인을 식별하는지 여부

- 탈의실이나 화장실과 같은 사생활 보호에 대한 기대가 높은 지역 감시. 그러한 지역을 감시할 필요가 있을 때, 카메라는 가장 예외적인 상황에서만 그리고 매우 심각한 우려를 다루는 데 필요한 곳에만 사용해야 한다. 그리고 개인이 자신이 감시 중임을 인식하도록 모든 노력을 기울여야 한다.

개인정보를 보호하고 개인의 권리를 보호하기 위한 조치에는 다음이 포함될 수 있다.

- 직원 교육: 시스템을 운영하고 영상에 액세스하는 권한을 부여 받은 직원은 적절한 교육을 받아야 하며 시스템 운영자의 준수 의무를 인지해야 한다. 직원은 운영자의 관련 정책을 숙지하고 CCTV 시스템의 오용에 대한 징계 및 법적 제재에 대해 알고 있어야 한다(예: 그렇지 않으면 직원의 업무 행위가 형사 범죄를 구성할 수 있음). 또한 권한을 부여 받은 직원은 영상을 안전하게 처리하고 법 집행 기관의 공개 요청 및 주체의 접근 요청을 처리할 수 있어야 한다.
- CCTV 정책: 이것은 CCTV 시스템의 사용을 규율하는 정책을 설명하는 문서이다. 또한 CCTV 기록의 처리 목적과 같은 중요한 개인정보 보호 문제를 다루어야 한다. 데이터를 저장할 것인지, 그렇다면 저장 기간과 저장 목적의 합법성, 제3자에게 공개 여부 및 주체의 접근 요청에 대한 응답도 마찬가지로 다루어져야 한다.
- 준수를 보장하기 위한 정기적인 리뷰: 계속 준수 여부를 확인하기 위해 사전 점검 및 감사를 정기적으로 수행해야 한다. 특히 이것은 CCTV의 사용이 정당화되는지 여부와 규제 당국과의 통보를 갱신하는 것을 다시 고려하는 것을 포함해야 한다.

데이터 주체 권리 및 CCTV

명백한 비디오 감시의 경우 컨트롤러는 영향을 받는 데이터 주체와 직접적인 관계가 없는 경우(예: 카메라가 대형 공공 공간을 차지하는 경우) 가능한 범위까지 규제의 투명성 요구 사항을 준수해야 한다. 개인은 CCTV가 작동 중이고 감시 중인 지역을 알 수 있도록 정보를 제공해야 한다.

정보는 사람이 볼 수 있는 가시 구역에 있어야 하며, 감시 구역으로부터 적당한 거리 내에 위치해야 한다. 요약 방식으로 제공하는 것이 효과적이라면 요약 형태로 제공될 수 있다. 자세한 정보가 담긴, 눈에 띄는 카메라 기호는 잘 인지되는 접근 방법 중 하나이다. 또한 정보에는 감시 목적이 포함되어야 하며 컨트롤러의 연락처 세부 정보를 인식할 수 있어야 한다. 카메라 기호가 있는 표시를 통해 이용할 수 있는 정보에는 제13조 및 제14조에 규정된 모든 세부 사항이 포함되어 있지 않으므로, 컨트롤러는 데이터 주체가 접촉할 때 필요한 모든 정보를 제공할 준비가 되어 있어야 한다.

비디오 감시를 통해 캡처된 개인 데이터는 데이터 주체의 제15조 액세스 권한의 적용을 받는다. 일반적으로 CCTV 촬영은 짧은 기간 동안만 유지되므로 개개인이 보유한 데이터에 액세스하는 권리는 일반적으로 다른 상황에 비해 좁은 범위에 있다. 그럼에도 불구하고 데이터가 유지되는 한, 컨트롤러는 주체 액세스 요청에 효과적으로 응답할 수 있어야 한다. CCTV 촬영에는 다른 사람들의 사진도 포함되어 있는 경우 다른 사람들의 이미지를 흐리게 처리하여 개인정보를 보호해야 한다.

🔒 생체 인식 데이터

생체 인식이란 사람들의 고유한 식별 가능한 속성이 식별 및 인증에 사용되는 다양한 기술을 포괄하는 용어이다. 생체 인식 데이터는 GDPR의 제4조 (14)항에서 자연인의 신체적, 생리학적 또는 행동학적 특성과 관련된 특정 기술적 처리로 인해 발생하는 개인 데이터로서 구체적으로 정의되어 자연인의 고유한 식별을 허용하거나 확인한다. 예를 들어 DNA, 지문, 손바닥, 정맥 패턴, 망막 및 홍채 패턴, 냄새, 음성, 얼굴, 필기, 키 스트로크 기술 및 걸음걸이가 있다.

생체 인식 데이터는 원시 형식(예: 얼굴 또는 지문 이미지)이거나 원시 데이터에서 추출한 고유한 특성을 디지털 방식으로 나타내는 생체 인식 템플릿 형식일 수 있다. 지문 생체 인식 데이터는 세부점(minutiae)의 위치 및 방향으로 구성될 수 있지만 홍채 데이터는 눈 중심 주변의 필라멘트 위치를 포함할 수 있다. 생체 인식 시스템에서 사용되는 템플릿에는 생체 인식 시스템에 저장된 개인의 모집단에서 개인을 식별할 수 있도록 충분한 세부 정보가 포함되어야 한다.

생체 인식 시스템은 다양한 용도로 개인 또는 공공 부문에서 사용될 수 있다. 오늘날 생체 인식 시스템의 주요 용도는 다음과 같다.

- 신원 확인(Identification): 당신은 누구입니까? 라는 질문에 대한 대응으로서, 예를 들어 소셜 미디어에 업로드된 사진 처리 및 얼굴 인식을 통한 개인 식별이 있다.
- 인증(Authentication): 당신은 당신이 주장하는 사람입니까? 라는 질문에 대한 대응으로서, 예를 들어 모바일 기기, 컴퓨터 또는 팜 프린트에 액세스하여 건물의 보안 영역에 액세스할 때 개인의 신원을 인증하기 위해 다른

사람의 지문을 사용하는 경우를 예로 들 수 있다.

GDPR 제9조에 따라 개인 데이터의 특수 범주로 포함되는 생체 인식 데이터의 경우 생체 인식 데이터가 처리되는 목적은 자연인을 고유하게 식별하기 위한 것이어야 한다. 바이오 인식 데이터가 큰 식별자 그룹의 일부로, 어떤 위치에 대한 액세스만 허용하는 것과 같이 다른 목적으로 사용되는 경우 제9조는 적용되지 않지만, 생체 인식 데이터는 정의상, 개인 데이터라는 것을 기억할 필요가 있다. 또한 회원국은 생체 인식 데이터 처리에 대한 추가 제한을 구현할 수 있으므로 해당 국가의 법률이 이러한 데이터의 수집 및 사용에 대한 추가 제한을 부과하는지 여부를 확인해야 한다.

🔒 위치 데이터

위치 기반 서비스(LBS)는 다양한 상황에서, 제공하는 위치에 대한 정보를 활용, 소셜 네트워킹, 게임, 엔터테인먼트, 광고 및 마케팅, 정보, 내비게이션, 상거래, 지불, 제품과 사람 추적, 보안 및 비상 대응 서비스를 포함한 다수의 응용 프로그램 및 서비스이다. 일반적으로 LBS는 휴대 전화, GPS 수신기, SatNav 장치, RFID(Radio Frequency IDentification) 태그 또는 신용카드 또는 여행 카드의 칩과 같은 휴대용 장치를 지역화하는 기술 능력에 의존한다.

넓은 의미에서, LBS 사용 위치 데이터의 주요 유형은 다음 기술 및 서비스 중 하나 이상으로부터 유도될 수 있다.

- GPS 데이터 및 가까운 미래에 '갈릴레오(Galileo)' 위성항법시스템 데이터 (미국 GPS의 유럽 표준)와 같은 위성 네트워크를 통해 생성된 데이터. 위성 생성 데이터를 사용하는 LBS의 예로는 네비게이션 서비스, 보안 서비스 및 소셜 네트워킹 서비스가 있다.
- 셀 기반 모바일 네트워크 생성 데이터(예: 셀 ID)
- 모바일 네트워크 데이터를 사용하는 LBS의 예는 위치 특정 정보 서비스 또는 모바일 핸드셋에 제공되는 광고를 포함할 수 있다.(예: 블루투스, Wi-Fi, 근거리 무선 통신(NFC)) 근거리 통신망 또는 근거리 통신망(예를 들어, 차량용 생체 인식 스캐너 또는 차량 번호 스캐너)과 같은 다른 무선 기술에서 생성된 데이터 또는 상대적으로 작은 국소 영역 내의 장치의 존재를 검출할 수 있는 RFID)을 포함할 수 있다. LBS 예제에는 RFID 응용 프로그램과 NFC 사용 스마트 폰을 사용하는 비접촉식 지불이 포함된 다.
- 칩 카드로 생성된 데이터(예: 직원이 지하철 시스템을 사용하여 직장이나 일반 대중에 입장할 때 사용하는 지불 카드 또는 액세스 카드를 사용하여 생성된 데이터)

서비스 제공 시에 구글은 자사의 서비스를 위해 사용하는 위치 데이터의 3가지 넓은 범주를, 다양한 정밀 수준과 함께 다음과 같이 정의한다.

- 암시적 위치 정보: Google은 사용자가 장소에 관심이 있거나 사용자가 장소에 있을 가능성이 있다고 추측한다. 추측은 사용자가 특정 장소에 대한 검색 질의를 수동으로 타이핑함으로써 이루어질 수 있다. 암시적 위치 정보는 다양한 방식으로 사용된다. 따라서 사용자가 '에펠 탑'을 입력 하면 Google은 사용자가 파리 주변 장소에 대한 정보를 보고 파리의 해당 지역에 대한 정보를 제공하기를 원할 수 있다고 추측할 수 있다.

- 인터넷 트래픽 정보: IP 주소와 같은 정보는 일반적으로 국가 기반 블록에 할당되어 사용자 기기의 국가를 식별하고 Google이 검색 쿼리에 대한 올바른 언어와 로케일을 사용하는 등의 작업을 수행할 수 있도록 한다.
- 기기 기반 위치 서비스: Google 모바일지도의 단계별 내비게이션 등 일부 제품의 경우 더 정확한 위치 정보가 필요하며 사용자는 기기에서 기기 기반 위치 서비스를 사용하도록 설정해야 한다. GPS 신호, 장치 센서, Wi-Fi 액세스 포인트 및 정확한 위치를 유도하거나 추정하는 데 사용할 수 있는 셀 ID와 같은 정보를 사용하는 서비스이다.

GDPR하의 위치 데이터

위치 데이터는 개인 데이터의 정의에서 식별자로 지칭되기 때문에 개인의 신원을 확인하거나 식별할 수 있는 속성이다. 위치 데이터를 단독으로 또는 다른 정보와 함께 사용하여 누군가를 식별할 수 있다면 개인 데이터로 간주되어야 한다.

위치 데이터의 보안 문제는 항상 제기되어 왔다. 위치는 데이트 앱 또는 다중 사용자 게임과 같이 모바일 앱의 주요 기능일 수 있지만 사용자의 위치는 스토킹이나 괴롭힘과 같은 유해한 목적으로 사용될 수도 있다. 사용자가 기기에서 위치 서비스를 사용 중지했을 수 있지만 모바일 앱의 취약성을 악용할 수 있는 경우 앱 사용자 모르게 자신의 위치를 알려줄 수 있다.

앱 개발자는 위치 데이터를 사용하는 앱을 사용하면 앱 사용자에게 큰 위험을 초래할 수 있으므로 DPIA를 완료해야 한다는 요구 사항을 포함시킬지 여부를 결정해야 한다.

위치 데이터는 앱을 통해 또는 모바일 운영자가 관리하는 기록을 통해 실시간으로 개인을 추적할 수도 있다. 위치 기록을 통해 특정 개인에 대한 특정 정보가 유추될 수 있다. 즉, 개인이 방문하는 장소, 친구의 집, 교회 또는 클리닉일 때 개인의 정치적 견해, 종교적 신념 또는 건강 상태. 개인정보 보호 옹호론자들은 그러한 정보에 대한 공공 기관의 보존 및 접근에 대한 우려를 제기하고, 규제 및 LEDP Directive를 넘어서서 감시활동을 규제하는 국내법을 강화하기 위해 그러한 접근에 대한 추가 통제 및 감시를 추진하고 있다.

고용관계에서 회사는 차량 데이터를 보다 잘 관리하기 위해 위치 데이터를 사용하고자 할 수 있다. 예를 들어, 배달 서비스의 경우 배송을 위한 경로를 최대화하고 진행 상황을 모니터링해야 한다는 요구 사항이 있다. 그러나 그것은 추적 중인 차량뿐만 아니라 운전자이기도 하므로 위치 데이터는 해당 운전자의 개인 데이터로 간주될 수 있다. 데이터가 직원과 관련된 목적으로 사용되는 경우, GDPR의 요구 사항을 고려해야 한다.

🔒 결론

기술 개발은 계속 진행되고 있다. 앞으로는 개인의 행동에 관한 데이터를 수집할 수 있는 더 많은 방법을 제공할 것이며 결과적으로 개인정보가 축적되어 개인 데이터 보호 및 개인정보 보호에 대한 관심이 더욱 높아질 것이다. 어떤 특정 감시 기술이 제시하는 위험에 초점을 맞추기보다는 GDPR의 기본 원칙을 모든 데이터 수집 활동에 적용하는 것이 중요하다. 수집물의 투명성 여부, 수집하는 데이터의 최소화 여부, 합법적인지 여부, 데이터 처리의 이유 등을 따져보는 것이 기업의 프라이버시 관련 위험을 줄이는 좋은 방향이 될 것이다.

아웃소싱

이 장에서는 아웃소싱 관계에서 프로세서 또는
컨트롤러로서 유의해야 할 사항들을 알아본다.

🔒 소개

아웃소싱이 본격화되지 않았던 1960년대가 지난 후에는 전자 데이터 처리 분야가 급속히 발전하고, 메인 프레임 컴퓨터가 등장하자 정부 및 대기업은 광범위한 데이터 은행을 설립하고 개인 데이터의 수집, 처리 및 공유를 향상시키고 증대시켰다. 얼마 후 유럽에서는 '서비스 국(service bureaux)' 또는 '컴퓨터 국(computer bureaux)'으로 알려진 모든 서비스가 자체 데이터 처리 기능이 없는 조직의 컴퓨팅 요구 사항을 해결하기 위해 등장했다.

이 새로운 관행은 실질적인 데이터 처리 담당 주체가 제거되면 정책 입안자가 데이터 보호를 보장해야 했기 때문에, 데이터 보호에 있어서 완전히 다른 차원을 고려하게 되었다. 1권에서 설명한 바와 같이 OECD의 개인정보 보호 및 개인정보의 흐름에 관한 가이드라인('Guidelines')은 국내법에 따라 데이터 처리가 서비스 국과 같은 다른 당사자에 의해 수행되는 경우에도 개인정보 보호 규정을 준수하고 결정을 내릴 책임은 데이터 컨트롤러에 있다는 것을 지적함으로써 이 문제를 해결하려고 했다.

이 접근법은 데이터 보호 지침('Directive')으로도 계승되었으며, 컨트롤러는 프로세서의 행위에 책임을 지게 되었지만, 1990년대와 2000년대의 아웃소싱 증가로, 컨트롤러를 대신하여 수행된 프로세싱에 대한 데이터 컨트롤러의 의무와 데이터 처리 서비스 제공자의 전문적 의무 간의 섬세한 균형에 대한 중요성이 점차 커졌다. 공정하고 효과적인 방식으로 실질적인 책임을 배분하여 균형을 바로잡는 것은 오늘날의 데이터 보호의 초석 중 하나가 되었다.

GDPR은 고객과 데이터 처리 서비스 제공자 간의 계약 의무를 강조하면서 '프로세서' 역할을 하는 서비스 제공자에게 적용할 수 있는 직접적인 법적 의무도 설정하였다.

🔒 당사자의 역할

Directive와 마찬가지로 GDPR에서도 '컨트롤러' 및 '프로세서'의 개념을 도입했다. 그러나 GDPR이 데이터 처리 활동의 아웃소싱과 관련된 복잡성을 더 잘 인식하고 있다. 따라서 컨트롤러에 적용되는 법적 의무에 초점을 맞추는 동시에 프로세서에 대한 새로운 법적 책임을 포함하고 최종 고객과 직접적인 계약 관계가 없는 서브 프로세서에 대한 의무도 예상할 수 있다.

컨트롤러 및 프로세서

이전 장에서 상세히 언급된 바와 같이, GDPR에 따르면, 컨트롤러는 자연적이거나 합법적인 사람, 공공 기관, 기관 또는 다른 사람과 단독으로 또는 공동으로 개인 데이터 처리의 목적과 수단을 결정하는 기타 단체이다. 컨트롤러의 개념과 달리 프로세서는 컨트롤러를 대신하여 데이터를 처리하는 컨트롤러의 직원이 아닌 사람 또는 단체이다.

이러한 구별이 중요한 이유는, 법률에 따라 관련 데이터 보호 의무를 준수할 책임이 있는 것은 프로세서라기보다는 컨트롤러이기 때문이다. 이러한 의무의 일환으로 서면 계약이 프로세서와의 관계를 관리하고 해당 프로세서가 해당 계약에 명시된 데이터 보호 의무를 준수하는지 확인하는 것은 또한 컨트롤러의 책임이다.

이 구별의 중요성은 2010년 2월 16일 채택된 제29조 작업반(WP29)의 공식 의견에 반영되었다. WP29는 이러한 견해의 정확한 의미와 그들의 정확한 사용은 이미 충분히 명확함에도 불구하고, 컨트롤러와 프로세서의 개념을 구체적으로 적용하는 것이 점차 복잡해지고 있음을 시사하는 것이라고 하겠다.

컨트롤러로서의 고객과 프로세서로의 공급자

컨트롤러 및 프로세서 역할을 아웃소싱 관계에 적용하는 가장 논리적인 방법은 고객을 컨트롤러로, 공급 업체를 프로세서로 간주하는 것이다. 이러한 역할 배분은 EU의 대다수의 아웃소싱 계약에서 일반적인 관행을 반영한다. 여기에는 2가지 실질적인 의미가 있다.

- 처리 목적 및 수단 결정: 아웃소싱 계약은 실제로 당사자의 역할 면에서 침묵할 수 있지만 고객이 처리의 목적 및 수단을 결정할 때 지배적인 역할을 한다고 결론을 내릴 수 있는 충분한 요소가 있어야 한다.
- 법적 의무 부과: GDPR은 프로세서에 의해 수행되는 프로세싱은 프로세서를 컨트롤러에 바인딩하고 상세한 요구 사항을 규정하는 계약 또는 법적 행위에 의해 규율되어야 한다고 명확히 명시한다. 이것은 Directive에 비해 GDPR이 훨씬 더 규정적인 체계를 정립하고 있음을 보여주는 분야 중 하나이다.

엄격한 계약 관계와 위에서 언급한 바와 같이 공급 업체가 순전히 프로세서 역량 내에서 행동하는 경우에도 GDPR은 해당 업체에 적용되는 직접적인 법적 의무를 부과한다. 이러한 의무는 아웃소싱 계약의 계약 조항에 관계없이 적용되며 다음을 포함한다.

- 제27조: GDPR이 적용되는 프로세서가 EU 내에서 설립되지 않은 경우, 프로세싱이 가끔 수행되고, 특수한 범주의 데이터를 대량으로 처리하지 않고 범죄 유죄 판결 및 범죄와 관련된 개인 데이터를 보유하지도 않으며, 개인의 권리와 자유에 위험을 초래할 가능성이 없는 경우를 제외하고는 프로세서는 EU의 대리인을 지정해야 한다.
- 제28조 (2)항: 프로세서는 이전에 컨트롤러의 특정 또는 일반 서면 승인 없이 다른 프로세서를 사용해서는 안 된다. 일반적인 서면 허가가 제공되는 경우, 프로세서는 컨트롤러에 추가 기회를 제공할 수 있도록 다른 프로세서의 추가 또는 교체와 관련된 의도된 변경 사항을 컨트롤러에게 알려야 한다.
- 제28조 (3)항: 전술한 바와 같이, 컨트롤러를 대신하여 프로세서에 의해 수행되는 처리는 컨트롤러와 관련하여 프로세서에 대한 서면 계약 또는 기타 법적 행위에 의해 규율되어야 한다. 이 계약에는 처리와 관련된 구체적인 정보가 포함되어야 한다.
- 제28조 (4)항: 프로세서가 서브 프로세서를 사용하는 경우, 컨트롤러와의 계약에서 명시한 동일한 데이터 보호 의무가 계약을 통해 서브 프로세서에 부과되어야 한다. 초기 프로세서는 서브 프로세서의 성능에 관련하여 컨트롤러에 대해 온전히 책임이 있다.
- 제29조: 프로세서 또는 서브 프로세서 또는 그 권한 하에 있는 사람은 EU 또는 회원국 법에 의해 요구되지 않는 한 컨트롤러의 지시를 제외하고는 개인정보를 처리할 수 없다.
- 제30조 (2)항: 프로세서 또는 그 대리인은 여러 세부 사항을 포함해야 하는 컨트롤러를 대신하여 수행되는 모든 개인 데이터 처리 활동 범주에 대한 서면 기록을 유지해야 한다. 이 기록은 요청 시 프로세서에서 데이터 보호 기관(DPA)에 제공해야 한다. 그러나 처리가 고위험인 경우를 제외하고 250명 미만의 직원을 채용하는 프로세서는 이 의무가 적용되지 않는다.

- 제31조: 프로세서 또는 그 대리인은 데이터 보호 감독 당국과 협력해야 한다.
- 제32조: 프로세서는 개인 데이터가 보호되는지 확인하기 위해 처리 과정에서 발생하는 위험과 관련하여 적절한 기술적 및 조직적 보안 조치를 취해야 한다. 이러한 조치에는 다음이 포함될 수 있다.
  ▷ 가명화 및 암호화
  ▷ 시스템 및 서비스의 지속적인 기밀성, 무결성, 가용성 및 회복력을 보장할 수 있는 능력
  ▷ 효과적인 백업 및 재해 복구 프로세스
  ▷ 처리에 적용되는 보안 조치를 정기적으로 검토하여 적절하게 유지하는지 확인
- 제33조: 프로세서는 개인 데이터 유출을 인식한 후 과도한 지연없이 컨트롤러에 통보해야 한다.
- 제37조: 프로세서는 핵심 활동이 대규모로 개인을 정기적이고 체계적으로 모니터링해야 하는 처리 작업이 대규모로 구성되거나, 대규모로 핵심 활동이 민감한 데이터 또는 범죄자 데이터 처리로 구성되는 경우, 데이터 보호 책임자(DPO)를 지정해야 한다. DPO가 임명된 경우, 프로세서는 연락처 정보를 게시하여 DPA에 전달해야 한다.
- 제38조: 프로세서는 DPO가 개인정보 보호와 관련된 모든 문제에 개입하고 DPO에 필요한 지원을 제공하고, 독립적으로 행동할 수 있는지 확인하고, DPO가 다른 업무를 수행할 경우, 그 임무가 이해관계의 상충을 가져오지는 않음을 확인해야 한다.
- 제44조: 프로세서는 개인정보의 국제 이전과 관련된 GDPR에 명시된 조건을 준수해야 한다.
- 제49조: 데이터 전송이 컨트롤러의 타당한 합법적 이익에 기초하여 이루어지는 경우, 모든 상황에 대한 평가와 이전된 데이터를 보호하기 위한

적절한 안전장치의 채택이 수행되어야 하며, 프로세서는 평가를 문서화해
야 한다.

컨트롤러로서의 공급자

아웃소싱 관계에서는 서비스 공급 업체가 처리에 대한 특정 결정을 내리
는 데 적극적으로 참여하는 것이 일반적이다. 이것은 서비스 공급 업체가
일반적으로 컨트롤러보다 특정 처리 작업에 대한 전문 지식이 더 많으므로
논리적인 결과이다. 그러나 WP29 의견 WP169에 명시되고 GDPR 28조
(10)항에 명확히 명시된 바와 같이, 위임을 초과하고 처리의 목적 또는
필수 수단을 결정하는 데 관련 역할을 수행하는 프로세서는 프로세서라기보
다 컨트롤러이다.

서비스 공급 업체가 자체적으로 컨트롤러가 될 수 있는 위험이 있는
반면, WP29는 위임은 컨트롤러의 이익에 가장 잘 부합할 수 있는 방법에
대해 프로세서가 가장 적합한 기술적 및 조직적 수단을 선택하는 어느
정도의 재량을 내포하고 있다고 지적한다.

결국, 아웃소싱 관계에 있는 서비스 공급 업체의 의사결정 능력이 증가하
고 있음에도 불구하고, 서비스 공급 업체가 결정한 사항이 해당 프로세서가
계약에 의한 예상 범위를 초과하지 않는 한 서비스 공급자는 여전히 프로세
서로 유지될 가능성이 크다.

프로세서 및 하위 프로세서의 체인

대부분의 경우 아웃소싱은 두 당사자 간의 관계에 거의 국한되지 않는다.
종종 아웃소싱 계약이 아래 모델을 따른다.

- 기업 그룹 내에서 여러 관할 지역에 설립된 운영 회사는 데이터 처리 서비스를 조달하기 위해 해당 회사 그룹 내의 조달 회사에 의존한다.
- 조달 주체는 특정 서비스 공급 업체를 관련 데이터 처리 서비스의 주요 계약자로 임명한다.
- 그런 다음 공급 업체는 해당 서비스 중 일부를 회사 그룹 내의 다른 회사 또는 외부의 제3자에게 하도급 한다.

이러한 약정은 중요한 데이터 보호에 영향을 미치며 일반적으로 서로 다른 당사자가 연쇄적으로 의무를 이행해야 하는 일련의 계약을 초래한다. 이 상황에서, 컨트롤러가 사용된 수단의 모든 세부 사항을 정의하고 동의할 필요는 없지만, WP29는 그것이 제어가 될 수 있도록, 적어도 처리 구조의 주요 요소를 고객에게 알려야 한다는 것을 분명히 했다. 이런 측면에서 GDPR이 Directive보다 더 규범적이며, 아래에 설명된 바와 같이 하위 처리를 규제하는 특정 조항을 포함한다.

🔒 아웃소싱 계약의 데이터 보호 의무

합법적이고 실질적인 이유로, 데이터 보호 규정은 아웃소싱 계약의 효율성에 있어 중요하다. 다른 계약 조항과 마찬가지로 데이터 보호 의무의 정확한 내용은 종종 당사자의 교섭권의 강도에 달려 있지만, 컨트롤러의 관점에서 볼 때 그러한 의무는 가능한 한 명백하게 하는 것이 매우 중요하다. 이것은 계약에 규정되어야 하는 특정 사안을 규정한 GDPR 제28조 (3)항에 따라 더욱 분명해졌다.

컨트롤러의 문서화된 지침에 따라 작동

컨트롤러(예: 고객)와 프로세서(예: 서비스 공급 업체)의 역할을 명확히 구분하기 위해, 개인 데이터 처리와 관련된 아웃소싱 계약을 통해 통제 대상을 설정하는 것이 중요하다. 이는 GDPR 자체의 요구 사항이므로 계약서에는 공급자가 고객의 문서화된 지침에 대해서만 관련 개인정보를 처리할 것이라는 조항이 포함되어야 한다. 이 지침은 일반적인 내용일 수 있지만, 보다 구체적인 내용일수록 고객이 컨트롤러 역할을 보다 쉽게 수행할 수 있다.

GDPR은 프로세서가 속한 EU 또는 회원 국가 법률이 달리 요구하지 않는 한, 개인 데이터의 국제 전송과 관련하여 해당 요구 사항이 적용된다고 언급하면서 한발 더 나아간다. 그렇지 않은 경우, 프로세서는 해당 법률에 의해 금지되지 않는 한, 처리하기 전에 그 법적 요구 사항을 컨트롤러에게 알려야 한다.

적절한 기술적 및 조직적 조치의 실행

5장에서 자세히 논의했듯이, 이것은 GDPR에 명시된 또 다른 필수 의무이다. 데이터 보안 위반에 대한 현재의 주의 수준을 감안할 때, 컨트롤러는 채택할 정확한 보안 조치를 결정하고 서비스 공급업체가 아래 사항을 인지하도록 요구하기 위해서 서비스 공급 업체의 전문 지식에 의존하는 것이 좋다.

- 고객(컨트롤러)이 무단 또는 불법적인 처리 및 사고로 인한 손실, 파손, 손해, 변경 또는 공개로부터 개인 데이터를 보호하려면 어떤 것이 '적절한' 지 평가하기 위해 서비스 공급자의 기술 및 지식에 의존하고 있다는 것
- 허가되지 않은 또는 불법적인 처리 및 개인 데이터의 우발적인 손실,

파괴 또는 손상으로부터 비롯될 수 있는 피해 및 보호되어야 할 개인 데이터의 특성에 적합한 기술적 및 조직적 조치가 적절해야 한다는 것

또한 기술적 및 조직적 보안 조치를 구현할 때 서비스 공급자는 다음 사항을 고려해야 하는 경우가 종종 있다.

- 허가 받지 않은 불법적인 처리 또는 그러한 개인 데이터의 우발적인 손실 또는 파괴를 유발하는 개인 데이터의 민감한 본질과 중대한 피해
- 기술 개발의 상태와 그러한 조치를 시행하는 데 드는 비용

직원 조사

직원을 조사하는 것은 조직의 보안 대책과 연결되어 있다. 직원 및 하도급 업체의 신뢰성과 관련하여 공급자에게 특정 의무를 두는 것이 점차 보편화 되었다. 이러한 의무는 서비스 공급자가 다음 사항을 보장하도록 요구할 수 있다.

- 고객 개인 데이터에 액세스할 수 있는 직원 및 하도급 직원의 신뢰성 확보
- 개인정보 처리와 관련된 모든 직원 및 하도급 직원에게 해당 관리, 보호 및 취급에 대한 적절한 교육을 제공할 것
- 모든 직원 및 하도급 직원이 고객의 개인 데이터를 기밀 정보로 취급함으로 써 계약에 따른 해당 기밀 유지 조항을 엄격히 준수하여 직무를 수행할 것

기타 데이터 보호 의무

GDPR에 따라 위에 명시된 기본 의무 외에도 아웃소싱 계약에는 서비스 공급 업체에게 요구하는 아래 조항이 포함되어야 한다.

- 다른 프로세서의 임명에 관해 GDPR하에서 프로세서에 부과된 의무를 준수할 것
- GDPR에 따라 권리를 행사하고자 하는 개인에게 컨트롤러가 대응할 수 있도록 가능한 한, 적절한 기술적 및 조직적 조치를 취하여 컨트롤러를 지원할 것
- 처리의 성격과 프로세서가 이용할 수 있는 정보를 고려하여 제32조 내지 제36조에 규정된 의무(데이터 보안, 위반 통지, 영향 평가 및 DPA에 관한 사전 협의와 관련)를 준수할 수 있도록 컨트롤러를 지원할 것
- 컨트롤러가 선택 시, 서비스 제공 종료 후 컨트롤러에 모든 개인 데이터를 삭제 또는 반환하고 EU 또는 회원국 법률에 따라 개인 데이터를 저장해야 하는 경우를 제외하고 기존 복사본을 삭제할 것
- GDPR 제28조의 준수를 입증하는 데 필요한 모든 정보를 컨트롤러에 제공할 것
- 컨트롤러 또는 컨트롤러가 지정한 감사자의 감사를 허용하고 이에 기여할 것

하도급

아웃소싱 관계가 위에서 언급한 바와 같이 일련의 프로세서 및 하위 프로세서를 포함할 가능성이 있는 경우 GDPR 제28조 (2)항 및 (4)항에 따라 컨트롤러 또는 아웃소싱 계약을 하게 되는 컨트롤러의 기업 그룹 내의 엔티티와 주요 공급 업체 간의 계약은 다음 조건을 충족해야 한다.

- 고객은 서브 프로세서의 사용과 관련하여 공급자에게 사전 또는 특정 서면 승인을 제공할 것
- 일반적인 서면 승인의 경우 프로세서는 다른 하위 프로세서의 추가 또는 교체와 관련된 의도된 변경 사항을 컨트롤러에 알려야 하며 컨트롤러가 그러한 변경 사항을 처리할 기회를 제공할 것
- 프로세서는 모든 하위 프로세서에 적용되는 것과 동일한 계약상 의무를 부과할 것
- 주요 공급 업체는 하위 프로세서의 위반에 대해 고객에게 책임을 질 것

🔒 독일의 경우

독일은 지난 몇 년 동안 수많은 심각한 데이터 보호 위반 사례를 경험했다. 예를 들어, 도이체 텔레콤(Deutsche Telekom)에서 개인정보가 포함된 저장 장치가 도난당했을 때 약 1,700만 명의 T- Mobile 독일 고객의 개인 데이터가 유출되었다. 이 장치에는 정치인 및 연예인 등 유명한 독일 시민의 이름과 주소, 휴대전화 번호, 생년월일 및 이메일 주소가 모두 포함되어 있었다.

2009년 7월 이 사건과 다른 사건에 대응하여 독일 연방 입법부는 데이터 보호법을 개정했다. 독일 데이터 보호법(BDSG, Bundesdatenschutz-gesetz)은 데이터 서비스 아웃소싱 계약에 영향을 미치는 매우 구체적인 요구 사항을 포함하며 DPA와 법원이 이미 정한 기대치를 따르는 점에서 특별하다. 2009년까지는 서면 계약을 체결할 일반적인 의무가 있었지만, 그러한 계약에서 다루어야 하는 문제와 관련하여 명확한 법적 기준이 없었다. 입법부는 이에 대응하고 10가지 특정 요구 사항을 수립했다. 이것들은

독일 데이터 보호법 제11조에 규정되어 있다.

특정 요구 사항

서면 자료 처리 계약을 체결하기 위한 제11조 BDSG에 따른 일반적인 요구 사항은 변경되지 않았다. 또한 계약서에서 다음 항목을 구체적으로 언급해야 한다.

1. 수행해야 할 작업의 주체와 기간
2. 데이터의 의도된 수집, 처리 또는 사용의 범위, 유형 및 목적, 데이터 유형 및 데이터 주체 범주
3. 제9조에 따라 취해지는 기술적 및 조직적 조치
4. 데이터의 수정, 삭제 및 차단
5. 제4항에 따른 프로세서의 의무, 특히 모니터링
6. 하청 계약을 발행할 권리
7. 컨트롤러의 모니터링 권한 및 컨트롤러와 협조할 수 있는 프로세서의 해당 의무
8. 개인정보를 보호하기 위해 프로세서 또는 그 직원의 규정 위반 또는 통보 의무가 있는 컨트롤러가 지정한 조건 위반
9. 프로세서에 대해 지시할 수 있는 컨트롤러의 권한 범위
10. 데이터 저장 매체의 반환 및 작업이 수행된 후 프로세서에 의해 기록된 데이터 삭제

또한 데이터 컨트롤러는 데이터 처리가 시작되기 전에 데이터 프로세서에 의해 구현된 기술적 및 조직적 프로세스를 확인하고 충족 여부를 확인해야 하며, 그 확인은 이후에 주기적으로 반복되어 한다. 그리고 그러한

검증의 결과는 문서화되어야 한다.

BDSG의 Section 11 위반은 규정 위반으로 간주되어 최대 5만 유로의 행정 벌금을 부과할 수 있으며 위반으로 인해 당사자가 누릴 수 있는 이익을 잠재적으로 차감할 수 있다. 행정 벌금은 컨트롤러/프로세서 계약을 정확하고 완전하게 또는 규정된 방식으로 이행하지 않거나, 데이터 처리가 시작되기 전에 데이터 프로세서의 기술적 및 조직적 프로세스가 제대로 작동하는지를 검증하지 않은 경우에 부과된다.

실제로 이러한 요구 사항으로 인해 데이터 프로세서에 대한 새로운 의무가 발생하지는 않지만, 컨트롤러/프로세서 계약에서 해결해야 할 문제를 단순히 확인할 수 있다. 그러나 법적 확실성을 확보하기 위해, 핵심 데이터 처리 활동을 데이터 프로세서에 의존하는 조직은 데이터 프로세서와 포괄적인 계약을 체결하는 것이 좋다. BDSG에는 이러한 입법 변경 이전에 당사자들이 데이터 처리 계약을 체결한 상황을 다루는 경과 규정이 포함되어 있지 않다. 따라서 2009년 개정 이전의 기존 계약들도 새로운 요구 사항에 따라 수정되어야 한다.

데이터 프로세서의 위치 영향

위에 명시된 요구 사항은 독일 데이터 컨트롤러를 대신하여 개인 데이터를 처리하는 독일 또는 EU에 위치한 모든 데이터 프로세서에 적용된다.

그러나 데이터 프로세서가 EU 또는 유럽경제지역(EEA) 외부에 기반을 두고 개인 데이터의 해외 이전에 대해 유럽집행위원회('Commission')가 승인한 표준 모델 조항의 의무를 준수하는 경우, BDSG의 Section 11에 명시된 요구 사항이 적용되어야 하는지 여부는 아직 명확하지 않다.

Bavarian 데이터 보호 규제 기관('Ansbach Regional DPA')에 따르면, BDSG의 Section 11의 요구 사항이 표준 모델 조항에 대한 첨부 파일로 포함되어야 한다. 그러나 독일 연방 데이터 보호 및 정보 위원은 표준 모델 조항이 단독 계약으로 사용될 수 있으며 EEA 외부에 위치한 데이터 프로세서로 전송하기 위해 BDSG가 무시될 수 있다는 의견이다.

실용적인 수준에서, 적어도(컨트롤러/프로세서 계약으로 표준 모델 계약을 사용한) EU 외부의 데이터 프로세서에게 전송하는 경우에 있어서 규제 당국이 적절한 보호 수준을 확인할 필요가 없다고 말한 독일의 주(states, 'Länder')에서는, BDSG의 Section 11의 요구 사항을 첨부 파일로 포함할 필요가 없을 것 같다. 표준 모델 조항을 수정없이 사용하더라도 이전 계약을 검토하겠다는 의사를 표명한 정부 기관만이 BDSG의 Section 11에 명시된 추가 데이터 보호조치를 요구할 것으로 보인다.

🔒 해외 업무 위탁 및 국제 데이터 이전

앞부분에서 언급한 바와 같이, GDPR 제44조는 제3국이 적절한 수준의 데이터 보호를 보장하지 않는 한, EEA 외부 국가에 대한 개인정보의 이전을 제한한다. 해외 아웃소싱, 특히 클라우드 컴퓨팅의 발전을 감안할 때 이 제한을 극복하는 방법은 해외에 기반을 둔 서비스 공급 업체 또는 서비스 공급 업체 체인을 참여시키려는 EU 기반 고객의 경우 가장 까다로운 데이터 보호 준수 측면이 되었다.

그러나 GDPR에서 정한 제한 사항은 절대 금지를 의미하는 것이 아니다. GDPR 5장은 그러한 이전이 가능하도록 하기 위해 준수해야 하는 조건을 설명한다. 실질적인 측면에서 GDPR은 해외 업무 위탁의 맥락에서 데이터 전송을 합법화할 수 있는 다양한 경로를 제공한다.

Privacy Shield

2015년 Safe Harbor가 무효화된 후, Privacy Shield에 대한 의존도는 2016년 8월에 운용을 시작한 이후 점진적으로 증가했다. 미국의 데이터 처리 서비스 제공자의 Privacy Shield(이전에는 Safe Harbor) 사용은, 이 프레임워크에 영향을 주는 불확실성에도 불구하고 데이터 전송을 합법화하는 일반적인 접근 방식이다. 많은 선도적인 기술 회사가 미국에 본사를 두고 있거나 미국에 위치한 인프라 및 수단(예: 서버 및 데이터 센터)에 의존하고 있다는 사실 때문에 Privacy Shield는 많은 관심을 모으는 메커니즘이 되었다.

Privacy Shield 프레임워크는 유럽집행위원회의 타당성 결정의 대상이 되기 때문에, 이 결정이 무효가 될 때까지 EU 고객이 개인정보를 Privacy Shield에 등록된 단체에게 이전하는 것은 합법적이고 GDPR 제45조와 부합하는 것으로 원칙적으로 간주된다.

그러나 이러한 메커니즘에 의존할 수 있는 EU 컨트롤러에 대해 미국 기반 데이터 수입 업체는 고객을 대신한 데이터 처리 활동을 Privacy Shield 인증 범위 내에 포함시켜야 한다. 따라서 EU의 컨트롤러는 미국 프로세서가 유효하고 적절한 Privacy Shield 인증을 유지하고 프레임워크에 규정된 원칙들에 항상 부합하도록 요구하는 의무사항을 데이터 처리 계약에 포함시키도록 해야 한다.

표준계약 조항

수년에 걸쳐, 이 맥락에서 자주 의지하는 메커니즘은 집행위원회가 채택한 표준 데이터 보호 조항의 사용이다. 이 메커니즘은 제46조에 따라 EU 기반 고객에서 해외 공급 업체로의 국제 데이터 이전 제한을 극복하기 위한 적절한 안전장치를 배치하는 방법으로 GDPR에 제시되어 있다.

이 방법은 Directive하에서 이미 이용 가능했으며, 따라서 2001년 12월 27일 유럽집행위원회는 컨트롤러에서, 적절한 수준의 데이터 보호 ('original controller-to-processor 조항')를 제공하는 것으로 인정되지 않는 비 EEA 국가에서 설립된 프로세서로 개인 데이터를 전송하기 위한 표준계약 조항을 설정하는 결정을 채택했다. 그러나, original controller-to-processor 조항의 유연한 특성에 따라 대안 버전의 초안이 작성되었고, 2010년 2월 5일, 위원회는 original controller-to-processor 조항을 새로운 세트('updated controller-to-processor 조항')로 업데이트하고 대체하는 결정을 내렸다.

따라서 EEA 외부로의 데이터 전송을 포함하는 아웃소싱 관계에 있는 당사자들은 updated controller-to-processor 조항이 포함된 계약을 체결함으로써 그러한 전송을 합법화하기 위한 적절한 보호 장치를 제공할 수 있다. 그러나 업데이트 된 조항은 original controller-to-processor 조항에 의해 수출자와 수입자에게 부과된 부담스러운 의무를 유지하고, 프로세서의 하도급 능력에 관한 매우 엄격한 규칙을 설정한다. 실제로, 단계별 외주 제작 프로세스는 너무 성가시기 때문에 의도했던 대로 문제를 해결하기가 어렵다.

앞서 언급했듯이, 이 접근법은 대다수의 글로벌 아웃소싱 서비스 제공 업체가 즉시 승인하지 않을 것이다. 서비스 공급자 체인과 관련된 복잡한 데이터 처리 장치의 맥락에서, 단계별 프로세스는 고객의 직접적인 개입 없이 서비스의 여러 측면에 대해 서로 다른 공급 업체를 참여시키는 능력과는 완전히 상충한다. 따라서 정교한 조직은 표준계약 조항에서 벗어나 아래에서 설명할 다른 적합한 솔루션을 탐색할 가능성이 높다.

대체 계약 메커니즘

updated controller-to-processor 조항의 성가신 특성에 따라 점점 더 많이 따르고 있는 한 가지 방법은 맞춤형 또는 임시 데이터 처리 및 이전 계약이다. 이 접근법에서 당사자들은 국제 데이터 처리 계약의 데이터 보호 조항을 협의하고 적절한 보호 수준을 확보하기 위해 자신의 판단에 의존한다. 이 방법은 GDPR에 의해 인정되었고, 유관 데이터 보호 감독 기관이 승인한 계약 조항을 통해 적절한 보호 장치를 제공할 가능성에 대해 GDPR 제46조 3항에 언급되어 있다.

결정적으로 GDPR은 이러한 임시 협의 조항이 수출 컨트롤러 또는 프로세서와 제3국의 개인 데이터 수신자에 의해 시작될 수 있다는 사실을 나타낸다. 이는 위에 언급된 집행위원회가 채택한 현행 표준계약 조항과 달리 제46조 3항에 의해 예상되는 대체 계약 메커니즘이 프로세서 간 데이터 전송에 적합할 수 있음을 시사한다(예: EU 기반 컨트롤러는 EU 기반 프로세서와 결합하여 비 EU 서브 프로세서로 데이터를 전송한다).

이 접근법의 향후 성공은 DPA가 이러한 유형의 대체 계약 메커니즘의 다른 버전을 승인하려는 의지에 크게 달려 있지만, 집행위원회가 채택한 표준 버전에서 크게 벗어나는 조항은 승인하지 않게 될 것임을 시사한다.

프로세서에 대한 회사 규칙 바인딩

최근 몇 년 동안 EU DPA는 다국적 기업들이 글로벌 데이터 처리 운영을 합법화하는 보다 융통성 있는 방법으로 유럽 표준을 기반으로 한 BCR(Binding Corporate Rules)을 채택하도록 권장했다. 그러나 원래의 BCR 모델은 회사가 처리하는 개인 데이터의 컨트롤러인 경우에만 적용되었으며 프로세서인 경우에는 적용되지 않았다.

GDPR을 채택하기 전에, WP29는 서비스 공급자가 처리한 고객의 데이터에 적용되는 법적 구속력이 있는 내부 데이터 보호 규칙을 승인함으로써, BCR 개념을 프로세서로 확장하는 절차를 시작했다. 이것은 BCR을 컨트롤러 또는 프로세서가 준수할 수 있는 개인 데이터 보호 정책으로 정의한 GDPR에 의해 명시적으로 인식되었다. 위원회에서 승인한 표준계약 조항과 달리 프로세서 BCR('Binding Safe Processor Rules' 또는 BSPR)은 서비스 공급자의 데이터 보호 관행에 맞게 조정할 수 있으며 적절한 적절성 표준을 포함하는 한, 국제 데이터 보호 및 아웃소싱 업계를 위해 매우 유용한 도구가 될 수 있다.

내용 측면에서, 프로세서 BCR에서 요구되는 표준은 BCR과 관련하여 적용 가능한 수용된 표준을 반영하지만 프로세서의 관점에서 반영된다. 즉, 프로세서 BCR에서 EEA 외부의 엔티티 또는 처리 수단을 가진 기업 그룹은 BCR과 동일한 기준에 따라 특정 데이터 보호 표준을 준수하지만 데이터 프로세서로서의 역할에 맞게 조정된다. 이러한 서비스 제공 업체는 지리적 위치에 관계없이 '안전한 프로세서'로 간주될 수 있으며 안전한 프로세서를 사용하여 데이터를 전송할 때 고객은 EU 데이터 보호법에 따라 전 세계 데이터 전송에 영향을 주는 제약을 극복할 수 있다.

개별 데이터 주체의 관점에서 보았을 때, 이 메커니즘은 표준계약 조항에 의해 제공되는 것 이상의 추가 보호 계층을 제공한다. 프로세서 BCR은 프로세서 BCR이 제공한 안전장치 위반에 대해 데이터 프로세서에 대한 직접적인 교정 방법을 포함하기 때문이다.

🔒 결론

GDPR에서 가장 중요한 변화 중 하나는 컨트롤러와 프로세서 간의 책임을 재조정하는 것이다. 컨트롤러가 계속해서 개인 데이터 처리에 대한 책임을 지니고 있지만, 프로세서의 상태는 이전 데이터 보호 프레임워크보다 수준이 높아졌다. 그러나 개인 데이터 처리와 관련하여 매우 구체적인 약속을 명시한 서면 계약을 체결하는 아웃소싱 관계의 양 당사자에 대한 의무는 이 복잡한 균형의 기초가 된다.

Part 4

핀테크 개인정보 보호

Part 4에서는 핀테크에 인터넷 기술 및 마케팅 활용 시 고려해야 할 GDPR 적용
사항들과 개인정보 보호를 위한 새로운 접근법을 다룬다.

인터넷 기술 및 커뮤니케이션

커뮤니케이션을 위한 인터넷 기술은 끊임없이 발
전하고 그 형태가 바뀌어왔다. 이 장에서는 대표적
인 인터넷 및 커뮤니케이션 관련 기술에 있어서 개
인정보 관련 고려사항을 알아본다.

🔒 소개

인터넷은 전 세계적으로 데이터를 수집, 전송 및 공유하는 우리의 능력을 변화시켰다. 그 잠재력은 우리 사회의 거의 모든 면을 근본적으로 변화시킨 수많은 신기술에 의해 활용되었다. 그러나 세상에 공짜가 없듯이 힘은 책임을 동반한다. 이 장에서는 인터넷 기술의 여러 카테고리와 EU 데이터 보호 개념 및 요구 사항이 어떻게 적용되는지 살펴본다.

🔒 클라우드 컴퓨팅

'클라우드 컴퓨팅'은 인터넷을 통한 정보 기술 서비스 제공을 말한다. 이러한 서비스는 '사설 클라우드' 또는 제3자 공급 업체가 제공하는 사용자를 위해 제공될 수 있다. 서비스에는 소프트웨어, 인프라(예: 서버), 호스팅 및 플랫폼(예: 운영 체제)이 포함될 수 있다. 클라우드 컴퓨팅은 개인 웹 메일에서 회사 데이터 저장소에 이르기까지 다양한 응용 프로그램을 보유하고 있으며 다양한 유형의 서비스 모델로 세분화할 수 있다.

- 공급 업체가 실제 컴퓨팅 리소스에 대한 원격 액세스 및 사용을 제공하는 서비스(IaaS)인 인프라로서 사용자는 운영 플랫폼과 모든 응용 프로그램을 구현하고 유지 관리해야 한다.
- 공급자가 서비스 플랫폼(PaaS) - 공급자가 기본 하드웨어뿐만 아니라 운영 플랫폼에 대한 액세스와 사용을 제공하지만 사용자는 응용 프로그램을 구현하고 유지 관리해야 한다.
- 공급 업체가 인프라, 플랫폼 및 응용 프로그램을 제공하는 SaaS(Software

as a Service)

이러한 모든 유형의 클라우드 서비스에는 일반적으로 다음과 같은 기능이 있다.

- 서비스 인프라는 공급 업체와 고객 간에 공유되며 여러 국가에 위치할 수 있다.
- 고객 데이터는 용량에 따라 인프라스트럭처를 통해 전송된다.
- 공급 업체는 처리에 적용 가능한 위치, 보안 조치 및 서비스 표준을 결정한다.

전통적인 컴퓨팅에서는 조직의 운영 체제, 프로그램 및 데이터가 컴퓨터 자체 또는 회사의 자체 서버에 저장된다. 클라우드 서비스는 이 모델을 크게 바꾼다. 이러한 시스템, 프로그램 및/또는 데이터는 현재 전 세계 여러 위치에 저장되어 있으며 조직의 개인 사용자 또는 서비스 공급자를 통해 개인적으로 관리된다.

클라우드 컴퓨팅을 규제하는 특정 입법 문서는 없지만 기술적으로 중립인 GDPR은 컨트롤러의 의무를 수립하는 데 적용할 수 있다.

적용 법률
제3조에 따라 GDPR은 다음 경우에 적용된다.

- 처리 과정은 EU의 컨트롤러 사업장의 활동과 관련이 있는 경우
- 컨트롤러나 프로세서가 EU 내에 설립되어 있지 않더라도, 처리가 EU의 개인에게 재화를 제공하거나, 행동을 모니터링하는 행위와 관련된 경우

첫 번째 경우는 GDPR이 대체하는 데이터 보호 Directive 95/46/EC ('Directive')에서 유래한 것이다. 그러나 유럽 법원(ECJ)의 최근 사례는 이 테스트를 매우 광범위하게 해석했다. 웰티모(Weltimmo)에서 ECJ는 '사업장'을 구성하는 방향을 제시했으며, 시설의 안정성의 정도와 활동의 효과적인 수행 여부에 따라 해석되어야 한다고 했다. 웰티모는 헝가리에서 부동산 중개 서비스를 제공하는 웹 사이트를 운영하는 슬로바키아 회사였다. ECJ는 웰티모가 지침에 언급되는 목적을 위해 아래와 같은 요건을 충족하였기 때문에 헝가리에 '사업장'을 갖춘 것으로 갖추었다고 판단했다.

- 헝가리를 타겟팅하고 헝가리어를 사용하는 웹 사이트
- 법원 소송 절차 및 채무 추심을 대표하는 헝가리 대표
- 헝가리의 우편함
- 헝가리 은행 계좌

따라서 이 사건은 유럽 회원국의 최소한의 활동조차도 GDPR의 목적을 위한 사업장을 구성하기에 충분할 수 있다는 것을 보여준다.

최근의 판례는 또한 개인 데이터를 처리하는 비 EU 데이터 컨트롤러와 EU 기반 사업장 간의 경제적 연결이 데이터 컨트롤러의 활동이 GDPR의 대상이 될 수 있다는 것을 보여준다.(Google vs. 스페인 판례 참조)

두 번째 경우는 Directive에 포함되지 않았던 내용이며, GDPR의 적용 가능성이 크게 확대되었음을 나타낸다. EU에 위치하는 사업장 여부를 고려할 필요 없이, 개인 데이터에 대해 EU 기반 개인의 행동을 모니터링하거나 서비스를 제공하는 것과 관련된 모든 컨트롤러 또는 프로세서는 GDPR을 적용받는다.

클라우드 서비스 제공 업체는 이러한 테스트 중 하나가 GDPR에 따라 처리 작업의 일부 또는 전부를 수행하는지 여부를 고려해야 한다. 이러한 처리 작업이 GDPR에 직접적으로 구속되지 않는 경우에도 고객이 GDPR의 적용을 받는 경우 해당 고객은 클라우드 서비스 공급자에게 어떻게 개인 데이터가 사용되는지에 대한 많은 동일한 제어를 포함하는 엄격한 데이터 처리 계약을 부과해야 한다.

컨트롤러, 프로세서

GDPR 제4조에 정의되어 있는 바와 같이, 컨트롤러는 '단독으로 또는 다른 사람과 공동으로 처리의 목적과 수단을 결정하는 자연적 또는 합법적인 사람, 공공 기관, 에이전시 또는 기타 단체'이다. 이 정의의 핵심은 개인 데이터의 처리 방법 및 이유를 결정할 수 있는 능력이 있음을 가리키는 것이다. 이 결정이 다른 주체들에 의해 공동으로 이루어진다면 그 주체들은 공동 컨트롤러이다.

대조적으로, 프로세서는 컨트롤러의 지시에 따라 컨트롤러를 대신하여 데이터를 처리하는 컨트롤러의 직원이 아닌 자연인 또는 법인, 공공 기관, 대행사 또는 기타 다른 사람이다.

이러한 구분은 컨트롤러 또는 공동 컨트롤러가 GDPR에 따라 프로세서보다 훨씬 더 많은 데이터 보호 의무를 갖기 때문에 중요하다. 대부분의 '서비스 공급' 상황에서 이러한 정의를 적용하면 고객이 처리의 목적과 수단을 결정하기 때문에 고객이 컨트롤러가 된다. 고객의 지시에 따라 행동하는 공급자는 일반적으로 프로세서이지만, 클라우드 컴퓨팅의 맥락에서 이것을 무조건 전제할 수는 없다.

WP29는 처리 목적의 결정이 컨트롤러의 지위를 부여하기는 하지만 기술 및 조직의 처리 수단(예: 하드웨어 결정)의 결정이 프로세서에게 위임될 수 있다고 명시했다. 그 프로세서는 컨트롤러가 되지 않는다. 그러나 데이터 보유 기간과 같은 처리 수단의 일부 '실질적' 및 '필수적' 요소를 결정하면 그러한 결정을 한 당사자를 컨트롤러로 간주하게 될 수 있다. 또한 WP29는 클라우드 서비스 공급 업체가 자체 목적을 위해 데이터를 처리하는 경우 해당 데이터의 컨트롤러가 된다.

따라서 클라우드 서비스 공급 업체는 컨트롤러가 아니어도 기술 및 조직의 처리 방법에 관한 재량권을 행사할 수 있다. 단, 자체 데이터를 처리하지 않는다면 컨트롤러가 될 필요가 없다. 그러나 프로세서가 컨트롤러의 지시를 벗어나서 처리하는 측면을 결정할 경우는 컨트롤러가 된다. 이는 클라우드 서비스 제공 업체가 고객의 개인 데이터를 자신의 목적(예: 서비스 개발 또는 개선)으로 사용하려는 경우 더욱 적합하다.

처리 방법을 결정할 수 있는 각 당사자의 권리의 범위는 처리의 사실적 분석에 달려 있으며 부분적으로는 계약 관계가 결정적이지는 않지만 서비스 계약에 대한 평가가 포함된다. 당사자들이 컨트롤러의 책임을 인위적으로 할당할 수 있다. 컨트롤러에 의해 위임받은 처리의 범위를 명확하게 정의하는 것이 바람직하다. 처리에 대한 결정이 프로세서에 위임되는 정도 또한 계약에서 다루어져야 한다. 프로세서로서의 지위를 유지하기 위해 공급자는 고객(컨트롤러로서)의 지시에 따라야 하고 이 지시가 일반적일 수 있으므로 도움이 된다.

클라우드 서비스 계약

클라우드 서비스 공급자의 고객이 EU 데이터 보호법의 적용을 받는 경우, 클라우드 서비스 공급자와 계약을 맺어야 하며 클라우드 공급자가 특정 데이터 보호 의무를 준수하도록 해야 한다.

GDPR은 그러한 계약에 포함되어야 하는 데이터 보호 조항을 크게 변경시킨다. Directive에 명시된 유일한 요구 사항은 프로세서는 (1) 컨트롤러의 지침에 따라야 하고 (2) 적절한 보안 조치를 취할 의무가 있다는 것이었다. GDPR은 그러한 계약에 포함되어야 하는 프로세서에 대한 훨씬 더 규범적이고 상세한 의무 목록을 아래와 같이 제시한다.

- 해당 개인 데이터의 유형 및 데이터 주체의 범주와 함께 처리의 주제, 기간, 성격 및 목적
- 개인 데이터는 국제 데이터 이전을 포함하여 문서화된 지침에 의해서만 처리할 것
- 개인정보를 처리하도록 허가된 개인은 기밀을 유지할 것
- 보다 규범적인 보안 조치를 포함할 것
- 컨트롤러는 최소한 서브 프로세서에 대한 통보를 받고 이의 제기 권한을 가질 것
- 모든 하위 프로세서에 부과된 것과 동일한 계약상 의무를 적용할 것
- 데이터 컨트롤러가 의무를 이행할 수 있도록 적절한 조치를 취할 것(예: 데이터 주체가 자신의 권리를 행사할 수 있게 하는 것): 예를 들어 데이터를 적절히 보호하고, 데이터 유출 시 통보하고, 데이터 보호 영향 평가를 수행하고, 관련 당국과 협의하는 것 등이 그것이다.
- 서비스 제공이 완료되면 모든 개인 데이터를 삭제하거나 반환할 것
- 필요한 모든 정보를 제공하고 계약 준수 여부를 모니터링하기 위해 감사를 수행할 것

이에 대해 고객은 다음과 같은 사항을 요구할 가능성이 높다.

- 제공된 서비스가 법적 의무를 위반하지 않는다는 보증
- 외국 당국의 강제 공개 요구로 인한 위험의 완화
- 공급 업체가 개인정보를 오용한 경우에 대한 면책

반대로, 고객의 데이터와 관련하여 공급자는 고객의 규제 의무에 대한 책임이 없음을 가능한 범위까지 보장하기를 원할 것이다.

공급자는 컨트롤러가 되지 않고 운영 결정을 내리고 자체 법적 의무를 준수할 수 있다. 데이터 프로세서는 GDPR상 직접적인 책임이 있음을 명심해야 한다(예: 보안, 데이터 위반 사실을 컨트롤러에 알리는 의무 및 명령에서 유럽 법률을 위반하는 것으로 판단되는 경우, 이를 컨트롤러에게 알릴 의무).

클라우드 제공 업체가 표준 이용 약관에 따라 서비스를 제공하는 경향이 있는 경우, GDPR에 따라 부과되는 보다 구체적인 의무는 클라우드 고객에게 어려움을 야기할 수 있다. 그럼에도 불구하고 WP29는 소규모 클라우드 클라이언트와 대규모 클라우드 공급 업체 간의 교섭 위치의 불균형이 있다 하더라도, 클라이언트 데이터의 컨트롤러가 데이터 보호 의무를 이행하는 데 대한 책임이 면제되지 않는다는 것을 분명히 했다.

국제 데이터 이전

GDPR은 유럽경제지역(EEA) 외부로 개인정보를 전송하는 데 특정 조건을 부과한다. Directive에서 변경된 것 중 한 가지 유용한 사항은, 회원국이 특정 국제 이전에 대한 허가와 같은 추가 절차를 계속 부과할 가능성이 없다는 것이다.

클라우드 컴퓨팅은 거의 모든 경우에 있어 국제 데이터 이전에 관여된다.

컨트롤러인 고객은 개인 데이터 전송에 관한 규정을 준수할 책임이 있다(데이터 전송에 대한 자세한 내용은 4장 참조).

GDPR은 컨트롤러가 이전된 개인 데이터 보호를 위한 안전장치의 증거를 보여줄 수 있어야 한다고 규정하고 있다. 클라우드 환경의 컨트롤러에는 다음과 같은 여러 가지 옵션이 있다.

- 지리적으로 클라우드 제한: EEA와 적절한 보호를 제공한다고 간주되는 국가 또는 국가 내의 특정 부문으로 클라우드를 제한함으로써 개인 데이터의 전송은 규정에서 정한 요구 사항을 충족시킨다. 그러나 이러한 제한은 클라우드의 목적을 무력화시키고 비용을 증가시키며 구현이 어려울 수 있다.
- Privacy Shield 인증 미국 공급 업체 선택: 2016년 8월 1일부터 미국 조직은 미 상무부에서 관리하는 Privacy Shield에 가입할 수 있다. 이 제도의 회원은 개인정보를 적절하게 보호하는 것으로 간주되며 Directive 및 GDPR에 의거하여 데이터가 합법적으로 이전될 수 있다. 그러나 컨트롤러는 선행의 Safe Harbor를 무효화한 것과 유사한 법적 도전을 받게 될 가능성도 염두에 두어야 하지만, 오히려 Safe Harbor가 무효가 되었던 이론적 근거 및 상황을 보자면, 적어도 당분간은 여기에 의존하는 것도 좋은 방법으로 보인다.
- 유럽 집행위원회의 승인된 표준계약('모델 조항'): 대부분의 클라우드 서비스에서 2010년 컨트롤러프로세서 모델 조항은 고객과 공급자 간에 실행되어야 한다. 그러나, 모델 조항은 클라우드 환경에서 아래와 같은 이유 때문에 장점이 희석될 수 있다.
  ▷ 여러 당사자와 지역으로의 이전을 위해 구축하기가 어려움
  ▷ 처리가 발전함에 따라 업데이트 해야 함
  ▷ 유연성이 없어서 조항의 실질적인 조항을 변경할 수 없음

또한, 이 책을 쓰는 시점에 모델 조항은 불충분한 보호 장치를 제공한다고 주장한다는 법적 도전을 유럽의 법원에서 받고 있다. 만약 법원에서 이를 수용하는 경우, 이 문제는 데이터 전송 수단으로 모델 조항을 무효화할 수 있다.

- 맞춤형 데이터 전송 계약: 모델 조항의 대안으로 당사자가 고유한 데이터 전송 계약을 만들 수 있다. 그러한 협정은 모델 조항보다 더 큰 유연성을 제공하며 모델 조항에 관한 현재의 문제를 해결하기 위해 어떤 방법으로도 이행해야 하는 의무를 포함할 수 있다. 그러나 모델 조항보다 더 많은 비용이 소요되고 구현에 오래 걸리는 이유는 맞춤형 초안을 만들어야 하고 규제 당국의 승인도 받아야 하기 때문이다.
- BCR(Processor Binding Corporate Rules): 프로세서 BCR은 제29조 작업 반에서 고객 개인 데이터에 적용할 수 있는 프로세서에 대한 일련의 구속력 있는 약속으로 인정되었다. 공급 업체의 BCR이 승인되면 공급 업체는 '안전한 프로세서' 상태를 획득하고 고객은 국제 전송에 대한 GDPR의 요구 사항을 충족할 수 있다.
- 행동 강령 및 인증: GDPR은 비 EEA 국가의 조직이 적절하다고 간주할 수 있는 2가지 새로운 방법을 소개한다. 승인된 행동 강령에 서명하거나 승인된 인증 메커니즘을 통해 적절하게 지정될 수 있다. 클라우드 셀렉트 산업 그룹(Cloud Select Industry Group)이 클라우드 서비스 제공 업체의 데이터 보호에 관한 행동 강령 개발에 참여한 것이 좋은 예시가 될 수 있다.
- GDPR 제49조에 따른 책임 제한에 대한 신뢰: 예를 들어 컨트롤러는 이론적으로 클라우드 내의 전송 대상 데이터 주체의 동의를 얻을 수 있다. 실제로는 어렵다; 동의가 유효하기 위해서는 구체적이고, 정보가 있으며, 자유롭

게 주어지고, 취소 가능할 수 있는 데이터 주체의 희망에 대한 명확하고 모호하지 않은 표시가 되어야 한다. 결과적으로, 유효한 동의에 대한 엄격하고 여러 요구 사항으로 인해, 동의는 상업용 클라우드에서 현실적인 옵션이 될 것 같지 않다. 많은 유럽 데이터 보호 당국(DPA)도 이 GDPR의 축소를 좁게 해석할 것이다.

🔒 쿠키, 유사한 기술 및 IP 주소

'쿠키'는 웹 사이트 방문자가 웹 사이트 서버로 전달하는 작은 텍스트 파일이다. 쿠키는 나중에 웹 사이트에서 액세스하고 사용할 수 있다(예: 특정 장치를 식별하여 사용자의 웹 사이트 환경 설정 및 로그인 세부 정보를 기억하는 것). 스마트 폰 및 기타 모바일 기기에 사용할 때 쿠키의 한계로 인해 최근 몇 년 동안 장치 지문 인식과 같은 다른 기술이 쿠키의 대안으로 떠올랐다.

인터넷 프로토콜 주소('IP 주소')는 통신을 위해 인터넷을 사용하는 컴퓨터 네트워크상의 장치(예: 컴퓨터, 프린터)에 할당된 숫자 레이블이다.

쿠키 및 유사한 기술

쿠키는 일반적으로 웹 사이트 제품을 맞춤 설정하고 온라인 계정에 로그인하는 동안 개인의 보안을 유지하는 데 사용된다. 그러나 그들은 또한 표적 광고에 이용될 수도 있다.

사용자가 웹 사이트를 방문하면 해당 웹 사이트 또는 웹 사이트 운영자와 관계가 있는 제3자가 쿠키를 사용자의 브라우저로 보낸다. 쿠키에는 사용자의 방문에 대한 정보가 저장되며 여기에는 보고 있는 콘텐츠, 언어 기본 설정, 방문한 시간 및 기간 및 액세스한 광고가 포함될 수 있다.

브라우저가 웹 사이트를 다시 방문하면 웹 사이트는 쿠키에 저장된 정보를 검색하고 그에 따라 반응한다(예: 기본 언어 표시). 따라서 쿠키는 웹 사이트가 개별 브라우저를 '기억'할 수 있게 하므로 결과적으로 브라우저가 공유되지 않는 경우, 해당 브라우저를 사용하는 개인을 기억한다고 볼 수 있다. 쿠키를 통해 수집된 정보는 인기 있거나 인기가 없는 웹 페이지를 식별하여 웹 사이트를 개발하는 데 사용될 수도 있다.

휴대 기기에서 쿠키의 실질적인 제한 사항은 일반적으로 쿠키를 설정한 앱에서만 읽을 수 있다는 것이다. 이것은 다른 모바일 응용 프로그램에서는 사용자를 추적할 수 없음을 의미한다.

이러한 인식된 결함을 해결하기 위해 조직에서 대안 기술이 등장했다. 이들 중 가장 눈에 띄는 것은 기기에 대한 핑거 프린팅이다. 다른 기기로부터 사용자 기기를 고유하게 식별하기 위해 기기에 대한 다양한 기술 정보 항목(예: 화면 해상도, 브라우저 설정, 운영 체제)을 수집하는 작업을 포함한다.

쿠키, 유사한 기술 및 개인정보

쿠키 및 유사 기술은 종종 개인 식별이 불가능한 정보(예: 웹 사이트 방문 시간)와 연결된다. 그러나 그들은 자사의 브라우저를 통해 고유한 컴퓨터를 식별하기 때문에, 그들의 데이터는 컴퓨터의 온라인 움직임을 추적하고 특정 컴퓨터에 연결된 브라우징 습관의 프로필을 형성하는 데 사용될 수 있다. 결과적으로 쿠키는 개인정보를 수집할 수 있으므로 GDPR 의 적용을 받는다.

이 웹 사이트의 운영자가 이름과 우편/이메일 주소 쿠키에서 얻은 데이터를 사용하여 만든 프로필에 연결하려고 한다면, 그 프로필은 개인정보를 구성하게 된다는 것이 공통된 의견이지만, 유럽에서 쿠키를 처리하는 방법은 조금씩 다르다.

영국 ICO(Information Commissioner's Office)의 현재 가이드는 쿠키와 관련하여 '개인을 구별하고 특정 행동을 취할 목적으로 정보가 수집 및 분석되는 경우, 개인정보가 처리되고 있는 것이다'라고 서술하고 있다. 이것은 웹 사이트 운영자가 프로필을 더 이상 식별 정보에 연결하지 않고 해당 프로필을 사용하여 특정 개인과 관련된 조치(예: 광고 대상 지정)를 시도하지 않는 경우 ICO는 프로필을 게인 데이터로 간주하지 않을 수도 있음을 시사한다.

그러나 이 지침은 GDPR 이전의 것이었고, GDPR에서는 온라인 식별자를 참조하여 식별될 수 있는(의도와 무관) 사람과 관련이 있는 정보가 개인 데이터임을 명확히 하고 있다. 또한 GDPR은 개인 데이터의 한 형태인 '가명' 데이터라는 개념을 소개한다. 가명 데이터는 컨트롤러가 실제로 이 연결을 시도하지 않는 경우에도 개인에게 연결할 수 있는 프로필을 포함한 것이다.

ICO는 또한 쿠키가 특정 사용자보다는 장치에 연결되는 경우가 많고 장치가 여러 사용자를 가질 수 있으므로 쿠키에서 수집한 정보는 특정 개인과 연결될 수 없으므로 개인 데이터가 아닐 수도 있다, 라고 예전에 언급하였다.

그러나, 이 주장은 Vidal-Hall 대 Google Inc.의 최근 판결에 비추어 볼 때, 유지하는 것이 더욱 어려워지고 있다. 이 소송에서, 청구인은 영국 상소법원 앞에서 브라우징 습관이 개인 데이터를 구성하는 것이며, 다른 사람들이 자신의 기기를 사용하고 게재된 타겟팅 광고에서 청구자의 브라우징 습관에 대한 정보를 추론할 수 있기 때문에, 구글이 그들의 기기에 광고를 타겟팅하기 위해 이러한 프로필을 사용하는 것은 불쾌한 것이라고 주장하였다. 여기서 요점은, 구글이 특정 시점에서 장치를 누가 사용하는지 알지 못하더라도, 또다른 기기의 제3의 사용자는 이 정보를 취득하게 될 수 있다는 것이다.

'다중 사용자' 논쟁의 또 다른 어려움은 인터넷 사용자가 일반적으로 개인 간에 공유되지 않는 모바일 기기로 이동하는 경향이 있다는 것이다. 예를 들어 스마트 폰은 가장 개인화된 기기이고, 대부분의 경우 특정 개인이 사용한 것으로 간주된다.

유럽에서 조직이 개인의 고정 IP 주소를 사용하여 프로필을 작성하면 WP29는 IP 주소를 포함한 이 프로필이 개인 데이터임을 확인했다. 이러한 결론은 쿠키 또는 이와 유사한 기술을 사용하여 생성된 프로파일에 적용해야 한다는 것이다. 그러므로 쿠키로부터 수집된 정보가 개인 데이터일 경우, 수집 및 처리 분석 모두 GDPR에 따라 처리된다.

GDPR 준수의 맥락에서 제1자 쿠키와 제3자 쿠키는 구별되어야 한다. 당사자 쿠키는 방문한 웹 사이트 운영자가 지정하고 운영자가 자체 쿠키를 통해 수집한 정보를 기반으로 자체 제품을 광고하거나 웹 사이트를 조정할 수 있도록 한다. 웹 사이트 운영자는 자사 쿠키에 의해 수집된 개인 데이터의 컨트롤러이다.

반대로 제3자 쿠키는 웹 사이트 운영자가 아닌 다른 회사에 의해 전송된다. 제3자가 제3자 쿠키로부터 수집한 개인 데이터의 처리 수단 및 목적을 결정하는 경우, 그 제3자는 컨트롤러가 되며 GDPR을 준수해야 한다.

쿠키를 기반으로 한 적용 가능한 법률

쿠키는 특히 EU 데이터 보호법을 비 EU 웹 사이트의 운영자에게 적용할 수 있기 때문에 논쟁의 여지가 있다. 위에서 설명한 바와 같이 GDPR은 EEA 내의 개인행동을 모니터링하는 것과 관련된 개인 데이터 처리에 적용된다. 비 EEA 웹 사이트는 기기가 있는 전 세계 어디에서나 사용자의 기기에 쿠키를 설정하는 경향이 있으므로, 고객 프로필을 작성하는 것은 EEA 개인에 대해 수집하는 데이터와 관련하여 GDPR의 적용을 받음을 의미한다.

쿠키 및 동의

앞에서 논의한 바와 같이 개정된 전자통신 부문의 개인정보 처리 및 개인정보 보호에 관한 Directive 2002/58/EC(Directive 2002/58/EC)는 웹 사이트 운영자가 쿠키를 사용하는 데 관련된 여러 가지 요구 사항을 제시한다.[4] ePrivacy Directive의 제5조 (3)항은 가입자 또는 사용자의 단말 장치에 이미 저장된 정보에 대한 정보 저장 또는 액세스 권한 부여는 해당 사용자가 동의한 경우에만 허용되며, 데이터 보호법에 따라 명확하고 포괄적인 정보를 가입자 또는 사용자에게 제공해야 한다. 꼭 필요한 쿠키에 대해서는 면제가 있다.

---

[4] 유럽집행위원회는 ePrivacy Directive를 대체할 ePrivacy GDPR에 대한 제안을 발표한 바 있다. 유럽의회는 새로운 법률 초안을 자체적으로 개정한다. 결국 최종판은 법으로 통과되기 전에 EU 세 기구 간에 합의되어야 한다. 이 목표는 야심찬 것이었고, 2018년 5월에 새로운 규칙이 GDPR과 함께 시행을 목표로 하였다. 위원회는 쿠키 및 기타 추적 기술 사용에 관한 현행 규칙의 몇 가지 중요한 변경을 제안했다. 특히 동의 기준은 GDPR하에서 요구되는 기준에 부합할 가능성이 높다. 이 제안은 쿠키 이외의 추적 기술을 보다 명확하게 설명했다. 사용자의 브라우저 설정을 통해 중앙에서 동의를 수집해야 한다는 것이다. 새로운 법률로서 이 제안은 ePrivacy Directive를 각 국가별로 구현한 것보다 GDPR과 더 조화를 이룰 것이다. 그러나 이 책의 작성 시점에(2019년 11월 말), ePrivacy Regulation draft는 EU Council Committee에 의해 거절되었으며, 2020년에 유럽집행위원회는 draft를 다시 작성할지, 철회할지 결정해야 하는 상황이다.

WP29의 관점에서 제5조 (3)항은 사용자의 컴퓨터에 쿠키를 저장하는 경우, 해당 사용자에게 사전 통보하여 동의를 얻을 의무를 부과한다. 이를 위해 실질적으로 다음과 같이 조치가 필요하다.

- 쿠키의 전송 및 목적에 관한 정보를 사용자에게 제공할 것
- 이 정보를 받은 사용자는 쿠키가 자신의 컴퓨터에 저장되거나 컴퓨터에 저장된 정보가 검색되기 전에 동의할 것
- 사용자는 쿠키 사용에 대한 동의 여부를 선택할 수 있어야 하며, 동의 여부를 사용자에게 적극적으로 표시할 것

Directive 2009/136/EC(ePrivacy Directive를 개정하는 지침)의 Recital 66은 기술적으로 가능하고 효과적이며, 데이터 보호법의 관련 조항에 따라 쿠키 데이터 처리에 대한 사용자의 동의가 적절한 경우, 브라우저 또는 다른 응용 프로그램의 설정으로도 표현될 수 있다고 서술한다. 그러나 WP29는 브라우저는 기본적으로 쿠키를 차단하지 않으며, 일반 사용자는 대부분 브라우저 설정 또는 그 설정의 함의에 대해서 익숙하지 않기 때문에, 인터넷 사용자가 브라우저가 쿠키를 사용하는 것에 대해 동의한 것으로 간주될 수 없다는 온라인 행동 광고(OBA)에 대한 의견을 발표하였고, 이는 공식적으로 2010년 6월 22일 채택되었다.

그럼에도 불구하고 다음과 같은 특정 조건이 적용될 경우 필요한 동의를 얻기 위해 브라우저 설정을 신뢰할 수 있다고 OBA 의견에서 서술하고 있다.

- 브라우저의 기본 설정이 제3자 쿠키를 거부하는 경우
- 다른 출처와 함께 인터넷 사용자에게 쿠키의 사용 및 목적에 대한 명확하고 포괄적이며 완전한 정보를 제공하고, 사용자가 동의하는 곳과 동의하는

대상을 이해할 수 있도록 하기 위한 추가 정보를 제공하는 경우: 여기에는 쿠키를 설정하는 당사자에 대한 정보와 사용자가 쿠키를 거부할 수 있는 방법에 대한 세부 정보가 포함된다.

- 쿠키를 설정하거나 액세스하기 전에 사용자가 쿠키 설정과 해당 쿠키의 데이터 검색을 모두 받아들이도록 적극적으로 조치하는 경우
- 사용자의 브라우저 설정이 사용자가 선택한 사항을 '무시'하는 것이 불가능한 경우: 예를 들어 삭제된 쿠키가 로컬 공유 객체('플래시 쿠키')와 같은 기술로 복원되지 않도록 하기 위한 메커니즘이 마련되어 있어야 한다.

개정된 제5조 (3)항의 정확한 이행은 회원국마다 다르다. 영국에서는 ICO가 웹 사이트 운영자에게 다음과 같은 가이드를 제시했다.

- 웹 사이트에서 사용되는 쿠키의 유형과 사용 방법을 확인하기
- 쿠키의 사용이 얼마나 강요되는지 평가하기
- 사용자의 동의를 얻기 위해 어떤 메커니즘이 가장 적합한지 결정하기: 현재 ICO는 대부분의 브라우저가 웹 사이트 운영자가 동의를 얻은 것으로 간주할 정도로 정교하지 못하다고 판단한다. 대신 ICO는 다른 메커니즘 (예: 팝업 및 웹 사이트 이용 약관)이 사용된다고 말한다.

이러한 요구 사항 외에도 웹 사이트 운영자는 쿠키 사용에 대한 완전하고 투명한 공개를 제공하고 단독 쿠키-사용 정책도 고려하고, 브라우저 설정을 통해 표현된 동의가 미래에는 가능한지 브라우저 개발 동향도 잘 챙겨야 한다.

또 다른 예로, 스페인 규제 기관인 Agencia Española de Protección de Datos(AEPD)가 제공하는 쿠키 가이드는 쿠키 통지에 쿠키를 비활성화하거나 삭제하는 방법에 대한 정보가 포함되어야 하며 동의의 철회 방법이

포함되어야 한다는 점을 분명히 하지만, 기본적으로 ICO와 매우 유사하다.

IP 주소

IP 주소는 인터넷을 통해 다른 장치를 식별하고 통신하는 데 도움이 되도록 장치에 할당된 숫자이다. IP 주소는 인터넷 서비스 공급자(ISP)와 컴퓨터의 실제 위치를 나타낼 수 있다.

장치에는 고정 IP 주소(장치가 켜질 때마다 동일한 IP 주소를 사용함) 또는 동적 IP 주소(장치가 시작할 때마다 다른 IP 주소를 받음)가 제공된다. 동적 IP 주소는 정적 주소를 네트워크의 각 장치에 할당하는 관리 작업을 피한다. 또한 다수의 장치가 일부만 동시에 온라인인 네트워크에서 공간을 공유할 수 있게 한다.

IP 주소 및 개인 데이터

IP 주소는 쿠키와 비슷한 방식으로 사용자 프로필을 구성하는 데 사용될 수 있다. 이전 장에 설명된 바와 같이, 이러한 정보는 개인 데이터일 가능성이 높다. 그러나 IP 주소와 관련하여 IP 주소 자체가 사용자 프로필을 구성하는 데 사용되지 않는 경우에도 개인 데이터로 처리되어야 하는지 여부에 대해서는 논란이 있을 수 있다.

Scarlet Extended에 따르면 ISP가 IP 주소를 특정 고객에게 다시 연결할 수 있기 때문에 정적 및 동적 IP 주소는 모두 ISP가 가지고 있는 개인 데이터가 된다.

회사가 웹 사이트 방문자의 IP 주소를 기록하지만 추가 정보와 연결하지 않는 경우 IP 주소는 개인 데이터가 아니라고 주장해 왔다. 일부 규제 당국은 이전에 이 접근법을 수용할 수 있다고 제안했지만, 이 접근법은 아래의 2가지 논란에 봉착하게 된다.

- Directive 및 GDPR 모두에 따른 개인 데이터의 정의는 개인을 식별할 수 있는 '가능성'을 말하며, 조직이 사용자의 브라우징 습관에 대한 프로필을 작성하여 고정 IP 주소를 사용하여 구별할 가능성은 여전히 남아 있다.
- 조직은 ISP에 IP 주소와 관련된 개인을 식별하도록 요청할 수 있다.

이러한 논란 중 첫 번째는 일반적으로 동적 IP 주소에 적용되지 않는다. 동적 IP 주소는 장치가 인터넷에 연결될 때마다 다시 설정되기 때문에 조직에서 별도의 브라우징 세션을 함께 연결할 수 없기 때문이다.

그러나 ISP에서 추가 정보를 얻음으로써 사용자를 식별할 수 있는 가능성은 정적 및 동적 IP 주소와 관련된다. 최근에 해결된 Breyer 대 Germany 소송에서 ECJ는 독일 국가가 보유한 동적 IP 주소와 관련하여 이 문제를 정확하게 고려했다. 이 결정은 Directive의 Recital 26(GDPR의 Recital 26으로 계승됨)의 해석에 달려 있다. 이는 사람이 식별 가능한지 여부를 결정하기 위해, 컨트롤러 또는 다른 사람이 그 사람을 식별할 수 있는 모든 수단을 고려해야 한다. 이 원칙을 적용하여 ECJ는 동적인 IP 주소가 독일 국가의 개인 데이터가 될 것이라고 판결했다. 왜냐하면 '사이버 공격을 당했을 경우' 독일 법률에 따라 독일 정부는 특정 IP 주소와 관련된 특정 개인을 결정하기 위해, ISP로부터 추가 식별 정보를 얻는 것을 허용하기 때문이다.

이 결정은 정적 및 동적 IP 주소가 ISP가 아닌 다른 조직에서도 개인 데이터가 될 수 있음을 분명히 한다. 브라이어(Breyer) 소송에서 ECJ가 언급한 독일 법률은 상업적 목적이나 민사소송 목적으로 정부 기관이나 개인 당사자에게 정보를 제공하도록 법원에서 명령하는 상황이 다양하다. 브라이어는 이것이 Recital 26 테스트를 만족시키고, 많은 경우 동적 IP 주소도 개인 데이터의 범위 내로 가져올 수 있다고 말한다.

🔒 검색 엔진

검색 엔진은 인터넷상의 정보를 찾는 서비스이다. 이들은 대용량의 데이터를 처리하며 다음을 포함하여 일상적으로 처리한다.

- 사용자 IP 주소: 검색 엔진이 IP 주소를 수집하는 경우 해당 주소에서 수행된 검색과 연결할 수 있다. IP 주소가 정적인 경우 검색 엔진이 동일한 장치에서 수행한 검색을 연결할 수 있다.
- 쿠키: 쿠키를 이용하면 동적 IP 주소와 관련된 제한을 극복하고 더 정확한 사용자 식별을 할 수 있다(예: IP 주소와 연결된 장치가 아닌 사용자 계정을 기반으로 한 식별, 여러 사용자가 있을 수 있음). 검색 엔진은 위에서 설명한 방법으로 쿠키를 사용한다. 여기에는 서비스를 개인화하고 개선하는 방법이 포함된다.
- 사용자 로그 파일: 쿠키 및 사용자 IP 주소를 사용하여 검색 엔진은 사용자가 취한 행동(예: 서버 요청) 로그를 만들고 서비스 사용에 대한 개요를 제공한다. 이 정보는 쿼리 로그(검색된 용어, 날짜 및 시간, 쿠키 식별자, 사용자 기본 설정 및 운영 체제 정보), 제공되는 내용(광고 포함) 및 사용자의 후속 탐색 정보를 포함하여 하위 범주로 나눌 수 있다.
- 제3자 웹 페이지: 관련 정보를 사용자에게 반환하기 위해 검색 엔진은 인터넷에서 새 콘텐츠를 지속적으로 검색(또는 '크롤링')하고 검색 쿼리에 신속하고 적절하게 응답할 수 있도록 색인을 생성한다. ECJ는 Google

대 Spain에서 이러한 제3자 웹 페이지에 포함된 모든 개인 데이터를 포함한 데이터 처리에 제3자 웹 페이지가 관련이 있음을 확인했다. 이미 언급하였듯이, IP 주소와 쿠키가 사용자의 브라우징 이력의 프로파일을 구성할 때, IP 주소/쿠키와 함께 사용자 프로필도 개인 데이터일 가능성이 높다.

컨트롤러로서의 검색 엔진

검색 엔진은 사용자에 대한 데이터(예: 사용자 로그 파일)를 처리하는 목적과 방법을 결정하므로 해당 개인 데이터의 컨트롤러가 된다.

Google 대 Spain 소송에서 ECJ는 검색 엔진도 제3자 웹 페이지에 포함된 개인 데이터의 컨트롤러라고 판결했다. 이 판결은 검색 엔진이 '데이터 주체의 이름에 기반하여 검색하는 임의의 인터넷 사용자에게도 접근 가능하게 한다는 측면에서, 해당 개인 데이터의 전반적인 유포에 결정적인 역할을 하고 그 데이터가 관련된 웹 사이트 퍼블리셔의 역할과 비교할 때, 개인의 프라이버시에 대한 근본적인 권리에 대해 지대한 영향을 끼치는 데 책임이 있다'고 했다.

적용 법률

검색 엔진이 EEA에 설립된 경우, 해당 시설에서 수행한 처리 활동은 제3조 (1)항에 따라 GDPR의 대상이 된다. 검색 엔진은 종종 EEA 외부에 본사를 두고 있지만 EEA 내부의 개인에게 서비스를 제공한다. 그러므로 서비스를 제공하기 위해 이러한 개인이 조직에서 처리하는 데이터는 제3조 (2)항 (a)에 따라 GDPR의 적용을 받는다. 또한 사용자 로그 파일은 해당 개인에 대한 사용자 로그 파일 작성으로 자신의 행동을 모니터링하는 데 충분하기 때문에 사용자 로그 파일은 제3조 (2) (b)의 규정에 따라 GDPR의 대상이 될 수 있다.

Google 대 Spain의 판결과 GDPR 제3조 (1)항에 따라 EEA 외부의 검색 엔진은, 그들의 활동이 검색엔진의 핵심 동작과 경제적으로 연결된 EU 사업장을 두고 있는 경우, 제3자 웹 페이지에 포함된 개인 데이터 처리와 관련하여 GDPR의 적용을 받을 수 있다. Google 대 스페인에서 ECJ는, 그 처리가 Google Inc.를 위해 광고 공간을 홍보, 판매했던 Google Spain의 활동의 맥락에서 이루어졌기 때문에, 검색 엔진 사업 운영을 목적으로 하는 Google Inc.의 개인정보 처리는 GDPR의 적용을 받는다고 판단하였다. Google은 검색 엔진의 운영 목적을 위한 개인 데이터의 처리가 미국의 Google Inc. 에서만 이루어졌기 때문에, 이는 그 경우가 아니어야 한다고 주장했다. 그러나 ECJ는 Google Inc. 의 검색 엔진이 경제적으로 성장하기 위해 Google Spain의 광고 공간 판매 역할이 필요하기 때문에, Google Spain과 Google Inc.의 활동이 '밀접하게 관련'되어 있다고 판결하였다.

추가 데이터 보호 문제

GDPR의 일반적인 요구 사항 외에도 WP29는 검색 엔진 운영자가 직면하는 몇 가지 사항들을 언급하고 있다.

- 데이터 보관: 데이터 보관 기간은 GDPR의 비례성 일반 원칙을 준수해야 한다. 2010년 5월, WP29는 주요 검색 엔진에 개인 데이터 보관 기간을 최대 6개월(2008년 WP29에서 권고한 시간)으로 제한하도록 요청했다. 개인 데이터 보관 근거가 더 이상 존재하지 않으면 삭제되거나 비가역적으로 익명 처리되어야 한다.
- 다른 목적을 위한 상관 관계 및 추가 처리: 대부분의 경우 검색 엔진은

서비스 제공 시 수집한 개인 데이터를 사용하여 사용자를 프로파일하고 검색 결과를 개인화 한다. 이러한 처리가 발생하는 경우, 매개 변수가 명확하게 정의되어야 하고 사용자가 처리를 알아야 된다. 완전히 정의되지 않은 개념의 새로운 서비스 개발을 위한 개인 데이터 수집은 GDPR을 준수하지 않는 것으로 간주된다. 마찬가지로 검색 엔진이 웹 메일 및 맞춤 검색 기능과 같은 여러 가지 서비스를 제공하는 경우 사용자 데이터는 종종 여러 서비스 및 플랫폼에서 서로 관련된다. 이러한 상황에서 검색 엔진은 WP29의 의견으로 사용자의 정보에 입각한 동의를 얻어야 한다는 GDPR에 따라, 처리가 합법적인지 확인해야 한다. 검색 엔진이 수집한 데이터와 다른 출처의 데이터를 연결하는 경우, 데이터 수집 시 개인이 필요한 공정한 처리 정보를 제공받지 못하거나, 프로파일링의 옵트 아웃 권리를 포함하여 GDPR에 따른 권리들이 존중되지 않는 경우, 이러한 처리는 불법이 된다. 검색 서비스를 제공하기 위해 처리 유형이 필요하지 않거나 개인의 검색 기록이 유지되는 경우 또한 WP29는 개인의 동의가 필요하다고 간주한다.

- 데이터 주체의 권리에 대한 준수: 이 권리는 등록된 사용자(검색 엔진에 계정이 있는 사용자)와 등록되지 않은 사용자(IP 주소 또는 쿠키 또는 유사한 기술을 통해 식별될 수 있는 사용자) 모두에게 적용된다. 제3자 웹 페이지의 데이터가 검색 엔진 운영자에 의해 캐싱될 때 WP29는 데이터 주체가 캐시된 개인 데이터와 관련하여 수정 또는 삭제 권한을 행사할 수 있다고 간주한다. Google 대 Spain 판결에 따라, 타사 웹 페이지에 포함된 개인 데이터의 데이터 주체는 특정 상황('잊혀질 권리')에서 이러한 웹 페이지에 대한 링크를 검색 엔진에 제거하도록 요청할 권한이 있다. 이 권리는 새로운 GDPR에 의해 법적 근거가 확보되었다.

🔒 소셜 네트워킹 서비스

소셜 네트워킹 서비스(SNS)는 관심사 및/또는 활동을 공유하는 사람들 사이에서 사회적 그룹을 지원하고 사회적 관계를 구축하기 위해 고안된 온라인 사이트이다.

컨트롤러로서의 SNS 및 기타

정보의 게시와 교환을 가능하게 하는 온라인 통신 플랫폼을 제공하고 광고 목적으로 개인 데이터의 추가적인 사용을 결정할 때, SNS 공급자는 데이터 컨트롤러이다. 그들은 목적과 수단을 결정한다. EEA 외부에 본사를 둔 SNS 제공 업체에 대한 GDPR의 적용 가능성과 관련된 요소는 검색 엔진과 관련하여 위에서 설명한 것과 유사하다.

SNS에서 실행하도록 설계된 응용 프로그램의 제작자가 SNS에서 제공하는 것 외에도 서비스를 제공하는 경우 사용자의 개인 데이터를 제어할 수 있다. WP29는 특히 제3자 애플리케이션 제공자를 언급하며, SNS는 이러한 애플리케이션이 GDPR, 특히 정보 제공 및 데이터 수집을 애플리케이션의 제공에 꼭 필요한 데이터 수집과 관련되도록 보장해야 한다고 명시한다.

SNS 사용자가 개인 데이터 또는 제3자의 개인 데이터를 업로드 할 때 개인이나 가구용(household)으로 순전히 그렇게 하는 경우('가구 예외') GDPR으로부터 면제된다.[5] 그러나, 가구 예외가 적용되지 않는 경우가 있다.

---

5 GDPR 제2조 (3)항: GDPR을 적용할 수 없는 경우에도 개인정보를 SNS에 게시하는 개인은 명예 훼손 또는 개인정보의 오용과 같이 회원국의 다른 법률에 따라 책임을 질 수 있다.

- SNS가 조직의 플랫폼으로 사용되고 SNS를 사용하는 개인이 해당 조직을 대신하여 행동하는 경우. 그러한 SNS 사용자가 제3자와 관련된 개인 데이터를 SNS에 추가하는 경우는 그들이 해당 데이터의 컨트롤러이며 GDPR의 적용을 받는 공개이다.
- WP29는 가구 예외가 사용자가 고의로 개인 데이터에 대한 액세스를 선택한 연락처 이상으로 확장하는 경우에는 적용되지 않는다고 간주한다. 이러한 상황에서 개인 데이터를 게시하는 개인은 컨트롤러이며, 개인이 다른 채널을 사용하여 인터넷에서 개인 데이터를 게시할 때와 마찬가지로 온라인에서 자신의 활동을 관리하는 법적 프레임워크가 동일한다.

가구 예외가 적용되지 않는 경우, 개인은 저널리즘, 예술 또는 문학 목적을 위해 개인 데이터를 사용하는 것과 관련된 GDPR의 예외적인 혜택을 누릴 수 있다.

여러 당사자에 대한 GDPR의 잠재적 적용은 여러 개인 또는 단체가 SNS에 보유된 개인 데이터의 컨트롤러로서 각각 책임을 질 수 있는 불확실한 상황을 야기했다. 데이터 보안 및 보존, 목적 제한 및 데이터 주체의 권한과 관련한 것들과 같이 GDPR이 적용되는 곳에서는 해당 규정을 준수해야 한다.

정보 제공 의무

SNS 공급자 및 개인 데이터를 처리하는 SNS에 대한 응용 프로그램을 제공하는 독립체는 GDPR에 명시된 정보 규정의 적용을 받는다. SNS 공급자는 개방적이고 투명해야 하며 특히 사용자에게 다음 정보를 제공해야 한다.

- 관련성이 있는 경우, 마케팅 목적으로 개인정보를 사용할 것이며, 이를 옵트 아웃할 권리가 있음을 확인하는 고지
- 개인정보가 특정 제3자와 공유됨을 고지
- 실시되는 프로파일링에 대한 설명
- 민감한 개인 데이터의 처리에 관한 정보
- SNS에 올리는 개인 데이터에 의한 개인정보 위험에 대한 경고(SNS에 개인 데이터를 게시하는 사용자와 개인 데이터를 처리하는 제3자 둘 다에게 경고가 필요하다.)
- 개인이 사진과 같은 제3자의 개인 데이터를 업로드하는 경우 제3자의 동의를 얻어야 한다는 경고

민감한 개인정보

대부분의 경우 데이터 주체가 정보를 게시하지 않는 한 데이터 주체의 명시적인 동의는 중요한 개인 데이터를 인터넷에서 사용할 수 있게 해야 한다. 따라서 SNS가 중요한 개인 데이터를 처리하는 경우, 데이터 주체의 명시적인 동의를 얻어야 한다. 마찬가지로 SNS가 민감한 개인 데이터를 공개하는 정보를 요구하는 경우(예: 프로필 작성 중에 개인의 종교적 견해를 요청하는 경우), SNS는 그러한 정보를 제공하는 것이 전적으로 자발적이어야 한다는 것을 분명히 해야 한다.

경우에 따라 사진을 통해 민감한 개인 데이터(예: 데이터 주체의 인종)가 노출될 수 있지만(일부 회원국의 법률에 따라 이 정보는 특수한 유형의 개인 데이터로 간주된다), WP29는 일반적으로 인터넷상의 이미지를 중요한 개인 데이터로 간주하지 않는다.

제3자 개인 데이터

SNS는 사용자가 개인정보가 추가된 SNS의 회원이 아닌 개인을 포함하여 제3자에 관한 연락처 정보를 나열하거나 이미지에 개인의 이름을 지정하여 정보를 게시할 수 있게 한다. SNS 제공자는 GDPR하에서 이 처리를 위한 합법적인 근거를 가져야 한다.

SNS 사용자로부터 제3자에 대한 개인 데이터(예: 이메일 계정에 연결된 주소록 업로드 등)를 수집하고 SNS 회원이 아닌 개인의 미리 작성된 프로필을 형성하는 경우, WP29는 새로운 프로파일의 주체가 일반적으로 그 처리의 존재를 알 수 있는 위치에 있지 않기 때문에 SNS의 이러한 형태의 처리는 유럽의 데이터 보호법에 따라 법적 근거가 부족하다고 간주한다.

아동 데이터

일부 SNS는 특히 아동을 대상으로 한다. GDPR 제8조 (1)항은 개인이 16세 미만이며 동의하에 자료가 처리되는 경우 부모의 동의 또는 허락을 얻어야 한다고 규정하고 있다. 회원국은 이 연령 한도를 13세까지 낮출 수 있다. 또한, GDPR 제6조 (f)는 합법적인 이익이 이용 가능하지 않을 수 있는 특정 사례로서 데이터 주체가 아동인 경우를 언급하고 있다.

WP29는 또한 유엔 아동권리협약에 명시된 바와 같이 컨트롤러가 아동의 최대 이익을 고려해야 한다는 요구를 강조했다. SNS의 맥락에서 이는, 아동에 대한 인식 제고 활동을 장려하고, 미성년자의 정보 처리는 공정하고 합법적이어야 한다고 말하는 것이다. 실질적으로 이것은 민감한 개인 데이터가 미성년자에게 요청되지 않으며, 기본적으로 privacy-friendly 설정이 선택되고, 미성년자가 다이렉트 마케팅 자료로 타겟팅되지 않으며, 부모의 사전 동의가 획득되도록 보장해야 한다는 것을 의미한다.

🔒 모바일 기기의 응용 프로그램

스마트 폰 및 태블릿 같은 인터넷이 가능한 모바일 기기는 조직(프로그램, 앱 등을 제공, 판매하는 회사 및 개인 등)이 새로운 통신 채널인 모바일 기기 응용 프로그램('응용 프로그램')을 제공할 수 있게 한다. 응용 프로그램에는 몇 가지 고유한 데이터 보호 문제가 있다.

데이터 수집

앱은 설치된 휴대 기기의 센서(예: 위치, 오디오, 비디오, 고도, 속도 및 사용자 상호작용)를 통해 방대한 양의 정보를 수집할 수 있다. 또한 모바일 기기에 저장된 정보에 액세스할 수 있으며 일반적으로 연락처 세부 정보, 사진, 전자 메일 및 인터넷 검색 기록이 포함된다.

이 정보는 사용자에게 혁신적인 서비스를 제공하는 데 사용될 수 있지만, 앱 개발자에게 전송되어 특정 기기(예: 고유한 식별자 또는 IP 주소)와 연결될 수도 있다.

데스크톱 및 랩톱 컴퓨터와 비교하여 모바일 기기는 여러 사용자가 공유할 가능성이 적다. 개인이 특정 계정에 로그인하지 않은 경우에도 데이터를 모바일 기기의 소유자와 연결할 때 그 소유자와 연결될 확률이 높다.

잠재적인 데이터 수집량 같은 데이터는 종종 사용자와 더 밀접하다는 특성이 있다. 특히 스마트 폰은 어디에서나 주인과 동행한다. 결과적으로 스마트 폰의 앱을 통해 수집된 데이터는 다른 유형의 인터넷 지원 장치와 비교할 때 소유자의 삶의 영역에 대해 자세한 정보를 제공할 수 있다. 예를 들어 위치 데이터를 사용하면 앱이 개인의 움직임에 대한 시간 경과에 따라 상세한 그림을 만들 수 있다. 개인의 움직임이 특정 위치에 반복적으로

방문하는 경우, 이는 개인의 종교 및 정치적 제휴와 같은 민감한 정보를
추론하는 데 사용될 수도 있다.

적용 법률

앱을 통해 수집된 정보가 특정 기기에 연결될 수 있는 경우 개인정보가
될 가능성이 높으며 GDPR이 적용된다. 또한 쿠키와 유사한 기술을 다루는
ePrivacy Directive의 조항도 관련된다.

컨트롤러 및 프로세서

앱이 개인 데이터를 수집하여 앱 개발자의 서버로 다시 전송하는 경우,
앱 개발자는 수집되는 데이터와 이후에 사용되는 방법을 결정할 책임이
있으므로 해당 데이터의 데이터 컨트롤러가 될 가능성이 크다.

그러나 앱이 사용자의 휴대 기기에서만 개인정보를 처리하고 앱 개발자
의 서버 또는 다른 곳으로 보내지 않는 경우, 영국의 ICO는 개인정보가
사용자의 기기에 머물러 있고, 사용자의 통제하에 있기 때문에 앱 소유자가
데이터 소유자가 아니라고 명시했다.

쉽게 말하자면, 모바일 단말에 저장된 데이터의 경우, 3rd party 앱의
데이터라고 하더라도 3rd party의 서버에 전송되지 않는 한, 개인정보 수집
동의 및 파기 등을 포함하여 각종 개인정보 보호 관련 컴플라이언스에서
자유롭다는 의미이다. 이 책의 뒷부분에 제안할 개인정보 이용 메커니즘의
패러다임을 바꿀 수 있는 중요한 측면에서 매우 중요한 해석이다. 이 장의
뒷부분에서 설명할 PDS(Personal Data Store)가 대부분 클라우드 기반
구조임을 감안하면, 모바일 단말 기반으로 On-Device PDS 모델이 컴플라

이언스 측면에서 유리한 점이 매우 많아지게 된다.

반면 WP29는 앱 개발자가 아닌 개인 데이터 처리에 관련된 많은 당사자가 종종 연관된다. 이러한 당사자가 앱 소유자(예: 호스팅 및 분석 공급자)를 대신하여 행동하는 경우, 처리하는 모든 개인 데이터와 관련하여 데이터 프로세서가 될 가능성이 크다. 그러나 광고 제공 업체와 같은 일부 제3자도 자체 목적으로 데이터를 처리할 수 있으므로 데이터 컨트롤러가 된다. App Store, 운영 체제 및 단말 제조업체는 사용자가 앱과의 상호작용에 연결된 데이터를 처리하는 경우(예: 앱 스토어가 사용자가 다운로드 한 앱을 기록한 경우) 데이터 컨트롤러일 수도 있다.

쿠키 및 유사한 기술

앱에서 쿠키 또는 이와 유사한 기술을 사용하는 경우 ePrivacy Directive 의 동의 요구 사항을 준수해야 한다.

앞에서 논의했듯이, 인터넷 브라우저와 달리 앱의 쿠키는 광고주의 관점에서 볼 때, 일반적으로 쿠키를 설정한 앱만 쿠키를 읽을 수 있다는 점에서 한계가 있다. 이전에는 인터넷을 통해 온라인 활동을 모두 동일한 온라인 브라우저에서 수행하였었지만, 개인은 서로 다른 온라인 활동을 서로 다른 앱에서 수행하기 때문에, 인터넷을 통해 개인의 행동을 추적하기 위해 쿠키를 사용하려는 광고주는 점점 더 어려움에 처하게 됐다.

쿠키의 기존 기능을 유지해야 한다는 인식에 따라 광고주는 앱에서 개인을 추적하는 새로운 방법을 개발했다. 이것은 MAC(Media Access Control) 주소와 같은 고유 ID와 같이 사용자의 장치에 저장된 식별자에 액세스하거나, 또는 기기 핑거 프린팅을 포함한다. 기기 핑거 프린팅의 경우 특정 사용자의 여러 가지 단일 식별자 정보의 조합을 이용한다. 그러므로 이러한 유형의 기술이 사용자의 기기에 저장된 정보에 액세스할 때는 사전 동의를 얻어야 한다.

마찬가지로 앱이 사용자의 기기에 저장된 연락처 세부 정보, 사진 또는 기타 미디어에 액세스하려는 경우 사전 동의가 필요하다.

통지

모바일 기기에서 정보를 사용하는 방법에 대해 사용자에게 적절하게 알려야 한다는 요구 사항은 랩톱 및 데스크톱에 비해 모바일 기기에서 사용할 수 있는 화면 공간이 제한되어 있으므로 모바일 기기의 응용 프로그램과 관련하여 특히 주의해야 한다. 결과적으로 전통적인 개인정보 보호 정책은 사용자에게 자신의 개인 데이터 사용 방법을 적절하게 알릴 의무를 이행하기에 충분하지 않다.

WP29는 아이콘이나 기타 시각적 기호가 사용자의 주의를 환기시키기 위해 유용한 도구임을 권고한다. 이것이 GDPR에서 고려되어야 하는 도구로 언급되는 것을 감안할 때, 그들의 사용은 앞으로도 몇년간 증가할 것으로 예상된다. 자세한 내용을 원하는 사용자를 위한 보다 완벽한 정보에 대한 링크와 함께, 가장 중요한 정보를 사용자가 관심 끌게 하는 계층화된 알림도 도움이 된다.

개인정보가 처리되는 시점까지 정보가 제공되어야 한다는 요구 사항을 충족하려면, 앱을 다운로드하기 전에(예: 앱 스토어에 표시된 개인정보 취급 방침을 통해) 알림을 제공해야 할 수 있다.

동의

앱을 사용자 기기에 다운로드하면 기기에 정보가 저장된다. 이를 위해서는 ePrivacy Directive에 따른 동의가 필요하다. 앞에서 논의한 바와 같이, 쿠키 또는 유사한 기술을 사용하려면 동의를 요구하게 될 것이다.

개인정보가 처리되는 합법적인 근거로서 동의가 필요할 수도 있다. 예를 들어, WP29의 견해로는, 사용자의 모바일 기기를 통해 수집된 위치 데이터는 일반적으로 합법적인 이익에 근거하기가 어려우며, 대개는 동의가 필요하다는 것이다.

이전 장에서 논의한 바와 같이, GDPR은 동의에 대해 높은 기준을 가지고 있다. 특히 앱의 기능을 제공하는 데 필수적이지 않은 데이터 처리에 대한 동의는 사용자가 앱을 사용하기 위해 그러한 동의를 제공해야 하는 경우 일반적으로 유효하지 않다. WP29의 견해에 따르면, 사용자가 개인정보 보호 정책에 나열된 모든 유형의 데이터 처리에 대한 단일 동의를 얻는 것보다 특정 유형의 데이터 처리에 동의할 수 있는 기능을 사용자에게 제공한다는 의미로, 동의는 '구체적'이어야 한다.

앱의 사용 맥락에서는 사용자가 특정 유형의 데이터 처리에 대해 세부적인 유형의 동의를 요청하고, 사용자가 특정 동의를 제공하지 않는 경우에도, 가능한 많은 기능을 제공하는 것을 의미할 공산이 크다. 예를 들어 앱은 지도에서 가장 가까운 편의점에 대한 길 찾기를 표시하기 위해 사용자에게 위치 데이터에 대한 액세스 권한을 요청할 수 있지만, 이 요청이 거부되는 경우에도 사용자는 스스로 길을 찾아내기 위해서 편의점 위치를 지도에서 수동으로도 볼 수 있게 해야 한다.

데이터 최소화

앱에서 수집할 수 있는 매우 많은 양의 데이터를 감안할 때, 앱 개발자는 데이터 최소화에 대한 GDPR의 요구 사항에 유의해야 한다. 개인정보가 적절하고 관련이 있으며 처리 목적과 관련하여 필요한 것에 한정되어야 한다. 이는 규제 당국의 '기본적인 데이터 보호' 요구 사항에 의해 강화되며, 컨트롤러는 기본적으로 각 특정 처리 목적에 필요한 개인 데이터만 수집하여 사용하도록 한다.

🔒 IoT

사물인터넷(IoT, Internet of Things)은 사람이 도움을 받지 않고 다른 인터넷 사용 가능 개체와 직접 통신할 수 있는 인터넷 사용 가능 개체를 나타내는 광범위한 용어이다. 많은 경우에 이러한 개체에는 센서가 장착되어 있어 환경에 대한 정보를 수집하고 전송할 수 있다. 이러한 기술의 응용은 이미 여러 산업(예: 웨어러블 기술, 스마트 에너지 계량기 및 기타 가전 제품 및 연결된 차량)에서 나타났다.

이러한 개체의 센서는 식별 가능한 개인과 관련된 정보를 수집한다. 이러한 정보는 개인정보를 구성하며 GDPR의 적용을 받는다. 때로는 사용자의 위치를 추적할 수 있는 웨어러블 기술과 같이 명백한 경우가 있다. 반면 2초 간격으로 가정의 에너지 소비량을 모니터링하며 입주자가 보고 있는 TV쇼를 확인하는 기록을 만드는 스마트 미터기 같은 IoT 기기의 경우는 명백하지 않다. IoT는 특정 데이터 보호 고려 사항을 수반하며, 그중에서 가장 중요한 사항 중 일부는 다음과 같다.

컨트롤러 및 프로세서

인터넷이 가능한 기기에 의해 생성된 데이터의 관련 컨트롤러 및 프로세서를 결정하는 것과 관련된 고려 사항은 앞에서 논의된 인터넷 사용 가능 모바일 기기와 관련한 고려 사항과 유사하다.

보안

IoT 기기에 연결된 네트워크를 통해 전송된 개인 데이터를 적절하게 보호해야 한다는 요구 사항은 특히 다음과 같은 이유로 인해 어려움을 겪고 있다.

- 매우 많은 수의 기기가 종종 동일한 네트워크에 연결되어, 악의적인 행위자가 액세스할 수 있는 공격 지점이 많음
- 인터넷 사용 가능 기기의 소프트웨어는 최신 보안 패치로 사람이 운영하는 컴퓨터나 기타 장치에 비해 최신 상태를 유지할 가능성이 낮음

결과적으로 그러한 네트워크가 안전하게 설계되도록 보장하는 데 특별한 주의를 기울여야 한다. 이것은 처음부터 IoT 네트워크가 보안을 염두에 두고 설계된 경우 성취될 가능성이 가장 높다. 이러한 접근법은 GDPR에서 취한 'data protection by design' 접근법과도 일치한다.

통지 및 선택

통지 및 동의는 사람의 동작이 필요 없는 기기에 의한 자동 데이터 수집과 관련하여 어려움이 있을 수 있다. 그러한 기기에 의해 개인 데이터가 수집된 개인에게 그 사실을 알리고 GDPR에서 요구하는 정보를 제공할지에

대한 고려가 필요하다. WP29는 IoT가 공격 받는 잠재적 위험에 대비하기 위해 기기 정보를 수집 및 처리하려면 대부분의 경우 사용자의 동의를 받아야 한다고 지적했다.

하지만 사람의 개입 없이 기기에 의해 자동 수집되는 컨텍스트에 대한 동의를 얻는 것은 쉬운 일이 아니다.

이러한 문제에 대한 솔루션은 문제의 기술에만 국한되지만, 혁신적인 접근 방식이 필요할 수 있다. 개인에게 정보를 수집하는 방법을 알려주며 데이터 주체가 추가 정보를 찾는 방법 및 위치에 관한 정보를 알려주는 스티커와 사용자가 근처에 있을 때 기기가 관련된 정보를 데이터 주체의 모바일 기기에 무선으로 통보하도록 하는 기기가 그 예이다. 사용자 동의와 관련하여 WP29는 장치 제조업체가 장치 자체에 동의 메커니즘을 구축하는 것이 필요할 수도 있다고 설명했다. 데이터 보호 영향 평가(DPIA) 및 GDPR의 data protection by design 의무는 적절한 개발 단계에서 그러한 솔루션을 고안하고 구현할 의무가 조직에게 있음을 말하는 것이다.

🔒 결론

이 장에서는 인터넷 및 통신 기술의 특정 범주와 관련된 몇 가지 관련 데이터를 보호할 때 고려해야 할 사항을 소개했다. 그러나 이 고려사항들 역시, 본 주제의 다양성으로 인해 관련된 이슈에 대한 소개 정도의 수준에 불과하다.

디지털 통신을 라우팅하는 기술은 이러한 기술이 IP 주소, MAC 주소 등의 식별자 사용을 필요로 한다는 것을 의미한다. 언제나 그렇듯이, 규제 대상 기업은 식별되거나 식별 가능한 자연인과 관련된 데이터를 수집하거나 수신할 때마다 GDPR을 준수해야 한다. 또한 조직에서 개인 데이터를 처리하지 않는 경우에도 ePrivacy Directive의 요구 사항이 적용될 수 있다. 개인정보 보호 및 데이터 보호 전문가는 EU 데이터 보호법이 적용될 수 있는 모든 사례를 적절하게 식별할 수 있도록 조직의 기술자와 긴밀하게 소통하는 것이 중요하다.

다이렉트 마케팅

기업의 마케팅 활동이 데이터 주체의 권리와 균형을
이루기 위해서는 개인정보 처리와 실제 커뮤니케이
션을 구별해야 한다. 이 장에서는 기업이 다이렉트
마케팅 수행할 때 유의해야 할 점들을 알아본다.

🔒 데이터 보호 및 다이렉트 마케팅

다이렉트 마케팅의 맥락에서 데이터 보호 규칙을 적용하는 것은 아마도 데이터 보호법 분야에서 가장 복잡하고 기술적으로 어려운 영역 중 하나일 것이다. 첫째 이유는 다이렉트 마케팅이 데이터 보호 요구 사항을 유발할 뿐만 아니라 국가마다 다른 모든 소비자 보호 규정 요구 사항도 유발하기 때문이다. 둘째, 다이렉트 마케팅에는 스마트 폰의 위치 데이터 또는 쿠키를 통해 수집한 데이터와 같이 수신자의 장치를 통해 수집된 데이터를 사용하는 경우가 종종 있기 때문이다. 셋째, 다이렉트 마케팅 메시지는 더 이상 우편 및 이메일로만 제한되지 않지만 세 번째 플랫폼 메시지, 푸시 메시지 및 인앱 메시징을 통해 전송된다.

결과적으로 데이터 컨트롤러는 다양한 마케팅 커뮤니케이션 채널에 적용되는 옵트 인 및 옵트 아웃 동의 요구 사항의 어지러운 배열을 탐색하기 위해 고심하고 있다.

데이터 보호가 다이렉트 마케팅에 어떻게 적용되는지 명확히 이해하지 못하면 개인과 비즈니스 모두에게 해를 끼칠 수 있다. 적절한 마케팅 동의를 수집하지 않는 기업은 법적 준수 위험과 잠재적인 브랜드 피해를 직접적으로 유발하여 마케팅 의사결정을 받을 개인에게 다이렉트 마케팅 커뮤니케이션을 전송할 수 있다. 반대로, 데이터 보호 규칙을 지나치게 엄격하게 적용한 비즈니스는 합법적인 마케팅 커뮤니케이션을 보내는 데 불필요한 제한을 가할 수 있다.

데이터 보호에 대한 우려 외에도 데이터 컨트롤러는 다른 국가의 법률, 규정 및 코드가 다이렉트 마케팅 커뮤니케이션에도 적용될 수 있음을 인식해야 한다. 이러한 내용은 이 장의 범위를 벗어나며 일반적으로 광고 관련 법률 및 진실 광고 법과 같은 마케팅 커뮤니케이션 내용에 관한 것이다.

또한 데이터 보호 요구 사항 외에도 규제 요구 사항의 또 다른 단계가 다이렉트 마케팅에 적용될 수 있고, 개인의 개인 데이터를 사용할 수 있는 시기와 방법을 규제할 수 있으며, 때로는 데이터 보호법만으로 요구되는 것보다 엄격한 표준을 적용할 수도 있다. 예를 들면, 원치 않는 상업성 메시지('스팸 방지')에 대한 규정과 웹 페이지, 전자 메일 및 푸시 알림에 대한 쿠키 및 유사 기술의 사용이 있다.

따라서 데이터 컨트롤러는 보내는 다이렉트 마케팅 커뮤니케이션에 적용되는 모든 국가 규칙을 준수해야 한다. 해당 법률은 발신자가 있는 국가 또는 수령인이 살고 있는 국가의 법률 또는 실제로 둘 다 있을 수 있다.

다이렉트 마케팅의 개념

비즈니스(심지어 마케팅 비즈니스를 포함하여)와 관련된 모든 커뮤니케이션이 다이렉트 마케팅으로 간주되는 것은 아니다. 제29조 작업반(WP29)은 '다이렉트 마케팅'이라는 용어의 범위에 대한 지침을 제공하고 자선 단체 및 정치 단체(예: 기금 모금 목적)의 다이렉트 마케팅을 포함하여 판촉 활동을 포함하는 것으로 간주한다. 그러나 다이렉트 마케팅 메시지가 판매용이어야 할 필요는 없다. 무료 제안을 홍보하거나 발신자의 조직을 어떤 식으로든 홍보할 수 있다. 마케팅의 정의는 광범위하다.

'다이렉트 마케팅'의 범주에 속하기 위해서는 광고 또는 마케팅 자료의 수단에 관계없이 '특정' 개인에게 전달되어야 한다. 즉, 개인정보가, 마케팅 메시지를 전달하기 위해 개인 데이터가 처리되는 경우에만 데이터 보호법이 적용된다.

다음 마케팅 메시지는 다이렉트 마케팅으로 간주되지 않는다.

• 개인을 대상으로 하지 않는 마케팅 커뮤니케이션(예: 대상이 명확하지

않은 웹 사이트 배너 광고 또는 담당자가 언급되지 않은 회사에 보내는 메일): 데이터 보호 규정에 구속되지 않는다.

- 순전히 서비스와 관련된 본질적 메시지(예: 개인에게 보낸 정보(예: 주문한 주문 상태)): 이러한 메시지는 다이렉트 마케팅에 적용되는 특정 규칙을 준수할 필요가 없다. 그러나, 개인 데이터의 관련 처리는 일반적으로 데이터 보호 준수의 대상이 된다.

디지털 및 비디지털 마케팅

데이터 보호 지침(Directive)과 그 후속인 일반 데이터 보호 규정(GDPR)은 특히 다이렉트 마케팅을 전송하기 위한 개인 데이터의 처리를 다룬다. 또한 전자 통신 네트워크를 통해 다이렉트 마케팅을 전송하는 경우 ePrivacy Directive(Directive 2002/58/EC)도 적용된다. 자세히 말하자면,

- Directive와 GDPR은 우편, 전화, 팩스, 전자 메일 또는 다른 방법으로 전달되는 모든 다이렉트 마케팅 커뮤니케이션에 적용된다. 또한 인터넷 검색 기록을 기반으로 한 개인을 대상으로 한 온라인 광고에도 적용된다 (온라인 행동 광고 관련 부분 참조).
- ePrivacy Directive는 '디지털' 마케팅 커뮤니케이션, 즉 전화, 팩스, 전자 메일 및 SMS/MMS와 같은 전자 통신 네트워크를 통해 전달되는 다이렉트 마케팅에 적용된다. 그러나 우편 마케팅에는 적용되지 않는다. ePrivacy Directive는 온라인 행동 광고 사용에 영향을 미치는 규칙도 지정한다.

GDPR에 따른 마케팅 요구 사항

다이렉트 마케팅 활동의 맥락에서 개인의 개인 데이터를 처리할 때마다

데이터 컨트롤러는 GDPR에 따라 모든 준수 의무를 충족해야 한다. 여기에는 다음이 포함된다.

- 데이터 주체의 개인 데이터를 수집하고 사용하기 위한 합법적인 근거가 있는지 확인할 것('합법적인 처리 요구 사항'): 일반적으로 이것은 데이터 주체의 모호하지 않은 동의 또는 '합법적인 이익' 처리 조건에 해당하는 것이다.
- 자신의 개인 데이터가 마케팅 목적으로 사용될 것이라고 설명하는 공정한 처리 정보를 개인에게 제공할 것('투명성 요구 사항').
- 외부 광고 대행사, 메일 하우스 서비스 및 기타와 같이 데이터 컨트롤러를 대신하여 다이렉트 마케팅을 보내는 서비스 제공 업체와의 적절한 데이터 보호 의무를 포함하는 서면 계약을 포함하여 처리된 개인 데이터를 보호하기 위한 적절한 기술적 및 조직적 조치를 구현할 것
- 개인 데이터를 받았을 때 적절한 보호가 없다면, 유럽경제지역(EEA) 외부로 개인정보를 수출하지 않을 것: 예를 들어, 적절한 보호 장치가 마련되어 있지 않은 경우, 데이터 컨트롤러를 대신하여 마케팅 광고문을 보내기 위해 연락처 리스트를 해외 광고 대행사에 보내서는 안 된다.
- GDPR에 따른 다른 모든 준수 의무를 완전히 만족할 것

이러한 요구 사항은 이 책의 다른 장에도 자세히 설명하였다.

옵트 아웃 권리

Directive에 따르면 개인은 데이터 컨트롤러가 보낸 다이렉트 마케팅을 거부하거나 옵트 아웃할 수 있는 구체적인 권리가 있어야 한다. 이 요구 사항은 언제든지 동의를 철회할 수 있는 데이터 주체의 동의를 기반으로

개인 데이터가 처리되는 경우에 적용 가능하다.

그러나 GDPR은 데이터 수집 및 추가 처리가 '합법적인 이익' 처리 조건을 기반으로 하는 경우도 옵트 아웃이 적용된다는 것을 명확히 한다.

또한, GDPR은 다음 사항을 요구한다.

- 개인은 항상 옵트 아웃할 권리가 있음을 통보받을 것: 데이터 주체와의 최초 의사소통 시, 그 권리는 명시적으로 데이터 주체의 주의를 끌 것이며, 다른 정보와는 명확하고 별도로 제시되어야 한다.
- 마케팅 담당자는 모든 마케팅 채널에서 개인이 옵트 아웃할 수 있도록 할 것: 개인은 전송 방식에 관계없이 모든 형태의 다이렉트 마케팅을 거부할 수 있어야 한다. 옵트 아웃할 수 있는 권리는 우편, 전화, 전자 메일 또는 다른 방법의 다이렉트 마케팅에도 적용된다.
- 데이터 컨트롤러는 적절한 시기에 옵트 아웃 요청을 지키며 개인에게 무료로 제공할 것: 데이터 컨트롤러는 개인의 옵트 아웃 요청에 대해 가장 신속하게 후속 조치를 취하며 과도하게 지연하거나 연기할 수 없다. 또한 옵트 아웃 권리를 행사하기로 선택한 개인에 대해 요금이나 벌금을 부과할 수 없다(예를 들어, 개인이 옵트 아웃을 위해 프리미엄 요율의 문자를 보내도록 요청하는 것). 옵트 아웃 요청을 전송할 때 발생하는 부수적인 비용은 옵트 아웃 메커니즘이 무료인지 판단할 때 고려되지 않는다(예: 이메일로 옵트 아웃 요청을 보내는 개인의 인터넷 제공 업체 요금).
- 보유가 예외적으로 허용되지 않는 한, 개인 데이터는 삭제할 것: 컨트롤러는 기록에 있는 데이터 주체와 관련된 모든 개인정보를 삭제해야 한다. 이 규칙에는 예외가 있다. 예를 들어 보유가 필요한 경우 또는 법적 요구 사항의 수립, 행사 또는 방어를 위해 컨트롤러가 개인 데이터를 보관할 수 있다. 더욱이 데이터 처리 대상의 프라이버시에 대한 우선순위보다

컨트롤러의 관심을 우선시하는 지속적인 처리를 위한 '설득력 있는 합법적 근거가 있음'을 입증할 수 있다면 삭제 요구 사항이 면제된다.

- 프로파일링 데이터 제거: 옵트 아웃시, 컨트롤러는 위의 면제 중 하나에 해당하지 않는 한, 데이터 주체와 관련된 프로파일링 데이터의 사용을 중단해야 한다.[6]

개인이 옵트 아웃 권리 행사를 선택하는 경우, 데이터 컨트롤러는 연락처 세부 정보를 삭제하는 것이 아니고 사용을 막아야 한다. 그들의 세부 사항을 삭제함으로써, 데이터 컨트롤러는 그 개인의 세부 사항을 나중에 다시 취득할 수 있으며, 사용자가 옵트 아웃한 의도와는 달리 다시 마케팅을 시작할 위험이 있다. 개인의 세부 정보 사용을 억제함으로써 데이터 컨트롤러는 나중에 마음을 바꿔서 나중에 다시 선택하기 전까지는 마케팅 커뮤니케이션을 보내지 말아야 한다는 기록을 남길 수 있다. 이것은 이메일이 특정 주소로 전송되지 않도록 하는 마케팅 자동화 소프트웨어의 목록을 통해 수행할 수 있다.

이러한 이유로 데이터 컨트롤러는 다이렉트 마케팅 커뮤니케이션을 시작하기 전에 마케팅 연락처 목록을 내부 옵트 아웃 기록과 비교하여 항상 정리하고, 상호 참조 및 업데이트해야 한다. 데이터 컨트롤러의 옵트 아웃 기록에 따라 의도된 연락처가 이전에 다이렉트 마케팅을 선택하지 않았다는 것이 확인된 경우, 데이터 컨트롤러는 해당 개인에게 더 이상의 다이렉트 마케팅을 보내거나 마케팅 연락 대상에게 연락하여 다이렉트 마케팅을 거부하도록 요청해서는 안 된다.

---

6 '프로파일링'은 프로파일링 수단으로 구성된 개인 데이터를 자동 처리하는 모든 형태를 의미한다. 자연인과 관련된 특정 개인적인 측면을 평가하기 위한 개인 데이터의 사용, 특히 직장에서의 자연인의 성과, 경제적 상태, 건강, 개인 취향, 이해관계, 신뢰성, 행동, 위치 또는 움직임 등에 관련된 측면을 분석하거나 예측하기 위해 개인 데이터를 사용하는 것의 의미한다.(GDPR 제4조 (4)항의 프로파일링의 정의 참조)

또한 많은 회원국은 마케팅의 기안자와 관계없이(많은 EU 회원국에서는 메일, 전화 및 팩스에 대해 별도의 선호 서비스가 존재한다) 개인이 특정 커뮤니케이션 채널을 통해 모든 다이렉트 마케팅에서 글로벌 옵트 아웃을 제출할 수 있게 해주는 국가 차단 목록(일반적으로 '로빈슨 목록(Robinson List)' 또는 '선호 서비스'라고 함)을 구현했다. 대부분의 경우 회원국의 국가 별 데이터 보호 규칙에 따라 데이터 컨트롤러는 직접 판매 캠페인(특히 다이렉트 마케팅)을 수행하기 전에 해당 국가의 옵트 아웃 등록부 및 자체 내부 옵트 아웃 기록부에 대해 마케팅 연락 목록을 정리해야 한다. 특히 다이렉트 마케팅에 대해서는 별도로 허용되지 않는 한, 옵트 아웃(opt-out) 방식으로 허용된다. 회원국은 로빈슨 리스트의 다른 카테고리를 제공할 수 있으나, 모든 경우에 법률에 따라 마케팅 담당자는 이를 확인해야 하는 것은 아니다. 예를 들어, 영국에는 우편 마케팅을 위한 메일 환경 설정 서비스(MPS)가 있지만 이에 대한 마케팅 데이터베이스를 정리할 법적 요건은 없다. 명확성을 위해 로빈슨 리스트를 정리하지 않으면 일반적으로 데이터 보호법을 위반하는 것이 아니라 특정 국내법을 위반하는 것이다. 물론 컨트롤러가 개인으로부터 동의를 얻은 경우는 Robinson List의 옵트 아웃보다 우선한다.

ePrivacy Directive에 따른 마케팅 요구 사항

위에서 언급한 바와 같이 디지털 마케팅을 전송할 때 데이터 컨트롤러는 ePrivacy Directive에 명시된 특정 규칙을 준수해야 한다. 이는 SMS 및 인스턴트 메시징을 비롯하여 전화, 팩스 및 전자 메일로 마케팅에 대한 동의 및 정보 요구 사항을 부과할 뿐만 아니라 알림 및 기타 메시지를 푸시하는 데도 필요하다.

일반적인 규칙은, 제품 또는 서비스의 판매 컨텍스트에서 데이터 컨트롤러가 수집한 세부 정보를 수집한 경우의 이메일 마케팅에 대해서는 제한된 예외가 적용되지만, 다른 개인 대 개인 전화 마케팅 이외 대부분의 디지털 마케팅은 사전 선택하에서 받는 사람의 동의를 필요로 한다는 것이다.

각기 다른 마케팅 커뮤니케이션 채널에 적용되는 특정 규칙은 아래에서 자세히 설명한다. 또한 ePrivacy Directive는 온라인 행동 광고(OBA)를 위해 쿠키를 사용하는 위치 기반 마케팅 및 데이터 컨트롤러의 능력에 영향을 주는 특정 규칙을 부과한다.

GDPR과는 달리 ePrivacy Directive의 원칙과 조항은 직접적인 영향을 주지는 않지만 EU 회원국의 국내법에 구현되었다는 점에 유의해야 한다. EU의 일부 국가는 데이터 보호법에서 전자 개인정보 보호 지침(ePrivacy Directive)을 시행한 반면, 다른 국가에서는 전기 통신법에서 지침의 조항을 이행하기로 선택했다. 마찬가지로 일부 국가에서는 ePrivacy 규칙의 시행이 데이터 보호 기관(DPA)에, 다른 국가는 전기 통신 규제 기관에 맡겨져 있다. 국제적으로 운영되는 조직은 ePrivacy Directive가 어떻게 해석되고 얼마나 엄격하게 집행되는지에 상당한 차이가 있음을 고려해야 한다.

🔒 우편 마케팅

우편 마케팅은 디지털 마케팅이 아니므로 ePrivacy Directive의 요구 사항을 따르지 않는다. 다이렉트 마케팅 활동과 관련된 연락처 세부 정보 및 기타 개인정보 처리는 물론 데이터 보호법에 의해 규제된다. 따라서 마케팅 담당자는 국가 데이터 보호법 및 GDPR에 따라 일반 요구 사항을 충족시켜야 한다. 여기에는 적법한 처리 보장, 옵트 아웃 요청 및 기타 데이터 주체의 권리와 관련된 투명성 요구 사항의 충족이 포함된다.

동의 요구 사항

ePrivacy Directive에는 직접 우편 마케팅을 보내는 개인의 동의를 얻기 위한 명시적인 요구 사항이 없다. 그러나 몇몇 회원국의 국가 규칙은 그럼에도 불구하고 동의 요건(예: 벨기에, 그리스, 스페인)을 요구하고 있다.

동의를 얻기 위해 의무적으로 요구되는 국가의 요구가 없는 경우 데이터 컨트롤러는 직접 우편 마케팅을 보내는 대체 법적 근거로서 합법적인 이익에 의존할 수 있다. 이것은 데이터 컨트롤러의 이익과 개인의 기본적 권리와 자유 사이의 균형 잡힌 노력을 고려한다. 고려해야 할 요인은 다음과 같다.

- 개인이 데이터 컨트롤러의 기존 고객인지: 이 경우, 개인이 데이터 컨트롤러로부터 마케팅을 받을 것으로 기대할 가능성이 높다.
- 데이터 컨트롤러가 판매하고자 하는 제품과 서비스의 본질과, 특히 데이터 컨트롤러가 그러한 제품과 서비스에 대한 마케팅을 개인들에게 보낼 것을 개인들이 기대했는지 여부
- 데이터 컨트롤러가 이전에 개인에게 다이렉트 마케팅 커뮤니케이션을 보내지 않을 것이라고 말했는지 여부: 당연하지만, 이 상황에서는 개인에게 마케팅을 보내서는 안 된다.

상기 및 기타 관련 요인을 고려하여 데이터 컨트롤러가 합법적인 이익에 의존할 수 없다고 판단되면 일반적으로 직접 우편 마케팅을 합법화하기 위한 동의가 필요하다.

일부 회원국(예: 오스트리아, 덴마크 및 네덜란드)에서는 데이터 컨트롤러가 컨트롤러의 유효한 옵트 인 동의서가 없는 한 직접 우편 마케팅을

보내기 전에 해당 국가의 옵트 아웃 등록부에 대해 연락처 목록을 정리해야 한다. 이 경우 국가 옵트 아웃 등록부에 기재된 개인에게 직접 우편 마케팅을 보내서는 안 된다. 다른 회원국에서는 자체 규제 마케팅 표준(예: 다이렉트 마케팅 협회의 영국 내 행동 강령)을 준수하기 위해 국가 옵트 아웃 등록부와의 협의가 필요할 수 있으며 그렇지 않은 경우에도, 비록 법으로 요구되지는 않더라도 우수 사례로서 권고할 수 있다.

🔒 전화 마케팅

전화 마케팅('텔레 마케팅')은 디지털 마케팅의 한 형태이므로 ePrivacy Directive의 요구 사항을 준수해야 한다. 또한 데이터 컨트롤러는 투명성 요구 사항과 합법적인 처리 요구 사항을 포함하여 개인의 개인 데이터를 전화로 처리할 때 GDPR의 일반적인 준수 요구 사항을 충족시켜야 한다.

동의 요구 사항

ePrivacy Directive는 다음에 언급할 자동 전화 시스템에 대한 동의를 요구하지만, 개인 간 전화 마케팅에 대한 개인의 동의를 얻는 명시적인 요구 사항이 없다. 대신 ePrivacy Directive 제13조 (3)항은 회원국이 옵트인 또는 옵트 아웃 방식으로 일대일 전화 마케팅을 수행해야 하는지 여부를 자국 법률에 따라 결정할 수 있게 한다.

그러나 제13조 (3)항은 회원국들이 개인이 직접 전화 마케팅으로부터 무료로 옵트 아웃(opt out) 할 수 있는 수단을 갖고 있음을 최소한으로 보장한다. 이러한 이유로 대부분의 회원국에서는 전화 마케팅을 위한 국가 옵트 아웃 등록부를 구현하였다. 옵트 아웃을 기반으로 하는 전화 마케팅

(예: 영국 및 아일랜드)을 허용하는 회원국은 일반적으로 데이터 컨트롤러가 해당 국가의 옵트 아웃 등록부에 대한 통화 목록을 먼저 정리해야 한다.

또한 일부 국가에서는 전화 마케터에게 각 통화에서 국가의 옵트 아웃 등록부를 언급하고 개인에게 즉시 등록할 권리와 무료로 제공할 것을 요구한다. 다른 회원국들은 데이터 코디네이터가 다이렉트 마케팅 목적으로 전화로 개인에게 연락하기 전에 사전 옵트 인 동의에 대한 요구 사항을 추가로 강제해야 한다(예: 오스트리아, 헝가리 및 슬로베니아의 경우).

이 모든 것을 감안하면 전화 마케팅 관련 규칙 및 모범 사례가 국가마다 다르다는 결론에 도달한다. 옵트 인은 안전한 옵션이지만 여러 국가에서는 사전 동의 없이 개인에게 전화할 수 있는 옵션을 제공한다. 이러한 조건은 데이터 보호와 관련이 없는 특정 법률에 규정되어 있기 때문에 국가 데이터 보호법에서 항상 찾아볼 수 있는 것은 아니다. 마케터는 사전 동의를 구하는 경우를 제외하고는 '일률적인' 방식을 사용하지 않도록 주의해야 한다.

자동 전화 시스템

데이터 컨트롤러는 직통 전화 마케팅을 위해 자동 전화 시스템을 사용하기 위해 항상 개인의 사전 옵트 인 동의를 얻어야 한다. 이들은 개인의 전화 번호에 자동으로 전화를 걸고 수신자가 전화를 받으면 미리 녹음된 메시지를 재생하는 시스템이다.7 이는 자동 전화 걸기 기술을 사용하여 실제 사람과 사람 간의 대화를 용이하게 하기 위해 대상 번호로 전화하는 것을 제한하지 않는다.

또한 일부 회원국(예: 폴란드 및 영국)의 법률은 이러한 방식으로 전달되는 마케팅 커뮤니케이션이 발신자의 신원 및 연락처 정보를 제공하도록

---

7 ePrivacy Directive, Article 13 (1)

요구한다.

B2B 전화 마케팅 대 B2C 전화 마케팅

B2B 직접 전화 마케팅의 처리 및 허용은 회원국마다 다르다. 일부 회원국에서는 B2B 마케팅과 B2C 마케팅을 구분하지 않는 반면 다른 회원국에서는 B2B 마케팅에 보다 편한 접근 방법을 적용한다.[8]

GDPR은 직접 전화 마케팅을 시작하기 위해 개인의 개인 데이터가 처리될 때마다 적용되며, 이는 B2B 마케팅에 대한 직원의 연락처 세부 정보를 처리할 때도 똑같이 적용된다. 따라서 데이터 컨트롤러는 직원이 B2B 전화 마케팅을 수행하기 전에, 직원의 개인 데이터를 처리하기 위해 이 규칙에 따라 합법적인 근거를 마련해야 한다.

ePrivacy Directive에 따른 비요청 전화 마케팅에 대한 제한은 2009년부터 B2C 및 B2B 통신에 적용된다. 이것은 B2B 전화 마케팅에 대한 일반적인 예외가 없다는 것을 의미한다.

국내법에 따라 B2C 및 B2B 전화 마케팅을 구분하고 옵트 아웃 방식으로 B2B 통화를 허용하는 경우, 중앙 옵트 아웃 등록 기관과의 의도된 전화 마케팅 연락 대상을 정리하기 위해 국가 규정에 따라 데이터 컨트롤러가 여전히 필요할 수 있다. 예를 들어 영국에서는 B2B 직판 전화를 하기 전에 마케팅 담당자가 회사 전화 환경 설정 서비스에 대한 마케팅 연락처 목록을 정리하는 것이 법적 요구 사항이다. 데이터 컨트롤러는 비즈니스 컨택이나 개인을 대상으로 하는지 여부에 관계없이 항상 마케팅 캠페인에

---

[8] 예를 들어, 독일에서는 묵시적(옵트 아웃) 동의를 기반으로 B2B 전화 마케팅을 허용하고 B2C 전화 마케팅을 위해 옵트 인(opt-in)을 요구한다. 또한 영국은 영국 Direct Marketing Association에서 유지 관리하는 기업 가입자를 위한 중앙 옵트 아웃 등록 기관과의 콜 목록을 먼저 정리하면 옵트 아웃 방식으로 B2B 전화 마케팅을 허용한다.

적용되는 규칙을 이해하기 위해 회원국의 국가별 요구 사항을 확인해야
한다.

🔒 전자 메일을 통한 마케팅(이메일, SMS 및 MMS 포함)

전자 메일 마케팅은 디지털 마케팅의 한 형태이므로 ePrivacy Directive
의 요구 사항을 준수해야 한다. 또한 데이터 컨트롤러는 투명성 요구 사항과
합법적인 처리 요구 사항을 포함하여 전자 메일 마케팅을 전송하기 위해
개인의 개인 데이터를 처리할 때 Directive의 일반 준수 요구 사항을 충족하
는지 확인해야 한다.

전자 메일의 의미

ePrivacy Directive는 '전자 메일'이라는 용어를 수신자가 수집할 때까지
네트워크 또는 수신자의 단말기 장비에 저장할 수 있는 공용 통신 네트워크
를 통해 전송된 텍스트, 음성, 사운드 또는 이미지 메시지를 의미한다.
이 용어의 '기술 중립적' 정의는 이메일, SMS 및 MMS에 의한 다이렉트
마케팅을 포함하기에 충분히 넓은, 마케팅 이메일에 적용되는 규칙 때문에
SMS 및 MMS에 의해 마케팅에 동일하게 적용된다.

동의 요구 사항

ePrivacy Directive는 일반적으로 데이터 컨트롤러가 전자 메일을 통해
마케팅을 전송하는 개인으로부터 사전 동의(opt-in)를 받아야 한다는 것을

요구한다. 일반적으로 데이터 컨트롤러는 데이터 수집 시, 전자 메일에 의한 다이렉트 마케팅에 동의할 것을 요구하는 '공정한 처리 통지'를 통해 이를 달성한다.(예: '우리는 이메일이나 SMS로 연락하고 싶습니다. 귀하가 관심을 가질 것으로 생각되는 다른 제품 및 서비스에 대한 세부 정보가 포함되어 있습니다. 이 정보를 받기로 동의하신다면 아래 상자를 체크하십시오.')

옵트 아웃 예외

ePrivacy Directive는 전자 메일을 통한 다이렉트 마케팅에 대한 엄격한 옵트 인(opt-in) 요구 사항을, 데이터 컨트롤러가 '제품 또는 서비스 판매와 관련하여' 얻은 세부 정보가 있는 개인에게 제한적으로 면제하도록 허용한다(소위 'soft-opt-in' 규칙). 이를 통해 데이터 컨트롤러는 다음과 같은 경우 옵트 아웃 방식으로 전자 메일 마케팅을 보낼 수 있다.

- 데이터 컨트롤러는 제품 또는 서비스의 판매와 관련하여 개인의 전자 메일 연락처 정보를 얻은 경우
- 데이터 컨트롤러는 '자신의 유사한 제품 또는 서비스'에 대해서만 해당 개인에게 다이렉트 마케팅을 보내는 경우
- 데이터 컨트롤러는 세부 사항을 처음 수집할 때와 이후의 마케팅 커뮤니케이션에서 모두 간단하고 무료인 방식으로 전자 메일로 마케팅을 선택, 취소할 수 있는 기회를 명확하고 분명하게 제공하는 경우

옵트 아웃 예외 요구 사항에서 주의해야 할 몇 가지 핵심 사항은 다음과 같다.

- 개인의 세부 정보는 '제품 또는 서비스 판매의 맥락'에서 수집되어야 한다: 회원국 간에 '제품 또는 서비스 판매의 맥락에서'라는 단어의 범위에 차이가 있다. 일부 회원국(예: 오스트리아, 벨기에 및 덴마크)은 이 규칙을 그대로 적용하여 판매 거래 과정에서 개인의 연락처 정보를 수집해야 한다. 다른 회원국(예: 네덜란드 및 영국)은 이 요구 사항을 보다 폭넓게 해석하고 영업이 이루어지지 않은 경우(예: 예약 판매 통신, 웹 사이트 계정 등록 또는 경매 호가 제출)에 얻은 세부 연락처에도 적용한다.

- 컨트롤러는 자체적으로 유사한 제품과 서비스를 판매해야 한다: '소프트 옵트 인' 요구 사항에 의존하는 이후의 마케팅 커뮤니케이션은 해당 개인의 세부 정보를 수집한 데이터를 컨트롤러가 전송해야 한다. 데이터 컨트롤러는 개인의 세부 정보를 제3자(예: 계열사)가 다이렉트 마케팅 목적으로 사용할 수 있다. 또한 데이터 컨트롤러는 개인이 세부 정보를 제공한 제품과 유사한 제품 및 서비스를 마케팅해야 한다. 예를 들어 다른 제품이나 서비스가 개인의 기대한 범위 내에 있지 않을 때, 그에 대한 정보를 내고 그 이후에 이를 위한 옵트 아웃 예외에 의존할 수 없다.

- 개인은 연락처 세부 정보가 수집될 때 옵트 아웃할 수 있어야 한다: 개인의 세부 정보가 수집되는 시점에 전자 메일로 마케팅을 거부할 수 있는 무료인 방법이 있어야 한다. 일반적으로 이것은 데이터 캡처 시점에 표시되는 틱 박스를 통해 옵트 아웃하기 위해 박스에 틱하지 않으면 해당 정보가 전자 메일 마케팅에 사용될 것이라고 개인에게 알려주는 적절한 노출을 통해 이루어진다(예: '우리는 당신이 관심 있어 할 제품과 서비스의 세부 정보를 이메일 및 문자 메시지로 연락하고 싶습니다. 원하지 않으시면 아래 상자에 체크하십시오.').

- 개인에게 각 후속 마케팅 커뮤니케이션에서 옵트 아웃할 수 있는 능력을 상기시켜야 한다: 옵트 아웃 예외에 의존하여 개인에게 보낸 모든 전자 메일 마케팅 커뮤니케이션은 옵트 아웃할 권리를 상기시켜야 한다. 예를

들어 마케팅 커뮤니케이션의 맨 아래에 표현을 포함시켜 사용자에게 옵트 아웃 방법을 알려줄 수 있다(예: '더 이상 마케팅 이메일을 받지 않으려면 여기를 클릭하십시오').

정보 요구 사항

직접 전자 메일 마케팅을 전송할 때 ePrivacy Directive는 데이터 컨트롤러가 개인에게 옵트 아웃 요청을 보낼 수 있는 유효한 주소를 제공하도록 요구한다. 이 옵트 아웃 주소는 마케팅 커뮤니케이션을 전송한 매체에 적합해야 한다. 따라서 이메일 마케팅의 경우 데이터 컨트롤러는 일반적으로 옵트 아웃 이메일 주소 또는 옵트 아웃 하이퍼 텍스트 링크를 제공한다. SMS 또는 MMS 마케팅의 경우 데이터 컨트롤러는 일반적으로 개인이 탈퇴 요청을 보낼 수 있는 모바일 단축 코드를 제공할 수 있다(예: 특정 번호에 STOP 문자 보내기).

이 요구 사항 외에도 데이터 컨트롤러는 다음 사항을 지켜야 한다.

- 통신이 이루어진 발신인의 신원을 숨기거나 위장하지 않을 것
- 메시지가 상업적 의사소통으로 명확하게 식별될 수 있도록 할 것: 예를 들어 수신자에게 개인적인 의사소통으로 표시하려고 해서는 안 된다.
- 할인, 보험료 및 선물과 같은 판촉 행사가 명확하게 식별 가능하고 해당 자격 조건을, 쉽게 접근 가능하고 명확하고 모호하지 않게 제시할 것
- 해당 회원국에서 허용되는 프로모션 경진이나 게임이 분명하게 식별 가능하고, 참여 조건에 쉽게 접근 가능하며 명확하고 모호하지 않게 제시할 것

전자 메일을 통한 B2B 대 B2C 마케팅

직접 전화 마케팅과 마찬가지로 B2B 직접 전자 우편 마케팅의 처리 및 허용은 회원국마다 다르다. 위에 명시된 바와 같이, GDPR은 B2B 마케팅에 대한 직원의 연락처 세부 정보를 처리할 때 적용된다. 따라서 데이터 컨트롤러는 B2B 전자 메일 마케팅을 직원에게 시작하기 전에 직원의 개인 데이터를 처리하기 위해 GDPR에 따라 합법적인 기반을 마련해야 한다.

🔒 팩스 마케팅

팩스 마케팅은 디지털 마케팅의 한 형태이므로 ePrivacy Directive의 요구 사항을 준수해야 한다. 또한 데이터 컨트롤러는 투명성 요구 사항과 합법적인 처리 요구 사항을 포함하여 팩스 마케팅을 전송하기 위해 개인의 개인 데이터를 처리할 때 Directive의 일반 준수 요구 사항을 충족하는지 확인해야 한다.

동의 요구 사항

ePrivacy Directive는 일반적으로 데이터 컨트롤러가 개인에게 팩스 마케팅을 보내기 위해 사전 동의(옵트 인)를 받을 것을 요구한다. 전자 메일 마케팅에 대한 옵트 인 동의와 마찬가지로, 데이터 컨트롤러는 일반적으로 '공정한 처리 통지' 절차를 통해, 개인정보 수집 시점에 다이렉트 팩스 마케팅에 대한 동의를 얻는다(예: '우리는 귀하가 관심을 가질 만한 다른 제품 및 서비스에 대한 세부 사항을 팩스로 보내 드리고 싶습니다. 받으시려면 아래 체크 박스를 선택하십시오.')

B2B 대 B2C 팩스 마케팅

직접 전화 및 전자 메일 마케팅과 마찬가지로 B2B 직접 팩스 마케팅의 처리 및 허용은 회원국마다 다르다. 위에 명시된 바와 같이, GDPR은 B2B 마케팅에 대한 직원의 연락처 세부 정보를 처리할 때 적용된다. 따라서 데이터 컨트롤러는 B2B 팩스 마케팅을 직원에게 시작하기 전에 직원의 개인 데이터를 처리하기 위해 이 규칙에 따라 합법적인 근거를 마련해야 한다.

회원국이 현재 옵트 아웃 방식으로 B2B 팩스 마케팅을 허용하는 경우, 중앙 옵트 아웃 등록 등록부와 의도된 팩스 마케팅 연락 대상을 정리하기 위해 국가 법에 따라 데이터 컨트롤러가 필요할 수 있다. 예를 들어 영국에서는 B2B 직판 전화를 하기 전에 마케팅 담당자가 팩스 환경 설정 서비스에 대한 마케팅 연락처 목록을 정리하는 것이 법적 요구 사항이다. 따라서, 데이터 컨트롤러는 항상 B2B 마케팅 캠페인에 적용되는 규칙을 이해하기 위해 회원국의 요구 사항을 확인해야 한다.

🔒 위치 기반 마케팅

스마트 폰 및 연결된 자동차의 세계와 IoT 시대의 시작에 따라 위치 기반 마케팅은 마케팅 담당자가 잠재 고객에게 도달하기 위해 점점 더 중요한 도구가 되고 있다. 현지 커피숍을 지나가는 개인은 무료 커피 초대장을 받을 수 있으며, 소매점을 지나가는 사람들은 상점에 입장하고 쇼핑을 할 때 할인을 받을 수 있다. 위치 기반 서비스는 또한 소셜 네트워크의 맥락에서 중요해지고 있다. 개인은 친구들이 가까이에 있는지 알아내서 만날 수 있다.

GDPR 및 ePrivacy 지침 준수

GDPR은 위치 데이터의 사용이 개인 데이터 처리를 포함할 때마다 적용되므로, 전부는 아니더라도 위치 기반 마케팅 대부분에 적용될 것이다. 따라서 데이터 컨트롤러는 투명성 요구 사항과 적법한 처리 요건을 포함하여 위치 기반 마케팅의 맥락에서 개인의 개인 데이터를 처리할 때 이 GDPR의 일반적인 준수 요구 사항을 충족시켜야 한다.

또한 ePrivacy Directive는 개인의 위치 데이터가 처리될 때 특정 동의 및 옵트 아웃 조항을 의무화한다.

위치 데이터의 의미

ePrivacy Directive는 '위치 데이터'라는 용어를 '전자 통신 네트워크 또는 전자 통신 서비스에서 처리되어 공개적으로 사용 가능한 전자 통신 서비스 사용자의 단말기 장비의 지리적 위치를 나타내는 데이터'를 의미하는 것으로 정의한다. 여기에는 개인의 터미널 장비의 위도, 경도, 고도 및 이동 방향에 대한 정보가 포함된다.

ePrivacy Directive에 따른 위치 데이터 처리에 관한 규칙은 해당 개인의 '단말기 장비(즉, 스마트 폰 또는 컴퓨터 단말기)'의 지리적 위치를 나타내는 데이터에만 적용된다. 예를 들어, 데이터 컨트롤러가 위치 정보를 처리하기를 원하지만 그 정보가 개인의 단말기 장비의 위치와 관련이 없는 경우(예: 친구가 개인 위치 정보를 소셜 네트워킹 사이트에 업로드하는 경우) 중요한 구분이 될 수 있다. 이 경우, ePrivacy Directive의 위치 데이터 규칙은 적용되지 않지만 다른 개인정보 보호 고려 사항이 여전히 적용된다.

동의 요구 사항

ePrivacy Directive는 개인이 자신의 위치 데이터를 사용하여 '부가가치 서비스'를 제공하기 위해 옵트 인 동의서를 제공할 것을 요구한다. 이 용어는 개인이 위치 기반 마케팅을 받기로 옵트 인해야 한다는 것을 의미하며, 위치 기반 마케팅 서비스를 포함하여 충분히 넓게 정의된다.

옵트 인 동의에 대한 이 요구 사항의 면제는 개인의 위치 데이터가 익명으로 처리되는 경우에만 적용된다. 그러나 개인을 특정해야 하는 위치 기반 마케팅의 맥락에서 이 면제는 적용되지 않는 경우가 훨씬 많을 것이다.

정보 요구 사항

개인으로부터 위치 데이터를 처리하기 위해 유효한 동의를 얻으려면 데이터 컨트롤러가 먼저 다음을 알려야 한다.

- 수집되고 처리될 위치 데이터의 유형
- 처리의 목적 및 기간
- 부가가치 서비스를 제공하기 위해 데이터가 제3자에게 전송되는지 여부

앱 개발자와 온라인 서비스 제공 업체는 사전 정보 요구 사항을 놓고 고심하고 있다. 많은 앱에서 지리적 위치 서비스를 사용하고 위치 데이터를 사용할 수 있도록 앱 사용자에게 상자를 체크하게 하여 이러한 사용 권한을 요청한다. 종종 이러한 데이터를 마케팅 데이터로 사용하는 것에 대해서는 특별히 언급하지 않았다. 그리고, 만약 그렇다면, 스크린은 일반적으로 처리되는 데이터, 처리의 목적 및 옵트 아웃 프로세스에 대한 자세한 설명을 허용하지 않는다. 좋은 방법은 해당 정보를 앱과 관련된 개인정보 취급 방침에 포함시키는 것이다.

동의 철회 능력

옵트 인 동의를 얻는 것 외에도 데이터 컨트롤러는 개인에게 위치 기반 마케팅 목적으로 자신의 위치 데이터를 사용하기 위해 동의를 철회하거나 옵트 아웃할 수 있는 기능을 제공해야 한다. 옵트 아웃 방법은 간단하고 무료 수단을 사용하여 제공되어야 하며 개인의 위치 데이터가 처리되는 기간 동안 존재해야 한다. 특히 데이터 컨트롤러는 다음을 제공해야 한다.

- 마케팅 목적으로 전적으로 위치 데이터가 처리되는 것을 옵트 아웃할 수 있는 권리
- 네트워크에 대한 각 연결마다 또는 통신의 각 전송마다 자신의 위치 데이터를 마케팅 목적으로 처리하는 것을 옵트 아웃할 수 있는 일시적 권리

위의 요구 사항 외에도 데이터 컨트롤러는 부가 가치 서비스를 제공하는 데 필요한 기간 및 기간 동안 위치 데이터만 처리해야 한다.

🔒 온라인 행동 광고

온라인 행동 광고(OBA, Online behavioural advertising)는 일정한 시간에 걸쳐 행동을 관찰한 개인을 대상으로 하는 웹 사이트 광고이다. 광고주는 개인의 기호와 관심에 더 관련이 있는 광고를 제공하고 온라인 광고의 효율성 및 클릭률을 높일 수 있다.

온라인 행동 광고의 작동 원리

경우에 따라 OBA는 웹 사이트 퍼블리셔가 직접 제공한다. 일반적인으로

는 퍼블리셔가 웹 사이트와의 이전 관계를 토대로 방문자에게 제품 권장 사항을 제시하는 경우이다.(예: 방문자의 구매 내역을 기반으로 한 소설을 추천하는 온라인 서점)

그러나 웹 사이트 퍼블리셔는 제3자 광고 네트워크(3rd party ad networks)를 통해 OBA를 제공하기 위해 노력하고 있으며, 개인정보 보호 문제를 가장 많이 제기하는 유형의 관계이다. 이유는 그들의 광고를 타게팅 하기 위해서 다수의 무관한 사이트에 걸친 개인의 행동을 추적할 수 있기 때문이다.

제3자 광고 네트워크에서 제공하는 OBA를 지원하는 기술은 매우 복잡하 지만 높은 수준에서 보자면 대개는 다음과 같은 방식으로 작동한다.

- 특정 잠재 고객에게 도달하고자 하는 광고주는 제3자 광고 네트워크가 광고를 대신 제공하도록 지시한다. 광고 네트워크는 수많은 파트너 웹 사이트 퍼블리셔와 관계를 맺어 그들의 사이트에서 광고를 게재할 수 있다.
- 개인이 광고 네트워크와 제휴한 웹 사이트를 방문하면 광고 네트워크는 개인 컴퓨터에 '쿠키'를 저장한다.[9] 쿠키에는 일련번호와 같은 고유한 식별 자가 할당된다. 이 식별자는 해당 쿠키에 고유하다.
- 광고 네트워크는 해당 쿠키에 할당된 식별자를 데이터베이스에 기록한다. 또한 개인의 IP 주소 및 사용된 브라우저 유형과 같은 개인의 다른 정보를 기록할 수 있다.
- 개인이 웹 사이트를 탐색할 때 광고 네트워크는 열람한 콘텐츠, 입력한

---

[9] '쿠키'는 웹 사이트 방문자가 방문하는 컴퓨터에 웹 사이트 서버가 제공하는 작은 텍스트 파일이다. 웹 사이트가 해당 개인에 관한 특정 정보를 컴퓨터에 저장하도록 허용하며 나중에 해당 웹 사이트에 서 액세스하고 사용할 수 있다(예: 웹 사이트 환경 설정 및 로그인 세부 정보). 쿠키는 일반적으로 웹 사이트의 제공 내용을 조정하고 온라인 계정에 로그인 한 상태에서 개인의 보안을 유지하는 데 사용되지만, 반대로 표적화된 광고를 용이하게 하는 데 사용될 수도 있다.

검색어, 클릭한 광고 및 개인이 구입한 제품 및 서비스에 대한 정보를 기록할 수 있다. 이 정보를 개인의 쿠키에 할당된 고유 식별자에 기록하고 해당 식별자에 프로파일을 지정한다.

- 개인이 나중에 웹 사이트를 재방문하거나, 대신, 광고 네트워크와 제휴한 다른 웹 사이트를 방문하면 광고 네트워크는 이전의 고유 식별자를 결정하기 위해 개인의 컴퓨터에 설정된 쿠키를 검사한다. 그런 다음 해당 식별자에 대해 기록한 프로필을 조회하여 개인의 관심사를 파악하고 해당 관심사를 기반으로 웹 사이트 광고를 제공한다.

OBA와 규칙

OBA의 목적을 위해 수집된 정보가 '개인 데이터'의 자격을 갖추어야 하는지 여부에 대한 논란이 있어 왔지만, GDPR에 분명히 개인 데이터라고 명시되어 있다. 우선, '개인 데이터'의 정의는 식별 가능한 개인의 예로서 온라인 식별자에 대한 언급을 구체적으로 언급한다. 둘째, GDPR은 '프로파일링' 개념을 도입하며, 이것은 '자연인과 관련된 특정 개인적인 측면을 평가하기 위한 개인 데이터의 사용으로 구성된 개인 데이터의 자동 처리의 모든 형태, 특히 자연인의 직장 성과, 경제적 상황, 건강, 개인 취향, 관심사, 신뢰성, 행동, 위치 또는 움직임 측면을 분석하거나 예측하는 것'으로 정의된다.

입법 과정동안 GDPR에서 모든 프로파일링에 대한 중요한 제한을 도입하려는 시도가 있었지만 이는 성공적이지 못했다. 그러나 Recital 72는 EDPB(European Data Protection Board)가 프로파일링에 대한 지침을 게시할 수 있음에 유의할 필요는 있다. 그러한 추가 지침이 있을 때까지 OBA의 맥락에서 처리되는 데이터는 일반적으로 '개인 데이터'로 간주되어 GDPR의 모든 요구 사항을 준수해야 한다.

이것은 온라인 행동 광고에 대한 의견으로 표현된 바와 같이 WP29의 견해와 일치한다. 그것은 OBA가 '동적 IP 주소를 사용하는 경우에도 특정 컴퓨터의 사용자를 추적할 수 있음을 지적하였고, 많은 경우에 OBA 방법은 개인정보의 처리를 수반할 것이라고 생각했다. 즉, 실제 이름을 알 수 없더라도 데이터 주체가 'singled out'되어 식별될 수 있다는 것이다.

OBA를 제공하기 위해 수집된 정보가 '개인 데이터'라고 가정하면, 관련 문제는 제3자 광고 네트워크 계약에서 어떤 개체가 데이터 컨트롤러인지에 대한 문제이다. 즉 어떤 개체가 GDPR의 요구 사항을 준수할 책임을 져야 하는지에 대해서 WP29는 다음 사항을 고려한다.

- 광고 네트워크는 웹 사이트 방문자 정보가 처리되는 목적과 수단을 완전히 제어할 수 있기 때문에 데이터 컨트롤러로 적합하다. WP29는 이러한 관점에 도달하기 위해 광고 네트워크가 퍼블리셔의 웹 사이트에서 광고를 게재할 공간을 '임대'한다고 언급했다. 그들은 쿠키 관련 정보를 설정하고 읽으며, 대부분의 경우 브라우저가 표시할 수 있는 정보, IP 주소 및 가능한 다른 데이터를 수집한다. 또한 광고 네트워크 제공 업체는 인터넷 사용자의 서핑 행위에 대해 수집된 정보를 사용하여 프로필을 작성하고 이 프로필을 바탕으로 표시할 광고를 선택 및 제공한다.
- 웹 사이트 퍼블리셔는 퍼블리셔와 광고 네트워크 제공 업체 간의 공동 작업 조건에 따라 달라지지만 광고 네트워크와 공동 데이터 컨트롤러가 될 수 있다. 그러나 웹 사이트에 광고 네트워크를 통한 OBA를 제공함으로써 WP29는 웹 사이트 퍼블리셔가 자신의 웹 사이트 방문자에게 일정 수준의 책임을 져야 한다고 간주한다. 웹 사이트 퍼블리셔의 책임은 광고 네트워크와의 관계에 따라 다르다. 웹 사이트 퍼블리셔와 광고 네트워크는 방문자에게 개인 데이터가 OBA를 제공하는 데 사용될 것임을 알리는 계약상 동의와 방문자가 OBA를 거부할 수 있는 방법을 제공하는 방법과

같은 방문자의 역할과 책임을 논의하고 배분해야 한다. 당연히 웹 사이트 퍼블리셔가 웹 사이트 계정 등록 세부 정보와 같이 방문자에 대한 추가 개인 데이터를 수집하는 경우, GDPR을 준수할 전적인 책임이 있다.

- 광고주는 이 시나리오에서 독립적인 데이터 컨트롤러가 될 수 있다:개인이 광고주의 웹 사이트를 통해 타겟팅 된 광고를 클릭한다. 광고주는 개인의 다음 브라우징 활동을 모니터링하고 해당 개인과 관련된 타겟팅 프로필과 결합한다.

여기서 주목해야 할 중요한 점은 제3자 광고 네트워크 관계의 모든 당사자가 잠재적으로 GDPR에 따라 규정 준수 책임을 유발할 수 있다는 점이다. 해당 역할이 부과할 정확한 역할과 책임은 사례별로 결정된다. 퍼블리셔, 광고주 및 광고 네트워크는 규정 준수 역할 및 책임이 올바르게 입력되고 제공되는 서비스 제공 계약 내에서 처리되도록 보장해야 한다.

OBA와 ePrivacy Directive

ePrivacy Directive는 일반적으로 개인으로부터 수집한 OBA 정보가 '개인 데이터'를 구성하는지 여부와 상관없이 OBA에 적용된다.

이러한 맥락에서 ePrivacy Directive의 핵심 조항은 제5조 (3)항이다. 쿠키 및 기타 장치를 사용하여 개인 컴퓨터의 정보를 저장하거나 정보에 액세스하는 것과 관련이 있다. 제5조 (3)항은 2009년 11월 ePrivacy Directive by the Citizens' Rights Directive에 대한 수정의 일환으로 개정되었다.

개정 전, 제5조 (3)항은 관련 개인이 '명확하고 포괄적인' 정보를 받았지만 반드시 쿠키의 사용에 관해 사전에 동의하지는 않았고 쿠키를 거부할 수 있는 권리가 있다는 조건 하에 쿠키를 배치할 수 있었다. 결과적으로 조직은 쿠키 사용 및 개인이 브라우저 설정을 사용하여 쿠키를 거부하거나 삭제할 수 있는 방법에 대한 개인정보 보호 정책 공개를 통해 이러한 요구 사항을 준수하도록 노력했다.

그러나 수정안에 따라 개인 컴퓨터에 정보를 저장하거나 액세스하는 쿠키 사용은 해당 개인이 명확하고 포괄적인 정보가 제공받고 동의한 경우만 허용된다. WP29의 관점에서 볼 때, 쿠키를 배치하는 독립체는 개인의 사전 동의를 얻어야 하며, 이는 다음을 의미한다.

- 쿠키의 전송 및 목적에 관한 정보는 개인에게 제공되어야 한다.
- 이 정보를 제공받은 개인은 쿠키를 적용하거나 액세스하기 전에 쿠키를 받는 것에 동의했다.

또한 WP29는 사전 및 정보 제공 외에도 개인의 동의가 자유롭게 부여되고 취소 가능한 자신의 희망에 대한 구체적인 표시가 되어야 한다고 강조한다. 동의는 사용자의 적극적인 참여를 포함해야 한다고 생각한다. 전형적으로 수동적인 사용자를 포함하는 탈퇴 메커니즘은 일반적으로 이러한 맥락에서 묵시적인 동의를 얻는 데는 불충분하다.

WP29의 해석에 따르면 사전 동의가 필요하다는 것을 나타내지만, Citizens' Rights Directive의 Recital 66은 이것이 '기술적으로 가능하고 효과적'인 브라우저 또는 기타 응용 프로그램 설정을 사용하여 개인의 동의를 표명할 수 있음을 나타낸다. 이것은 WP29의 견해와 일치시키기가 어렵다. 사실 WP29는 대부분의 브라우저가 기본적으로 쿠키를 차단하지 않고 평범한 사용자가 항상 브라우저 설정에 익숙하지 않기 때문에 브라우저 설정을 사용하는 것이 동의를 얻는 데 일반적으로 불충분하다는 견해를 갖고 있다.

수정된 제5조 (3)항은 회원국의 여러 국가별 법률에 따라 구현되었다. 이탈리아 및 폴란드를 포함한 일부 국가에서는 쿠키를 제공하기 위해 엄격한 옵트 인 동의 요구 사항을 적용한다. 독일, 프랑스 및 영국을 비롯한 다른 국가에서는 사용자가 쿠키를 제공한 후 웹 사이트를 계속 사용하는 것과 같이 더 암시적인 방식으로 동의를 수락할 수 있음을 인정한다. 대부분의 회원국에서는, 사용된 쿠키에 대한 적절한 정보가 표시되고 쿠키 동의 설정을 변경하는 방법을 사용자에게 알리는 경우, 특정 규제 기관이 이를 승인하더라도 사용자의 브라우저 설정에서 동의를 추론할 수 없다고 본다.

마케팅 담당자와 웹 사이트 퍼블리셔는 대부분의 OBA 솔루션이 제3자 쿠키를 사용한다는 것을 알고 있어야 한다. 제3자 쿠키를 제공하는 웹 사이트는 어떤 쿠키가 어떤 제3자에게 속하고 제3자의 처리에 대한 정보를 찾을 수 있는지에 대한 정보를 제공해야 한다. 일반적으로 이 요구 사항은 관련된 제3자의 쿠키 진술에 연결함으로써 충족된다.

쿠키 동의 방법에 대한 조화된 견해가 없으므로 다양한 회원국에서 활동하는 회사는 OBA 관련 쿠키에 대한 동의를 얻기 위해 국가 제도와 가능한 최상의 방법을 신중하게 고려해야 한다.

🔒 집행

처음부터 EU 규제 당국은, 효과적이기 위해, EU와 회원국들이 데이터 보호를 강화할 수단을 요구할 것임을 이해했다.

GDPR에 의한 집행

온라인 행동 광고를 포함한 다이렉트 마케팅과 관련하여 GDPR 및

ePrivacy Directive의 준수 요구 사항을 준수하지 않는 데이터 컨트롤러는 국가 정보 보호 당국(DPA)의 벌금과 행정 제재 그리고 민사 및 경우에 따라 형사적 책임과 같은 집행 리스크에 노출된다. 집행 리스크의 성격과 가능성은 회원국에 따라 크게 다를 수 있다.

ePrivacy Directive에 따른 집행

ePrivacy Directive의 요구 사항을 준수하지 않을 경우 GDPR에 따라 유사한 리스크 및 책임이 발생한다. 회원국은 ePrivacy Directive의 제15조 (2)항에 따라 ePrivacy Directive의 침해에 대한 GDPR의 사법적 구제 수단, 책임 및 제재를 적용해야 한다. 다시 말하지만, 집행 리스크의 성격과 가능성은 회원국마다 다를 수 있다.

고려해야 할 특정 요소는 일부 EU 회원국에서는 ePrivacy Directive를 시행하는 규정의 집행이 DPA가 아닌 소비자 보호 및 통신 규제 당국의 손에 달려 있다는 것이다. 그러한 당국은 서로 다른 집행 우선순위를 가질 수 있지만 협력하는 경향이 있다. 예를 들어, 네덜란드에서는 일반적인 데이터 보호 요구 사항보다 스팸 및 쿠키 동의에 대한 규칙이 보다 엄격하게 집행되었다.

또한 ePrivacy Directive by the Citizens' Rights Directive의 개정안은 비준수 마케터에 대한 사적 권리를 행사하기 위해 스팸의 '중지 또는 금지'에 있어서 합법적인 이해관계가 있는 개인 및 기업에 새로운 권리를 도입했다. 이 새로운 권리는 스팸 마케팅 담당자에 대한 민사 소송의 수준을 향상시킬 것으로 기대된다. 특히 주로 개인보다는 자금력이 있고 스팸 메시징으로 네트워크 범람을 막는 데 분명한 관심이 있는 인터넷 서비스 제공 업체(ISP) 의 관심을 끌게 될 것이다.

🔒 결론

GDPR에서 다이렉트 마케팅과 이에 대한 고려를 언급한 것은 정책 입안자가 비즈니스 커뮤니티에 대한 중요성을 이해하고 있음을 명확히 보여준다. 그러나 이 중요성은 데이터 주체의 권리와 자유에 대한 위험과 균형을 이루어야 한다. 또한 개인정보 처리와 실제 커뮤니케이션 자체를 구별하는 것이 중요하다. 이들은 EU 법률의 관점에서 별개의 것으로, 다이렉트 마케팅 캠페인을 구현할 때, 2가지 측면 모두에 신중한 고려가 이루어져야 한다.

또한 다가오는 ePrivacy Regulation은 EU 기관을 통해 작업을 마칠 때마다 다이렉트 마케팅 캠페인에 종사하는 사람들에게 더 많은 의무를 제시하게 될 것이다.

개인 데이터 주권 회복을 위한 새로운 접근

지금까지 개인정보 보호를 위한 GDPR에 대해서 알아보았으나 개인이 개인정보에 대한 제어권을 확보하는 것은 쉽지 않다. 이 장에서는 개인이 실질적인 데이터 주권을 확보하기 위한 새로운 접근법들을 알아본다.

🔒 배경

빅데이터와 개인정보

다들 빅데이터를 외치고 있다. 핀테크 기업은 물론 금융사 및 일반 기업들도 빅데이터를 이야기한다. 빅데이터를 통해 고객에 대한 통찰을 얻고 혁신적인 가치를 창출할 수 있기 때문에 다들 빅데이터 전문 인력을 채용하고 시스템을 구축하여 활용하려고 한다. 하지만 대부분의 사람들, 심지어 기업인들도 착각하는 것이, 이 빅데이터에는 개인정보가 없다는 것이다. 무슨 소리냐고 할 사람들도 있겠지만, 분명하지 않은 목적으로 개인정보를 활용하는 것은 개인정보보호법상 허용되지 않는다. 즉 뭘 하려는지 명확히 개인에게 고지하고 동의를 얻어야 한다. 그래서 일반적으로 빅데이터 분석을 하기 위해서는 비식별 조치가 필수이다. 한국인터넷진흥원의 개인정보 비식별 조치 가이드라인에 의하면 ① 개인정보에 해당하는지 여부를 사전검토 하고 ② 개인을 식별할 수 있는 요소를 삭제 또는 대체하는 비식별 조치를 한 후 ③ 비식별 조치의 적정성 평가를 통해 적정한 경우에 한하여 활용할 수 있다. 문제는 이 비식별화된 정보는 더 이상 개인을 식별할 수 없기 때문에 타겟팅을 할 수 없다. 즉, 빅데이터 분석을 통해 어떤 통찰력을 얻었다고 하더라도, 그에 해당되는 개인을 위해 직접적으로 활용하지 못한다. 바로 이 지점에서 빅데이터 분석 및 활용 시 개인정보를 비식별하지 않고 진행하려는 기업의 욕구가 생기지만, 현행 법상 동의 받지도 않고 목적도 불분명한 개인정보를 분석하여 개인을 프로파일링하는 것은 엄격히 금지되어 있고, 개인정보보호법은 그 뿌리가 인권법이기 때문에 기업이 추구할 수 있는 정당한 이익과 가치충돌이 일어날 경우, 이를 극복하기는 매우 어렵다.

블록체인과 개인정보

블록체인은 임의 수정이 불가능한 체인 형태의 분산 원장 관리 기술 정도로 정의할 수 있다. 문제는 이 임의 수정이 불가능하다는 성질 때문에 개인정보에서 말하는 잊혀질 권리를 보장하기가 곤란하다. 그러므로 블록체인의 블록에는 개인정보를 저장해서는 안 된다. 암호화해서 저장하면 되지 않느냐는 질문이 가능하겠으나, 이 역시 허용되지 않는다고 보는 것이 맞다. 암호화하는 데 사용된 키를 삭제하면 더 이상 개인정보가 아니지 않느냐는 논리이나, 아직 여기에 대한 명확한 판례가 없다는 것이 함정이다. 보수적으로 해석하자면, 키의 삭제 유무에 관계없이 암호화된 개인정보 역시 개인정보이며, 블록체인에 암호화된 개인정보는 잊혀질 권리에 반하는 것이 된다. 비유를 하자면 상자 안에 금덩이를 넣고 자물쇠로 잠근 후 열쇠를 파괴한다 한들, 그 상자 안의 금덩이가 흙이 되는 것은 아닌 것이다.

IoT와 개인정보

기본적으로 IoT 환경에서 개인정보는 일반적인 경우와 좀 다르다. 자체 디스플레이나 저장 공간이 없는 경우가 많아서 사전에 사용자의 동의를 받는 과정이 곤란하거나, 수집한 데이터를 디바이스가 아닌 별도 서버에 저장하는 등 여러 가지 면에서 일반적인 IT환경과 조건이 다르다. 그러나, IoT를 통해 방대한 양의 데이터 수집이 가능해지므로 개인정보 침해 가능성이 높아진다. 예를 들어, 요즘 유행하는 가정용 AI기기를 비롯해 각종 가전제품의 센서를 통해 수집되는 행태 정보 및 음성을 포함한 생체정보 등이 그 예가 될 수 있다. 향후에는 자동차 전장 플랫폼을 통해 운전자의 운전 습관은 물론 차량과 결부된 다양한 정보를 수집하게 될 것이다. 인터넷에 연결 가능한 각종 웨어러블을 통해 수집되는 건강 정보 등이 개인정보에 해당되는 것은 더 말할 나위가 없다. 대부분 IoT 및 그에 포함된 센서에서 수집되는 정보는 개인인증을 거치지 않는 경우가 많아서 그 자체로는 개인 정보가 아니라고 볼 수도 있지만, 개인과 관련된 정보는 쌓이면 쌓일수록 식별 가능성이 높아지므로, 각별한 주의가 필요하다

🔒 중요성과 현황

흔히 말하는 4차 산업혁명에서 데이터의 비중은 매우 크다. 데이터는 4차 산업혁명 흐름 속에서 혁신성장의 토대가 되며, 다른 측면에서는 공정한 시장경제를 구축하는 데에 기여할 것으로 기대된다. 각국의 정부에서 말하는 혁신성장을 견인하는 핵심 자원이며, 특히 금융분야에는 이미 양질의 데이터가 축적되어 있고, 핀테크를 통한 혁신의 혜택이 국민의 삶과 직결되어 있어 데이터 활용가치가 매우 높은 영역이다.

그러나 국내 금융권의 데이터 활용을 통한 금융혁신 등 산업 경쟁력 강화 노력은 해외에 비해 저조한 상황이다. GDPR은 단순히 개인정보를 보호하기 위해서만 만들어진 것이 아닌 digital single market에 대한 고민이 오롯이 녹아 있다. 실제로 EU 등의 경우, 신규 금융상품 개발, 위험관리 고도화, 마케팅 등 다양한 부문에서 데이터를 GDPR에 근거하여 활용 중이다. 2018년 EU 산하 유럽은행감독국에서 핀테크의 응용분야로부터의 위험과 기회에 대해 두 편의 보고서가 발간되었다. 한 편은 기존 금융회사의 비즈니스 모델에 핀테크가 미치는 영향에 관한 것이며, 다른 한 편은 핀테크로 인해 기존 금융기관에 닥칠 위기와 기회에 대한 보고서이다.

특히 핀테크로 인한 기존 금융기관의 위기와 기회에 관한 보고서(EBA Report On The Prudential Risks and Opportunities Arising For

Institutions From Fintech)에서 다양한 사례를 소개하였다.

반면, 국내 금융권의 데이터 활용은 여전히 기대치에 부응하지 못하고 있다. 기껏해야 신용카드, 보험업 등 일부 업권에서 마케팅, 보험사기 탐지 등에 제한적으로 활용하는 정도이다. 금융 데이터의 활용을 통한 부가가치 창출도 기대하기 어려운 실정이다. 그나마 2019년 11월에 시작한 오픈 뱅킹 서비스를 시작하여 ICT 강국의 체면치레만 겨우 한 정도이다.

🔒 PDS(Personal Data Store)와 DiD(Decentralized ID)

개인 데이터 저장소 (PDS, Personal Data Store)는 생활 관리에 필요한 정보를 수집, 저장, 관리, 사용 및 공유할 수 있도록 제어할 수 있는 도구를 제공한다.

현재 온라인에서 무언가를 구매하려면 공급 업체 웹 사이트에서 이름, 주소, 카드 세부 정보 등의 양식을 작성해야 한다. 그런 다음 다른 공급 업체에서 무언가를 구매하려면 전체 프로세스를 다시 반복해야 한다. PDS 를 사용하면 이 정보를 자신의 '데이터베이스'에 보관한다. 예를 들어, '주소' 에 대한 '데이터 필드'를 사용하여, 거래할 때마다 주소를 몇 번이고 다시 입력하는 대신 온라인으로 물건을 사고 싶다면 공유하기 위해 '클릭'하면 되는 형태이다.

개인 데이터 저장소에 더 많은 데이터를 추가할수록 더욱 편리할 수 있다. 데이터 자체는 보통 보안 서버의 개별 데이터 저장소에 있으며 PC, Mac 또는 스마트 폰과 같은 다양한 장치를 사용하여 액세스할 수 있다.

예를 들어, 쇼핑을 한다고 가정하면, 주문자와 수령자의 이름, 주소 및 결제 정보 등이 필요하다. 사용자는 이 정보가 모두 정확한지 스스로 확인함과 동시에 개인 데이터 저장소에 모든 정보를 저장하고 또 필요할 때 클릭 한 번으로 이용할 수 있다. 거래의 일부로 개인 데이터 저장소에 세부 정보를 자동으로 저장하는 것도 가능하다. 온라인으로 물건을 구매할 때 거래 날짜, 가치, 구매한 제품 또는 서비스, 일련 번호, 보증 등은 나중에 참조할 수 있도록 자동으로 PDS에 저장할 수 있다.

한 단계 더 나아가 이전에 구매한 것과 같이 개인에 대해 수집한 데이터를 개인에게 돌려줄 수 있다. 이러한 접근 방식은 영국에서 Midata로 불리며, 소비자가 자신이 사용하는 회사와 상호작용하는 방식에 대한 데이터에 액세스할 수 있게 하여 개인 및 거래 데이터를 휴대 가능하고 안전한 방식으로 조회하고 접근하여 사용할 수 있도록 지원한다.

요청에 따라 기업은 다양한 방식으로 사용될 수 있는 특정 데이터 또는 사실에 관한 인증서 및 검증을 PDS에 제공할 수 있다. 예를 들어, 은행 계좌를 신청할 때 PDS를 사용하면 종이 문서를 제공하거나 물리적으로 함께 방문해야 할 필요가 없게 할 수 있을 것이다. 이는 클라우드 기반 PDS에서 가능할 것이며, 다음에 설명할 DID와도 서비스 시나리오 및 목표가 일맥상통하는 측면이 있다.

정보를 개인 데이터 저장소에 두고 일부 정보를 공유할 수 있고 그 과정은 매우 간단하다. 특정 데이터 필드가 공유되는 기본 설정(예: 이름 및 주소 등)과 이것이 자동인지 또는 매번 권한이 필요한지 검토하고, 기본 설정 중 일부는 선택 사항으로 하여 '보내기'를 클릭하면 되는 시나리오로 구현 가능하다.

이렇게 PDS에 개인정보를 저장하고 제어하면 기업들의 웹 사이트로 이동하거나 암호 및 사용자 이름을 입력하지 않아도 된다. 기업과 정보 공유에 동의하여 데이터 저장소 시스템에 연결하는 안전한 암호화 통신 채널을 설정하면, 개인이 직접 통제할 수 있을 뿐더러 어떤 기업과 어떤 정보를 공유할 것인지 결정할 수 있다.

디지털 신원(digital identity)과 개인정보(personal data)는 인터넷 초창기 시절부터 지금까지, 문제를 많이 일으켰고 여전히 해결되지 않고 있다. 많은 해결 시도가 있어왔지만, AI가 많은 문제를 해결해주는 지금 현재에도 여전히 풀리지 않는 숙제이다. 어쩌면 앞으로도 풀리지 않을 확률이 더 높다고 보는 것이 합리적일 것이다.

디지털 신원의 경우, 신원 확인 솔루션을 기업 전체에서 표준 기술로 사용해야 하는데, 상호 운영성을 개발할 시장 측면의 인센티브는 거의 없다. 최근 몇 년 동안 사람들은 금융 거래 외부에서 블록체인을 사용하는 방법을 모색했다.(사실 블록체인 기술의 특성상, 앞으로도 지불, 결제와 같은 실시간성이 요구되는 분야에 블록체인이 대규모로 적용되기는 어려울 듯하다.) 특정 커뮤니티에서 시작되어, 블록체인을 사용하여, 개인이 특정 식별자를 자신의 것으로 주장(self-assert 또는 self-claim)할 수 있고 제3자가 그것을 검증 할 수있게 하는 방법이 제안되었고, 이를 자기 주권 신원(self-sovereign identity)이라고 부른다.

자기주권 신원은 개인정보 주권 개념에서 출발한 탈중앙화된 본인인증 기술이다. 기존에는 기업이 개인의 정보를 저장하고 이용하는 것이라면, 탈집중화 본인인증은 기업 컨소시엄이 만든 전자지갑에 본인의 개인정보(예를 들어, 계좌번호 등)를 발급은행의 인증을 거쳐 보유하다가 누군가가 요청할 때 본인인증 절차를 거쳐 계좌 정보를 제공하는 방식이다. 이때 정보를 받는 기관은 블록체인을 통해 제공된 정보의 진위를 확인할 수 있다.

🔒 새로운 플랫폼의 필요성

핀테크는 금융과 정보통신기술(ICT)의 결합인 만큼 정보보안 사고 및 개인정보보호 문제를 피할 수 없다. 개인정보 수집에 따른 유출 리스크가 있음에도 불구하고 핀테크 스타트업을 포함한 많은 기업들이 여전히 개인정보를 수집하고 싶어 하는 이유는, 바로 개인정보에서 창출되는 가치 때문이다. 통계분석을 통해서 수익성이 높은 시장을 찾고, 타겟 마케팅으로 더 많은 이윤을 창출할 수 있기 때문에, 개인정보 유출 및 컴플라이언스 리스크에도 불구하고 기업은 개인정보를 수집하려고 한다.

반면 개인은 개인정보를 기업에 제공해도 특별히 득이 되는 게 없다. 개인정보가 유출되어 스팸에 시달리거나 심지어는 각종 피싱 위험에 노출된다. 이러한 불공평하고 일방적인 관계는 건강하지도 지속 가능하지 않다. 일방적인 관계가 아닌, 개인도 기업도 서로 '원-원 하는' 건강한 생태계가 되기 위해서는, 복잡한 솔루션이 아니라 보다 근본적인 변화, 즉 패러다임 시프트가 필요하다.

현재의 개인정보 이용 생태계와 관련된 모든 문제의 시발점은 개인정보를 기업에 제공하는 것으로부터 시작한다. 개인정보에 대한 권한은 개인에게 있는 반면, 권한이 없는 기업이 이를 수집, 관리, 저장하기 때문에 수집 시 동의를 받아 저장하고, 법적 요건에 따라 파기해야 하는 관리적 부담은 물론, 유출에 대한 리스크도 있다. 이장에서는 기존 개인정보 이용 생태계의 문제 해결을 위한 개인정보 플랫폼을 제안하고, 그 타당성에 대해서도 알아보고자 한다.

이론적 배경과 문헌연구

블록체인이 IT업계의 뜨거운 이슈가 된 이유는 그 발상의 전환에 있다. 중요한 장부를 더욱 깊이 숨겨두는 게 아니라, 오히려 널리 분산 저장해서 위변조를 막는다는 발상의 전환으로 시작했기 때문에, 기존의 메커니즘으로 해결되기 어려웠던 점들을 한 번에 해결할 수 있는 시나리오들이 있었기 때문이다. 물론 블록체인이 모든 문제를 해결할 수 없고 분명히 한계점이 있으나, 특정 시나리오에서는 분명한 장점을 가지고 있고, 한계점은 기술의 발달에 따라 적어도 일정 부분은 극복이 되는 경우가 많기 때문에 미래를 바꿀 기술이자 사상으로 많은 관심을 얻었다고 할 수 있다.

이 책에서 제안하고자 하는 개인정보 플랫폼은 개인정보를 기업이 저장하는 것이 아니라 개인만 저장하고, 기업은 필요시에만 개인정보를 이용할 수 있게 허가해주겠다는 발상의 전환에 바탕을 두고 있다.

개인정보를 개인만 저장하는 것이 전혀 새로운 것은 아닐 수 있으나, 몇 가지 사항을 추가하여 전혀 새로운 발상이 될 수 있다. 사토시 나카모토의 비트코인 논문에 나오는 기술들 역시 전혀 새로운 기술은 아니었다. 적용되었던 해싱기법, PoW 알고리즘 등은 기존에 모두 존재하는 기술들이었다. 마찬가지로 개인정보를 개인만 저장하게 한다는 발상의 전환을 개인정보 에코 시스템 형태로, 특히 블록체인을 활용하여 구현 시 어떠한 장점이 있는지, 인터넷의 등장 이후 단 한 번도 바뀌지 않았던 개인정보 이용 패러다임에 대한 이론적, 논리적 연구를 하고, 이를 구현하여 실증해보고자 한다.

🔒 새로운 플랫폼 설계 시 고려사항

설계 목표

앞서 기술한 바와 같이, 개인정보 이용 생태계와 관련된 모든 문제의 시발점은 개인이 소유 권한을 가지고 있는 개인정보를, 권한이 없는 기업이 수집, 이용, 관리하는 것으로부터 시작하므로, 결국 개인정보 관련 문제들을 해결하는 가장 근본적인 접근 방법은 개인정보 자체를 제공하지 않아야 한다는 간단한 결론에 도달하게 된다. 인터넷 초창기에는 개인정보를 관리할 장치가 개인에게 없었으므로, 개인정보를 제공하여 계정을 생성하는 것으로 서비스가 시작되었지만, 모바일 단말이 보편화된 현 시점에서는 개인정보 제공 없이도 서비스가 가능한 시나리오가 존재한다. 별도 가입절차 없이 ID 연계(federation) 서비스를 이용하여 사용자 식별에 활용하는 것이 바로 그것이다. 수많은 서비스들이 이미 페이스북으로 로그인하기, 카카오로 로그인하기, 네이버로 로그인하기, 구글로 로그인하기를 이용하여, 사용자 가입과정 및 개인정보의 수집 없이 바로 서비스를 제공하기 시작한지 오래다. 게임 캐릭터가 구분될 수 있도록 카카오 계정을 이용하여 사용자 식별만 제공되면 되지, 기타 다른 개인정보를 수집할 필요가 없는 것이다.(물론 나이 제한이 있는 게임을 위해서는 나이 조건 충족 여부에 대한 정보가 추가로 제공되어야 한다.) 일반적으로 개인은 서비스에 가입할 때 개인정보를 기업에 제공했지만, 시간이 지나면 어느 기업에 어떤 정보를 줬는지 기억도 못하게 되는 경우가 많다. 가입한 시점이 다른 경우, 기업이 보관하는 개인정보가 달라진다. 개인은 한 명이고 주소도 하나인데, 가입 시점에 따라 주소가 다른 것은 다반사다. 더욱 불편한 것은 가입한지 오래된 사이트의 경우, 주소를 변경하려면, 기억나지 않는 아이디나 비밀번호를 찾기 위해 어마어마한 노력을 들여야 한다는 것이다. 여기에서는 이러한 점들을 근본적으로 해결 가능한 제안을 하는 데 중점을 두고, 사소한 구조적 구현상의 문제는 향후 과제로 남겨두기로 한다.

개인정보 저장 위치

지난 20여 년간 IT는 엄청난 발전을 이루었고, 이제는 AI가 사람의 일을 대체하기 시작했는데, 개인정보는 20년 전과 똑같은 형태로 관리되고 있다. 개인에게 개인정보를 관리할 장치나 장비가 없었던 인터넷 초창기 시절에는 그럴 수밖에 없었으나, 지금은 대부분의 사람들이 모바일 단말(예, 스마트폰)를 가지고 있기 때문에, 이제는 개인의 IT기기/저장소에 개인정보를 저장하면 된다.

특히 스마트폰은 일반 PC와 달리 가장 개인화된 기기로서, 다른 어떤 기기보다도 개인의 정보를 저장하기에 적합한 기기라고 할 수 있기 때문에, 여기에서 스마트폰에 한정하여 플랫폼을 제안하였으나, 개인 클라우드에 저장하는 것도 동일한 효과를 볼 수 있으며, 경우에 따라서는 개인 클라우드에 백업하여 사용하는 것이 개인정보 관리측면에서 더 이점이 많을 수 있다. 그러나, 여기에서는 가장 개인화된 기기라고 할 수 있는 모바일 단말에 개인정보를 저장하고, 기업은 개인정보를 개인의 모바일 단말 안에서만 이용하게 하는 메커니즘에 한정하여 제안한다. 해당 메커니즘 이 적용이 어려운 사례도 있을 것으로 예상되며, 이에 대한 보완책을 향후 과제로 고려할 필요가 있다.

개인정보 이용 형태 설계

개인정보가 데이터 그 자체로 전달이 되면, 디지털화된 데이터의 특성상

복제가 자유로워, 그 이용을 제한할 방법이 없다. 제한하는 방법이 있다면 그것이야 말로 디지털 세계에 새로운 혁신일 될 것이고, 엄청난 부가가치를 만들어낼 것이다. 그러한 방법이 실제로는 존재하지 않기 때문에 지금도 IPTV를 통해 영화를 송출하는 경우, 녹화 시 사용자 추적이 가능하다는 문구를 워터마크 형식으로 포함시켜서 사용자의 복제시도를 최대한 자제시키는 것이 전부이다. 그러므로 개인정보를 이용할 때 데이터 자체로 전달하는 형태의 설계는 최대한 지양해야 한다. 예를 들어, 개인정보 데이터 그 자체가 아닌, 개인정보의 이용권한을 디지털 자산화하여, 티켓/토큰의 형태로 블록체인에 저장하는 것을 제안한다. 티켓에 개인정보의 종류, 기간, 횟수, 보상, 목적(통계, 마케팅 등), 허용 기업/서비스를 명시한다. 티켓은 개인정보를 이용할 서비스/기업이 발행 요청을 하고 개인이 이를 승인한다. 승인이 된 티켓을 확인되면, 해당 서비스/기업은 단말 내에서 요청한 개인정보를 이용하는 것을 고려해볼 수 있다. 기간, 횟수, 보상 및 목적 내에서 사용된다는 측면에서, 디지털 자산화된 개인정보 이용권한의 제한적 제공으로 볼 수 있다.

에코시스템 및 참여자

비트코인이 별도의 개입 없이도 자생적으로 돌아가는 에코시스템이 된 것은 이해관계자들이 이기적으로 행동하더라도 동작하는 에코시스템이 성립되었기 때문이다. 결국 플랫폼의 활성화를 위해서는 주요 이해 관계자의 역할과 목적에 대한 정의가 중요하다.

특히 참여자에 대한 신원확인은 특수한 경우를 제외하고는 결국 신뢰받는 중앙화된 시스템에 기반할 수밖에 없다. de-centralized ID에 대한 많은 연구가 있고, 평판 기반 인증 시스템 및 영지식 증명 등 여러 가지 기술을 이용할 수 있지만, 신원에 대한 사회적인 합의가 아직 신뢰(Trust)라는 정의를 벗어나지 못한 상태이기 때문이기 때문에, 결국 신원 확인은 신뢰받은 중앙화된 기관으로부터 시작할 수밖에 없다. 실제로 블록체인을 이용한 탈중앙화된 신원인증 토큰들이 많이 발행되었으나, 정작 KYC 과정에서 여권을 확인하는 것이 바로 그것이다. 최악의 상황, 즉 신뢰가 무너지는 상황에서는 국가라는 authority에 의존할 수밖에 없는 것이 현재의 사회적 합의이기 때문이다. 이러한 이유로 여기에서 제안하는 플랫폼은 신원확인을 위해 별도의 솔루션이 아닌 전통적인 솔루션(예, PKI)을 가정하고, 신뢰되는 중앙 기관(CA)으로부터 인증서를 발급받은 참여자에 한하여 네트워크에 참여하는 것을 가정한다. 그러나 이 역시 사회적 합의 형태가 변경된다면, 진정한 reputation 기반 탈중앙화 신원도 접목 가능할 것이다.

🔒 결론

이 책의 마지막에서 제안하는 개인정보 플랫폼은 개인과 기업 모두에 이익이 되는 개인정보 보상 플랫폼을 목표로, 기업은 안전하게 개인정보를 이용하고, 개인은 정당하게 개인정보에 대한 보상을 받는 지속성장 가능한 개인정보 비즈니스 에코 시스템으로 제안되었다. 개인이 개인정보의 주인이 되어 개인정보 이용에 대한 보상을 받으며, 기업은 법적 리스크 없이도 개인정보를 적극적으로 비즈니스에 활용할 수 있는 개인정보 에코 시스템의 가능성을 확인할 수 있다. 앞서 언급한 발상의 전환을, 블록체인을 활용하여 구현된 새로운 개인정보 에코시스템이, 인터넷의 등장 이후 단 한 번도 바뀌지 않았던 개인정보 이용 패러다임에 커다란 변화를 기대해봄직하다. 그러나 개인정보의 특성상, 실제 플랫폼으로 정착하기 위해서는 개인정보 관리 플랫폼/에코 시스템이 어떻게 사용자에게 수용이 될지에 대한 연구가 필요하다. 또한 개인정보가 이용 권한이 아닌 데이터의 형태로 기업에 전달되는 경우, 어떠한 형태로 audit이 가능하게 되는지, 모바일 단말 분실 시에 대한 시나리오(예를 들어, 개인 클라우드 API를 이용하는 방안 고려 가능), 네이티브나 하이브리드 앱이 아닌 모바일 브라우저 환경의 경우 어떻게 처리할 것인지(예를 들어, 서버 간 REST API를 통해 동일 기능을 제공할 것인지), 개인이나 기업의 abuse에 대한 대처 방안 등, 거버넌스 측면에서 고려해야 할 사항들이 많이 남아 있다. 그리고 보다 근본적으로는 블록체인에 저장되는 개인정보 티켓 발행 이력이 역시 개인정보로 간주될 여지가 있다. 개인정보 자체가 블록체인에 저장되는 것도 아니고, 개인이 언제든지 파기할 수 있는 가명화된 ID로 인식임 됨에도 불구하고, 그 이력이 쌓이면 이를 통한 프로파일링은 물론 추론에 의한 개인 식별도 가능할 수 있다. 그러므로, 이에 대한 처리 및 관리 방안 등도 향후 과제로서 추가적인 연구가 필요하다. 예를 들어, 영지식 증명 활용하여, 개인이 발행 하는 개인정보 이용권 정보를 개인키로 암호화하고, 암호화된 cipher text 와 이용권의 해시값을 블록체인에 기록하고, 그 이용권을 이용하는 함수(예를 들어, 리워드 적립)가 개인에 대한 정보 및 이용권을 수령하는 기업의 인증서에 대한 정보 없이도 수행할 수 있도록 하여, 개인에 대한 프로파일링 및 추적을 막는 방법으로 보완하는 것도 가능할 것으로 보인다.

앞으로도 개인정보 플랫폼 및 메커니즘은 클라우드 기반 또는 단말 기반 으로 여러 가지 형태가 시도될 것으로 보인다. 특히 핀테크 및 인슈어테크 분야에 여러 가지 혁신적인 사용자 경험을 위해 다양한 시도들이 선보이겠 지만, 사용자 경험과 개인정보 보호를 모두 달성할 수 있는 다양하고 혁신적 인 시도들을 기대해본다.

참고문헌

A. Patrikios, 'Cloud computing: the key issues and solutions', Data Protection Law and Policy, May 2010

Advocate General Cruz Villalon, in Opinion C2015:426, Paragraphs 28과 32-34

Agreement on Commission's EU data protection reform will boost Digital Single Market. https://ec.europa.eu/commission/presscorner/detail/en/IP_15_6321

Article 25(1)과 Recital 78, Regulation(EU) 2016/679 of the European Parliament and of the Council 27 April 2016(Regulation)

Article 29 Data Protection Working Party, 'Statement of the Working Party on current discussions regarding the data protection reform package, page 2

Article 29 Working Party Opinion 1/2008, 8/2010

Article 29 Working Party Opinion on online behavioural advertising(00909/10/EN: Working Party 171)

Article 6, European Parliament and Council Directive 95/46/EC of 24 October 1995

Big data as the key to better risk management - EIU Perspectives. https://eiuperspectives.economist.com/sites/default/files/RetailBanksandBigData.pdf

Biometrics Institute, www.biometricsinstitute.org

Bodil Lindqvist [2003] Case C-101/01, 6 November 2003

Charter of Fundamental Rights of the European Union, (2000/C 364/01)와 (2012/C 326/02)

COM(90) 314 final-SYN 287, 13.9.1990

Commission Decision amending Decision 2001/497/EC as regards to the introduction of an alternative set of standard contractual clauses for the transfer of personal data to third countries, 27 December 2004. https://eur-lex.europa.eu/legal-content/EN/TXT/?uri=CELEX%3A32004D0915

Commission Decision on standard contractual clauses for the transfer of personal data to processors established in third countries, under Directive 95/46/EC. https://eur-lex.europa.eu/homepage.html

Commission Decision pursuant to Directive 95/46/EC of the European Parliament and of the Council on the adequacy of the protection provided by the Safe Harbor Privacy Principles and related frequently asked questions issued by the U.S. Department of Commerce, 26 July 2000. http://eur-lex.europa.eu/legal-content/en/ALL/?uri=CELEX:32000D0520

Commission Implementing Decision(EU) 2016/1250 pursuant to Directive 95/46/EC of the European Parliament and of the Council on the adequacy of the protection

provided by the EU-U.S. Privacy Shield, 12 July 2016.
    http://eur-lex.europa.eu/legal-content/EN/TXT/?uri=OJ%3AJOL_2016_207_R_0001
Commission v. Grand Duchy of Luxembourg [2001] Case C-450/00, 4 October 2001
Communication from the Commission to the European Parliament and the Council
    on the functioning of the Safe Harbor from the Perspective of EU citizens and
    companies established in the EU, COM(2013) 0847 final.
    http://eur-lex.europa.eu/legal-content/EN/TXT/?uri=CELEX%3A52013DC0847
Communication from the Commission to the European Parliament and the Council
    rebuilding the trust in EU-U.S. data flows, COM(2013) 846 final.
    http://eur-lex.europa.eu/resource.html?uri=cellar:4d874331-784a-11e3-b889-01aa7
    5ed71a1.0001.01/DOC_1&format=PDF
Council Framework Decision 2008/977/JHA
Council of Europe Recommendation 509 on human rights and modern scientific and
    technological developments, 31 January 1968
Council of the European Union: Overview, European Union.
    https://europa.eu/european-union/about-eu/institutions-bodies/council-eu_en
Declaration of the Article 29 Working Party on Enforcement, Working Party 101,
    November 2004.
Deliberation No. 2014-500 of 11 December 2014 on the Adoption of a Standard for
    the Deliverance of Privacy Seals on Privacy Governance Procedures.
    https://www.cnil.fr/sites/default/files/typo/document/CNIL_Privacy_Seal-Governa
    nce-EN.pdf
Digital Agenda: Commission refers UK to Court over privacy and personal data
    protection, European Commission, 30 September 2010.
    https://ec.europa.eu/commission/presscorner/detail/en/IP_10_1215
Digital Rights Ireland Ltd. v. Minister for Communications, Marine and Natural
    Resources, Minister for Justice, Equality and Law Reform, The Commissioner of
    the Garda Síochána, Ireland, The Attorney General, and Kärntner Landesregierung,
    Michael Seitlinger, Christof Tschohl and others, [2014] C293/12 and C594/12, 8
    April 2014.
    http://curia.europa.eu/juris/document/document.jsf?text=&docid=150642&pageI
    ndex=0&doclang=EN&mode=lst&dir=&occ=first&part=1&cid=717066
Digital Rights Ireland Ltd. v. Minister for Communications에 대한 CJEU 판결, Marine
    and Natural Resources C-293/12 joined with Känter Landesregierung C-594/12
Digital Rights Ireland, Seitlinger and Others, C-293/12, C-594/12, 8 April 2014
Digital Single Market—tronger privacy rules for electronic communications, European
    Commission, 10 January 2017.
    https://ec.europa.eu/commission/presscorner/detail/en/MEMO_17_17
Directive(EU) 2016/1148 of the European Parliament and of the Council of 6 July 2016
    concerning measures for a high common level of security of network and
    information systems across the Union; Directive 2013/40/EU of the European
    Parliament and of the Council of 12 August 2013 on attacks against information

systems and replacing Council Framework Decision 2005/222/JHA; Directive(EU) 2015/2366 of the European Parliament and of the Council of 25 November 2015 on payment services in the internal market, amending Directives 2002/65/EC, 2009/110/EC and 2013/36/EU and Regulation(EU) No 1093/2010, and repealing Directive 2007/64/EC

Directive 2000/31/EC(the e-Commerce Directive)의 Article 6와 ePrivacy Directive의 Article 13(4)

Directive 2002/19/EC, 2002/20/EC, 2002/21/EC, 2002/22/EC, 2002/58/EC, 2009/136/EC, 2016/680, 97/66/EC of the European Parliament

Draft Code of Conduct on privacy for mobile health applications
https://ec.europa.eu/digital-single-market/en/news/code-conduct-privacy-mhealth-apps-has-been-finalised, 7 June 2016

EBA Report On The Prudential Risks and Opportunities Arising For Institutions From Fintech

Edward Snowden comes forward as source of NSA leaks, The Washington Post, 9 June 2013.
https://www.washingtonpost.com/politics/intelligence-leaders-push-back-on-lea kersmedia/2013/06/09/fff80160-d122-11e2-a73e-826d299ff459_story.html

ePrivacy Directive.
https://iapp.org/media/pdf/resource_center/CELEX_32009L0136_en_TXT.pdf

ePrivacy Directive: assessment of transposition, effectiveness and compatibility with proposed Data Protection Regulation(the 'ePrivacy Study'), published by the European Commission on 10/06/2015

Europe v. Facebook. http://europe-v-facebook.org/EN/en.html

European Commission Press Release.
hhttps://ec.europa.eu/commission/presscorner/detail/en/IP_12_46

European Commission Press Release.
https://ec.europa.eu/commission/presscorner/detail/en/IP_17_16

European Commission sets out strategy to strengthen EU data protection rules, European Commission, 4 November 2010.
https://ec.europa.eu/commission/presscorner/detail/en/IP_10_1462

European Commission v. Federal Republic of Germany [2010] C-518/07, 9 March 2010

European Commission v. Republic of Austria [2012] C-614/10, 16 October 2012

European Convention on Human Rights, Council of Europe.
www.echr.coe.int/Documents/Convention_ENG.pdf

European Court of Human Rights, www.echr.coe.int

European Data Protection Law and Practice, ISBN: 978-0998322353

European Parliament v. Council of the European Union and Commission of the European Communities [2006] Joined Cases C-317/04 and C318/04, 30 May 2006

EU Treaty, https://en.wikipedia.org/wiki/Treaties_of_the_European_Union

EU Treaty No.005: Convention for the Protection of Human Rights and Fundamental Freedoms, Council of Europe.

www.coe.int/en/web/conventions/full-list/-/conventions/treaty/005

Federal Data Protection Act(BDSG).
https://www.gesetze-im-internet.de/englisch_bdsg/englisch_bdsg.html

Fintech in a Flash: Financial Technology Made Easy, ISBN: 978-1547417162

First Report on the implementation of the Data Protection Directive(95/46/EC),
http://eur-lex.europa.eu/legal-content/EN/ALL/?uri=CELEX%3A52003DC0265

František Ryneš v. Úřad pro ochranu osobních údajů [2014] Case C-212/13, 11
December 2014

Future of Identity in the Information Society(FIDIS), 'D11.5: The legal framework for
locationbased services in Europe', Working Party 11 Cuijpers C., Roosendaal, A.,
Koops, B.J.(eds), 2007, Chapter 3

General Data Protection Regulation.
https://eur-lex.europa.eu/legal-content/EN/TXT/?uri=CELEX%3A32016R0679

Google: Privacy & Terms, 'Types of location data used by Google'.
https://www.google.com/policies/technologies/location-data/

Google Spain SL and Google Inc. v. Agencia Española de Protección de Datos(AEPD)
and Mario Costeja González [2014] Case C-131/12, 13 May 2014

Guidelines in the form of a Recommendation by the Council of the OECD were
adopted and became applicable on 23 September 1980.
www.oecd.org/sti/ieconomy/oecdguidelinesontheprotectionofprivacyandtransbo
rderflowsofpersonaldata.htm

Guidelines on the right to data portability(16/EN: Working Party 242), 13 December
2016, http://ec.europa.eu/newsroom/document.cfm?doc_id=43822

Halford v. United Kingdom [1997] ECHR 32, 25 June 1997; Copland v. United Kingdom
[2007] 45 EHRR 37, 3 April 2007

Italian Personal Data Protection Code, www.privacy.it/archivio/privacycode-en.html

Jay, Rosemary, Data Protection Law and Practice, Fourth Edition(Sweet & Maxwell,
2102), page 201

Judgment of the European Court of Human Rights in the case Amann v. Switzerland
of 16.2.2000

Law Enforcement Data Protection Directive.
https://eur-lex.europa.eu/legal-content/EN/TXT/?uri=CELEX%3A32016L0680

Loideain, Nora Ni, 'EU Law and Mass Internet Metadata Surveillance in the Post-
Snowden Era', Media and Communication(ISSN: 2183-2439), 2015, Volume 3, Issue
2, pages 53–62.
https://www.cogitatiopress.com/mediaandcommunication/article/view/297

Maximillian Schrems v. Data Protection Commissioner [2015] Case C-362/14, 6 October
2015

OECD Guidelines on the Protection of Privacy and Transboder Flows of Personal Data,
OECD.
www.oecd.org/sti/ieconomy/oecdguidelinesontheprotectionofprivacyandtransbo
rderflowsofpersonaldata.htm

On Locational Privacy, and How to Avoid Losing it Forever, Electronic Frontier Foundation, 3 August 2009, https://www.eff.org/wp/locational-privacy

Opinion 01/2014 on the application of necessity and proportionality concepts and data protection within the law enforcement sector(536/14EN: Working Party 211)

Opinion 01/2015 on Privacy and Data Protection Issues relating to the Utilisation of Drones, Working Party 231, adopted 16 June 2015

Opinion 01/2016 on the EU-U.S. Privacy Shield draft adequacy decision

Opinion 02/2013 on apps on smart devices(00461/13/EN: Working Party 202)

Opinion 05/2012 on Cloud Computing(01037/12/EN: Working Party 196)

Opinion 1/2006 on the application of EU data protection rules to internal whistleblowing schemes in the fields of accounting, internal accounting controls, auditing matters, fight against bribery, banking and financial crime(00195/06/EN; Working Party 117)

Opinion 1/2008 on data protection issues related to search engines(00737/EN: Working Party 148), page 19

Opinion 1/2010 on the concepts of 'controller' and 'processor'(00264/10/EN: Working Party 169)

Opinion 10/2004 on More Harmonised Information Provisions(11987/04/EN; Working Party 100)

Opinion 13/2011 on Geolocation services on smart mobile devices(881/11/EN: Working Party 185), page 14

Opinion 15/2011 on the definition of consent(01197/11/EN: Working Party 187), 13 July 2011.

Opinion 2/2010 on online behavioural advertising(00909/10/EN: Working Party 171), page 13

Opinion 4/2007 on the concept of personal data(01248/07/EN: Working Party 136)

Opinion 5/2009 on online social networking(01189/09/EN: Working Party 163)

Opinion 8/2014 on the on Recent Developments on the Internet of Things(14/EN: Working Party 223)

Pammer v. Reederei Karl Schlüter GmbH & Co and Hotel Alpenhof v. Heller [2010] Joined Cases C-585/08 and C-144/09, 7 December 2010

Patrick Breyer v. Germany [2016] Case C-582/14, 12 May 2016

Personal Information Online Code of Practice, Information Commissioner's Office, https://ico.org.uk/media/for-organisations/documents/1591/personal_information _online_cop.pdf

Press release issued by the Registrar, 27 October 2009.
http://hudoc.echr.coe.int/app/conversion/pdf/?library=ECHR&id=003-2909811-31 96312&filename=003-2909811-3196312.pdf

Privacy by Design, Information and Privacy Commissioner of Ontario.
https://www.ipc.on.ca/privacy/protecting-personal-information/privacy-by-design /

Privacy in mobile apps: Guidance for app developers, Information Commissioner's

Office, page 5.
https://ico.org.uk/media/for-organisations/documents/1596/privacy-in-mobile-apps-dp-guidance.pdf

Proposal for a Council Directive Concerning the Protection of Individuals in Relation to the Processing of Personal Data, COM(90) 314 final —SYN 287, 13.9.1990

Protocol(No. 30) on the application of the Charter of Fundamental Rights of the European Union to Poland and to the United Kingdom

Public Consultation on the evaluation and review of the ePrivacy Directive, page 3.

Rechnungshof v. Österreichischer Rundfunk and Others [2003] Case C-465/00, 20 May 2003

Reform of EU data protection rules.
https://ec.europa.eu/info/law/law-topic/data-protection/reform_en

Report from the Commission: First report on the implementation of the Data Protection Directive(95/46/EC), 15 May 2003.
http://eur-lex.europa.eu/LexUriServ/LexUriServ.do?uri=COM:2003:0265:FIN:EN:PDF

Restoring trust in transatlantic data flows through strong safeguards: European Commission presents EU-U.S. Privacy Shield, European Commission—Press Release, 29 February 2016.
https://ec.europa.eu/commission/presscorner/detail/en/IP_16_433

Sayer, Peter, 'T-Mobile Lost Control of Data on 17 Million Customers', CIO from IDG, 6 October 2008.
www.cio.com/article/2433190/infrastructure/t-mobile-lost-control-of-data-on-17-million-customers.html

Scarlet Extended [2011] Case C-70/10, 24 November 2011

Smaranda Bara and Others v. Casa Naţională de Asigurări de Sănătate and Others [2015] C-201/14, 1 October 2015

The Convention, Article 12(2)

The Data Protection(Processing of Sensitive Personal Data) Order 2000, No. 417, www.legislation.gov.uk/uksi/2000/417/made

The Lisbon Treaty의 Article 14

Titcomb, James, 'Britain opts out of EU law setting social media age of consent at 16', The Telegraph, 16 December 2015.
www.telegraph.co.uk/technology/internet/12053858/Britain-opts-out-of-EU-law-raisingsocial-media-age-of-consent-to-16.html

Treaty No. 108~181, Council of Europe, www.coe.int/en/web/conventions/full-list

Treaty of Lisbon(2007/C 306/01).
http://eur-lex.europa.eu/legal-content/EN/TXT/?uri=celex%3A12007L%2FTXT

UK Information Commissioner's Office website.
https://ico.org.uk/for-organisations/guide-to-data-protection/

Van Alsenoy, Brendan, ICRI Working Paper Series 23/2015, 'The evolving role of the individual under EU data protection law'

Verein für Konsumenteninformation v. Amazon EU Sàrl [2016] Case C-191/15, 28 July 2016

Vidal-Hall v. Google Inc. [2015] EWCA Civ 311, 27 March 2015.

Weltimmo s.r.o. v. Nemzeti Adatvédelmi és Információszabadság Hatóság [2015] Case C-230/14, 1 October 2015

Working Party 136, Section III

Working Party 169, Opinion 1/2010 on the concepts of 'controller' and 'processor'

Working Party 169, Section III

Working Party 211 Opinion 01/2014 on the application of necessity and proportionality concepts and data protection within the law enforcement sector; see also Directive 95/46/EC Article 6(b) and(c), as well as Regulation EC(No) 45/2001, Article 4(1)(b).

Working Party 221 'Statement on Statement of the WP29 on the impact of the development of big data on the protection of individuals with regard to the processing of their personal data in the EU', adopted 16 September 2014

Working Party 4/2007, Section III, Part 3, page 16

Working Party Opinion 13/2011 on Geolocation services on smart mobile devices(881/11/EN: Working Party 185)

Working Party Opinion 5/2004 on unsolicited communications for marketing purposes(11601/EN: Working Party 90)

수정된 Directive의 Article 4

핀테크와 GDPR ❷권
―개인 데이터 주권을 위한 접근법

초판 1쇄 인쇄 2020년 2월 3일
초판 1쇄 발행 2019년 2월 7일

지은이 이재영

발행인 양문형
펴낸곳 타커스
등록번호 제313-2008-63호
주소 서울시 종로구 대학로 14길 21 민재빌딩 4층
전화 02-3142-2887
팩스 02-3142-4006
이메일 yhtak@clema.co.kr

ⓒ 이재영 2020

ISBN 978-89-98658-64-9 (14320)
      978-89-98658-62-5 (세트)

이 도서의 국립중앙도서관 출판예정도서목록(CIP)은 서지정보유통지원시스템 홈페이지(http://seoji.nl.go.kr)와 국가자료종합목록 구축시스템(http://kolis-net.nl.go.kr)에서 이용하실 수 있습니다. (CIP제어번호 : CIP2020000602)